木材加工机械

花　军　陈光伟　编著

科学出版社

北　京

内 容 简 介

本书共分为上、下两篇。上篇《木工机床》部分系统地介绍了我国木材加工机械的发展概况与趋势，木工锯机、木工刨床、木工铣床的工作原理、技术性能与典型结构，并对木工开榫机、木工封边机、木工钻床、木工车床及砂光机等的工作原理、分类、功能和结构进行了扼要的介绍；下篇《人造板机械》部分则着重介绍了人造板生产中的几种主要设备的工作原理、技术性能与结构组成，主要设备包括：旋切机、削片机与刨片机、热磨机及人造板压机等。

本书在讲述木材加工机械的原理、功能与结构的同时，也对木材加工机械近期应用的新技术、新结构、新特点和发展趋势给予了充分介绍，以便于学生和读者能够系统性地了解木材加工机械采用新技术现状与未来发展趋势。

本书适合从事木材加工机械设计制造、研究应用的工程技术人员、高等院校师生参考学习。

图书在版编目（CIP）数据

木材加工机械/花军，陈光伟编著. —北京：科学出版社，2017.9
ISBN 978-7-03-054403-2

Ⅰ. ①木… Ⅱ. ①花… ②陈… Ⅲ. ①木工机械 Ⅳ. ①TS64

中国版本图书馆 CIP 数据核字(2017)第 218351 号

责任编辑：赵 鹏 翁靖一 / 责任校对：韩 杨
责任印制：张 伟 / 封面设计：耕者

科学出版社 出版
北京东黄城根北街 16 号
邮政编码：100717
http://www.sciencep.com
北京凌奇印刷有限责任公司 印刷
科学出版社发行 各地新华书店经销
*
2017 年 9 月第 一 版 开本：B5 (720×1000)
2017 年 9 月第一次印刷 印张：15 1/2
字数：300 000

POD定价： 78.00元
（如有印装质量问题，我社负责调换）

前 言

木材加工机械广义指木工机床（制材加工机械和木制品加工机械）和人造板机械（含二次加工机械）。木材加工机械是林业工程装备的重要组成部分，是木材加工、人造板生产和木制品制造实现自动化、数控化和智能化的装备保障。

《木材加工机械》是高等林业院校机械设计制造及其自动化、木材科学与工程等专业的特色教材之一，是木材加工机械、木材加工装备等必修课程所用的教材。本书根据高等林业院校机械设计制造及其自动化专业、木材科学与工程专业的人才培养方案编写。

本书将教学大纲中有关木工机床和人造板机械结构的内容有机组合，构成完整的专业类课程体系，具有系统性、宽泛性，体现鲜明的专业特色。本书在内容处理上，点面结合，以工艺引导设备；关键设备与一般设备相结合，重点突出；课堂教学与课下自学相结合，扩展学习内容；理论与实践相结合，重在学以致用。

本书分上、下两篇，系统地介绍了典型木工机床和人造板机械的结构。上篇为木工机床，主要讲述了木工锯机、木工刨床、木工铣床和其他主要木工机床的用途、类型、工作原理、特点、主要结构组成和最新研究成果；下篇为人造板机械，讲述了旋切机、削片机和刨片机、热磨机和人造板压机的用途、工作原理、主要结构组成和最新研究成果，为相关专业学生更好地掌握专业知识和技能起到指导作用。同时，可作为家具设计制造专业等其他相近专业的参考教材，并对从事木材加工机械设计制造、研究应用的工程技术人员、研究生具有一定的使用和参考价值。

本书共分 10 章，第 1~5 章由东北林业大学花军教授编写，第 6~10 章由东北林业大学陈光伟副教授编写。全书由陈光伟负责统稿，花军负责终审。

本书从编写到出版得到科学出版社的大力支持和帮助；国内外专业厂家提供了相关产品样本；书中插图的绘制得到硕士研究生孙寅昆、丁强、刘书霞、刘曼曼、姜俊声等多位同学的热心帮助，在此一并表示谢意！

限于时间和精力，书中难免存在疏漏之处，敬请读者指正。

编著者

2017 年 6 月

目　　录

下篇　人造板机械

上篇　木 工 机 床

第 1 章　绪　　论

改革开放 30 多年来，随着我国国民经济持续、高速、稳定发展，木材工业得以迅速向前迈进。据《2014 年全国林业统计年报分析报告》介绍，包括锯材、人造板、地板等在内的木材加工及木竹制品制造业产值为 11028.95 亿元，占第二产业比重为 39.27%。其中，木材产量 8233.30 万 m^3，同比略有下降；锯材产量为 6836.98 万 m^3，比 2013 年增长 8.56%；全国人造板总产量为 27371.79 万 m^3，比 2013 年增长 7.09%（图 1-1）；木竹地板产量为 7.60 亿 m^3，比 2013 年增长 10.30%。中国产业信息网数据 2014 年，木制家具产量 2.63 亿件，同比增长 11%。中国木材产品、人造板产品、家具等消费总量、产量、进出口量都居世界前列，已经成为一个木材生产、加工和消费大国，从而促进了中国木工机械制造业的发展。

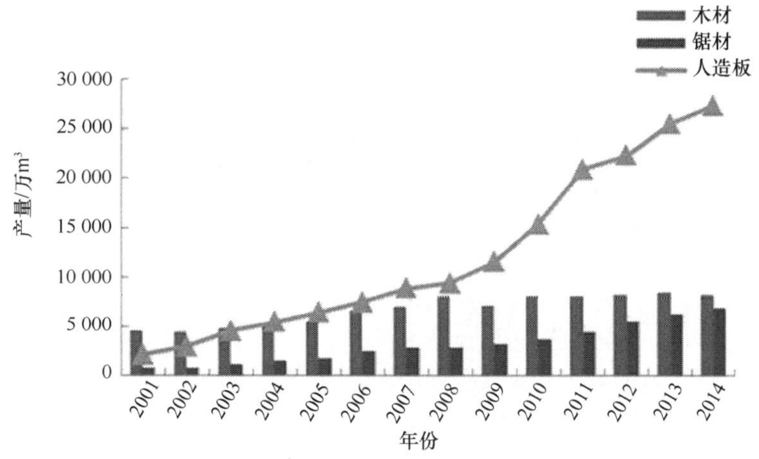

图 1-1　2001~2014 年全国木材及人造板产品产量

木材加工行业中包括制材、木制品和人造板生产等企业。通常将制材、木制品（家具）生产所用机械称为木工机床；人造板及二次加工等生产所用机械称为人造板机械；木工机床、人造板机械统称为木工机械。在国家标准《全国主要产品分类与代码，第 1 部分：可运输产品》（GB/T 7635.1—2002）中指出，木工机械包括木工机床、人造板及木质纤维加工设备、木材处理机械（包括干燥与防腐设备）等。通常所说的现代木工机床主要是指利用切削工具改变木材尺寸、形态、形状的制材加工机械和木制品零件制作机械，如木工带锯机、圆锯机、框锯机、刨床、铣床、多工序加工机床、钻床、车床及砂光机等。

1.1 我国木工机械发展现状

1.1.1 行业现状

木工机械制造业广义指：木工机床（制材加工机械和木制品加工机械）和人造板机械（含二次加工机械）制造行业。自中华人民共和国成立以来，我国的木工机械制造业已从无到有、从少到多、从小到大，从引进设计图样到测绘仿制再到自主设计制造，不断地发展壮大起来。我国现有木工机械制造企业1000余家，从业人员约10万人，工业总产值约300多亿元（人民币）；产品主要销往欧盟、美国、俄罗斯、中东、非洲、巴西、东南亚及澳大利亚等国家和地区。目前，我国木工机械行业可谓生产企业数量、从业人员的世界之最（与德国、意大利比较后的结果见图1-2），已成为名副其实的木工机械生产大国。

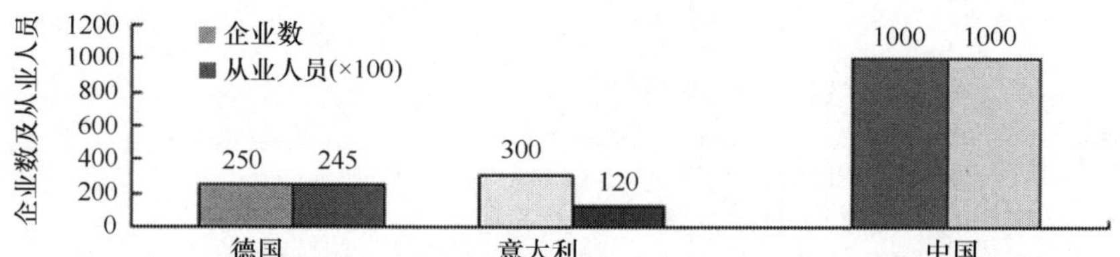

图1-2 中国、德国、意大利三国木工机械制造企业数及从业人员对比

当前，我国木工机械制造行业已形成了人才培养、科研、管理、信息、生产和销售的完整体系。全国有东北林业大学、北京林业大学和南京林业大学等十几所高等林业院校专门培养木工机械设计与制造领域的高级专业人才，还有十多个专业研究院所从事木工机械的研究与设计工作；有全国人造板机械标准化技术委员会和全国木工机床与刀具标准化技术委员会负责制订、修订木工机械标准；有国家木工机械质量监督检验中心及部、省级木工机械质量监督检验站负责木工机械产品质量监督、检验和测试工作；有中国林学会林业机械分会、木材加工分会、制材加工分会，中国林业机械协会木工机床、人造板机械、木工刀具专业委员会，中国机床工具工业协会木工机床专业委员会等学术专业组织；有全国林业机械科技情报网、全国人造板设备和木工机械科技情报中心等从事行业的学术、技术的信息沟通与交流活动；有《林业机械与木工设备》、《木材加工机械》、《木工机床》、《木材工业》、《林产工业》、《国际木业》和《中国人造板》等十余种杂志期刊发表木工机械设计、研究、生产、销售等方面的学术论文与信息；木工机械生产和销

售企业分布全国各地。

1.1.2 国内外行业发展状况对比

1）国际状况

20 世纪 20~80 年代，美国的木工机械制造行业的产值位居世界第一，但因政策法规约束，市场竞争激烈和技术熟练工人不足等，美国木工机械制造行业的发展受到限制。到 20 世纪 80 年代后，以德国和意大利为代表的欧洲木工机械制造行业的产能超过美国。欧洲木工机械及刀具行业现有 1000 多家骨干企业，拥有超过 3.5 万名员工；欧洲木工机械协会发布 2013 年木工机械及刀具的收入总额为 53.59 亿欧元，出口为 16.45 亿欧元，占总产量的 30%左右；进口为 6.16 亿欧元。市场份额占有率最高的国家是德国和意大利，其中德国占了 42%，意大利占 29%，居世界产能前列。目前，国际上先进木材加工机械装备制造的国家有德国、意大利、美国、日本，其中人造板机械、家具机械属德国最优，具有代表性的是德国迪芬巴赫、辛北尔康普人造板机械公司生产的人造板设备，豪迈集团生产的全自动双端铣、双端封边机等家具设备。美国、日本、瑞典等国生产的制材设备，意大利 SCM 集团、芬兰劳特公司生产的家具设备、胶合板设备等也在世界占有一席之地。

2）国内状况

“十二五”期间，我国木工机械产业的技术发展水平正处于调整期。近几年，国际木工机械行业的效益一直滑坡，欧洲木工机械协会发布 2013 年木工机械及刀具的总产值（GDP）相比 2012 年减少了 7.5%，行业处于不景气的状况。在国际木工机械行业发展近乎停顿的时候，我国木工机械行业一枝独秀、高速发展。从国际木材加工机械行业的产能排名来看，继德国之后（“十二五”期间），我国跃升至第二位，意大利滑落至第三位。我国木材加工机械行业的年增长率达到 10%以上，超过其他行业的平均增长水平。

我国具有代表性的木材加工机械制造企业有中国福马集团、上海人造板机械厂、广东东莞南兴木工机械有限公司、山东亚洲工友集团有限公司、上海跃通木工机械设备有限公司等。这些木材加工机械制造企业都拥有加工、安装、调试的相关设备及手段，特别是具有一定规模的企业都装备有数控机床或数控加工中心，进入智能化生产的初期阶段。

先进的加工设备使企业具有较强的生产制造能力。大部分企业在技术设计与生产管理的全过程中广泛使用计算机辅助设计（computer-aided design，CAD）、计算机辅助制造（computer-aided manufacturing，CAM）、计算机辅助测试（computer-aided test，CAT）及诊断等先进科技手段，部分大企业引入信息化管理系统，建立企业资源规划（enterprise resource planning，ERP），从客户、销售网点、技术设计、生产制造、物流、仓储、成本核算、财务监控、人力资源到绩效考评，都采用现代化的管理手段，并严格按照标准化进行管理。

3）与国际先进水平的差距

我国木材加工机械装备制造业经过30多年的快速发展，取得了显著成效，但与国际先进水平相比仍有较大差距。主要表现在以下几个方面。

一是自主研发能力差，技术创新不够。我国木材加工机械装备制造业工艺技术创新性不强，尤其是主机设备的关键工艺技术缺乏创新，长期处于跟踪和模仿状态，产品质量、自动化程度和节能环保水平与国际先进产品相比差距较大，严重影响了国内产品参与国际竞争的能力。

二是自动化、数控化程度低。当前木材加工机械的机械化、自动化、数控化程度要求越来越高，但国产木工机械单机和生产线由于自动化、数控化程度起点水平较低，与国外同类产品相比差距较大，无法完全实现自动化管理，更难以实现精准化工艺和生产，无法适应新形势下的生产需求，大大降低了机械设备的生产能力，从而严重影响劳动生产率、机械设备利用率和产品质量。

三是产品设计与生产工艺脱节。工艺决定着机械化程度的高低。国内的木材加工机械生产企业在研究木工机械新产品时，缺乏对家具及木制品加工工艺的了解，设计制造的产品在结构、使用调整和自动控制方面不能很好地满足家具及木制品工艺的要求。产品开发和技术改造与工艺研究相脱节，工艺研究不足也直接影响了木工机械产品的创新开发 。

四是企业管理不善，国际竞争力不强。由于我国木材加工机械制造企业的技术、标准和管理水平比较落后，ERP先进管理才刚刚起步，管理水平参差不齐；企业规模小、数控设备更新慢、产品档次低，不利于参与国际竞争。同时，存在原材料和能源严重浪费现象。从产品设计、制造到报废、回收、再利用缺乏统一规划，绿色制造理念有待加强。

1.1.3　产业布局

我国木材加工机械装备制造业经过多年发展形成了四个产业集群，主要分布在以广东顺德为代表的珠江三角洲地区（简称珠三角），以上海为代表的长江三角洲地区（简称长三角），以山东青岛、威海为代表的胶东环渤海湾地区和以牡丹江、沈阳为代表的东北地区。

珠三角地区主要企业有：广东东莞南兴木工机械有限公司——研发、制造板式家具机械生产线的专业化生产企业，主要生产木工裁板锯、木工全自动直线封边机等产品；广东锐亚机械有限公司——研发、制造实木家具机械的专业化生产企业，主要生产木工四面刨、木工双端铣等产品；广东新马木工机械有限公司——研发、制造实木家具机械的专业化生产企业，主要生产木工铣类机床、木工锯板机、数控镂铣机等产品；深圳市鑫运祥精密刀具有限公司——主要生产各类杠刀类产品。

长三角地区主要企业有：上海跃通木工机械设备有限公司——研发、制造板式家具机械、木门机械的专业化生产企业，主要生产木工数控加工中心、数控木门综合加工机等产品；江苏江佳机械有限公司——研发、制造实木家具机械的专业化生产企业，主要生产木工刨类机床、木工铣类机床、木工锯类机床等产品；上海人造板机械厂、苏福马机械有限公司、镇江中福马机械有限公司等，主要生产刨花板、纤维板成套生产设备；苏州新协力企业发展有限公司、维茨-益维高机械有限公司等，主要生产人造板二次加工成套生产设备；德国蓝帜（南京）工具有限公司、乐客刀具有限公司、日本兼房公司等，主要生产木工刀具。

胶东环渤海湾地区主要包括威海和青岛地区。威海地区主要企业有：山东工友集团有限公司——研发、制造板式家具机械、实木家具机械生产线的专业化生产企业，主要生产木工刨类机床、木工铣类机床及木工多用机床等产品；山东百圣源集团有限公司——以生产胶合板成套设备为主的企业。青岛地区主要企业有：青岛千川木业设备有限公司——研发制造砂光机的专业化生产企业，主要生产各种规格的宽带砂光机等产品；青岛华顺昌木工机械有限公司——研发、制造板式家具机械的专业化生产企业，主要生产木工锯板机、木工全自动直线封边机等产品。

东北地区主要企业有：牡丹江木工机械有限责任公司、沈阳带锯机械有限公司等，主要生产家具机械、制材机械；北方重工沈重集团有限责任公司、敦化亚联机械制造有限公司、哈尔滨凌志机电技术有限责任公司等，主要生产人造板机械成套设备；天津林业工具厂、哈尔滨第二工具厂、哈尔滨市华意木材干燥设备厂等，主要生产木工刀具、木材干燥设备等产品。

除此之外，还有欧登多（秦皇岛）机械制造有限公司、山西秋林机械有限公司、四川青城木工机械制造厂等，主要生产人造板设备、木工机床产品。

1.2 木工机械发展的趋势及要求

1.2.1 国内外木工机械发展趋势

伴随着科学技术的不断发展，新技术、新材料、新工艺不断涌现，我国木工机械装备水平与国外的差距越来越小，国外的先进技术和设备不断引入，对国内木工机械而言，挑战与机遇并存。电子技术、数字控制技术、激光技术、微波技术、高压射流技术以及 3D 打印技术的发展，给木工机械的自动化、柔性化、智能化和集成化带来了新的活力，使木工机床的品种不断增加，技术水平不断提高。

国内外木工机械总的发展前景体现在以下几个方面。

（1）高新技术应用于木工机械制造领域。促进自动化、数控化和智能化等加工技术在木工机械领域应用；计算机信息技术的普及化，预示着高新技术正在向各个技术领域推进；电子技术、纳米技术、新材料技术、生物技术等在木工机械领域正在或将要得到广泛应用。

（2）更多效仿金属加工手段。从世界范围内的木工机械发展史看，木材加工方法有与金属加工方法类似的趋势，如数控镂铣机的出现。可以大胆预测，将来木材会被像锻造钢锭一样进行重塑定型，更多效仿金属加工手段来提升木工机械的制造水平。

（3）以规模带动效益。从国内发展格局看，木材加工企业或木工机械装备行业，均有大型化、规模化重组的趋势，否则将被淘汰。我国现阶段落后的简易的木工机械仍有很大的市场，很多木材加工企业还在推行劳动密集型的经营模式。未来的木材加工企业必然走产业化、大型化、规模化的发展道路。

（4）提高木材的综合利用率。由于国内乃至世界范围内的森林资源日趋减少，高品质原材料的短缺已成为制约木材工业发展的主要原因。最大限度地提高木材的利用率，是木材工业的主要任务。发展各类人造板产品，提高其品质和应用范围是高效率利用木材资源最有效的途径。另外，发展全树利用，减少加工损失，提高加工精度均可在一定程度上提高木材的利用率。

（5）以人为本，实现绿色制造。推行退耕还林、天然林保护工程、林业两大体系建设和六大工程建设，是保护环境的明智之举。发展木材加工行业必须遵循两条原则，首先是保护环境，最小限度地索取自然资源，最大限度地减少对环境的污染；其次是木材加工制品必须对人体无害或有害程度控制在最低范围内。因此，未来有生命力的木工机械及木材工业产品，必然是按人机工程学设计的，符合以人为本、绿色环保制造的要求。

（6）提高生产效率和自动化程度。提高生产效率的途径有两个方面：一是缩短加工时间，二是缩短辅助时间。缩短加工时间，除了提高切削的速度，加大进给量外，其主要的措施是工序集中。基于刀具、振动和噪声方面的原因，切削速度和进给量不可能无限制地提高，多刀通过式联合机床和多工序集中的加工中心将成为主要的发展方向。如联合了锯、铣、钻、开榫、砂光等功能的双端铣床；多工序加工工艺联合的封边机；集中了多种切削加工工序的数控加工中心等。缩短辅助工作时间主要是减少非加工时间，采用附带刀库的加工中心，或采用数控流水线与柔性加工单元间自动交换工作台的方式，把辅助工作时间缩到最短。

1.2.2 我国木工机械发展的新要求

1. 引进吸收国外先进制造技术，走自我发展的道路

全球木工机械向着提高木材利用率、提高木材加工精度、提高生产效率和自动化程度，节能、环保、安全无公害方向发展。我国木工机械发展要坚持走出去、引进来，吸收国外先进制造技术，用信息化、互联网+改造传统产业，使之优化升级；以科学研究为先导，加强基础理论研究，促进木工机械制造业科技进步，产品不断更新换代，开发具有独立知识产权的新产品；要认真研究国情，立足国内，走自我发展的道路。综合起来其发展的新要求体现在以下几个方面：

（1）提高木材的综合利用率；

（2）提高生产效率和自动化程度；

（3）提高加工精度；

（4）推进高新技术应用；

（5）发展柔性化、集成化加工制造系统；

（6）开发安全无公害加工生产系统。

纵观国际木工机械发展趋势，快速原型制造技术（rapid prototype manufacturing，RPM）、计算机数控技术（computer numerical control，CNC）和柔性制造系统（flexible manufacturing system，FMS）、机器人技术等是目前中国木工机床产品亟待引进的先进制造技术。在国内木工机床中，数控机床约占10%，木制品制造业（制材、家具等）在2020年以前要达到20%以上的占有量，这是一个极具潜力的市场。高新技术和传统技术相结合使CNC、FMS技术和机器人技术能够满足木工机械制造业主导产品定制化、多品种、高精度的要求，单机及生产线加工方式机械化和自动化的要求，适应木制品制造业求新、求变，提高生产效率和加工质量、经济效益的变革。

1）制材设备

进入21世纪，随着科学技术的不断发展、先进技术的不断应用，世界先进制材工业呈现出“五高一多”的发展特点，即向着高生产率、高出材率、高木材利用率、高成材质量、高附加值和多产品品种的方向发展。

（1）传统制材设备向数控化、智能化方向发展。

（a）实现机械化、自动化，提高生产效率，减轻工人劳动强度，增强安全性；

（b）实现信息化、数控化、智能化。配有激光扫描系统、光电检测系统，计算机控制系统，不但能扫描原料图像，识别缺陷，获得真实轮廓和尺寸，而且能对原料和半成品进行最佳定位；选择最佳下锯方案，实现看材下锯。

（2）满足森林资源和制材产品变化，制材设备向多样化发展。

（a）以木工双联带锯机作为主锯解设备，较常规的木工跑车带锯机制材，生

产效率显著提高，通常年加工原木能力在 2 万~10 万 m^3；

（b）木工卧式带锯机用于大径级珍贵树种的原木锯解，较其他锯机，锯路损失小，锯切平稳、精度高，木材出材率高。

（3）削片制材联合生产线在加工小径原木中具有很大优势。生产线包括削片制方机、多片纵剖锯等。

2）木制品加工设备

进入新世纪，生产模式转变，要求木制品加工设备也随之发生变化，以满足生产实际的需求，体现在以下几个方面。

（1）设备品种、类型变化。

（a）由传统的通用型设备向现代专用型设备发展；

（b）由手动操作向机械化、自动化、数控化和智能化方向发展；

（c）由实木家具加工设备向板式家具加工设备发展；

（d）由单台组合型向流水线、加工中心发展；

（e）由普通加工向成型、装饰、特种加工方向发展；

（f）由单一减轻劳动强度、提高生产率向高质量、高效率、安全性好的方向发展。

（2）特点：设备广泛采用电子化、数控化、计算机化的控制系统，提高产品质量、降低生产成本、更加安全可靠。

（3）技术突破：以技术引进与自主研发相结合的方式，重点在先进制造领域实现突破，采用以下现代高新技术：

（a）数控技术；

（b）超高速加工技术；

（c）激光切削木材技术；

（d）集成化制造系统技术；

（e）智能机器人技术。

（4）应用：实现重要加工领域应用数控加工中心、人工智能化装备，扩大装备的功能，提高加工精度。

先进制造技术的引进、开发和应用，有望优化木制品加工设备生产工艺，提高其产品质量和生产效率，提升企业市场竞争力，带来丰厚的经济效益和社会效益。

3）人造板设备

（1）提升技术等级和国际竞争力。

（a）通过企业集团化重组，提高国产人造板机械的技术水平；

（b）通过发展产业集群，增强我国人造板机械行业的国际竞争优势；

（c）实现生产规模合理化、企业管理规范化、产品质量品牌化、经济效益最大化。

（2）采用高新技术进一步提高人造板机械的自动化、数控化程度。

（a）生产线采用计算机集中控制，通过现场总线系统实现全线的检测与控制；

（b）通过连续监控和调整实现生产线的最优生产，通过高度的自动化实现经济性生产；

（c）实现自动信号联锁、自动保护和自动化管理，提高劳动生产率和设备利用率；

（d）引进、吸收国际先进技术，全面提高国产设备的性能、制造精度和产品质量。

（3）扩大原材料范围和板材种类，提高原料利用率，开发低碳环保型生产设备。

（a）充分利用农作物秸秆及次小薪材资源，满足人造板生产的需求；

（b）研制新型的人造板机械设备，如废弃木材和农作物秸秆人造板生产线等；

（c）研制新型人造板品种，如防火阻燃、防弹、建筑构件等新型人造板产品；

（d）以低消耗、低能耗、低成本，低废弃物排放为目标，开发节能、低碳、环保型人造板机械设备。

2. 转变机制、加强管理、发挥优势、促进发展

我国仍将保持木工机械企业“三足鼎立”的格局，“国企与股份制企业”、“乡企与民企”要与“外资独资和合资企业”展开竞争，要在转变机制、调整产品结构上下工夫，要在技术开发、产品创新能力上加大投入，增强国际竞争力，构建我国木工机械生产、销售、科研、信息和人才培养的完整体系。

加强管理、充分发挥各自优势，分工协调、优势互补、联合经营，走专业化的道路；学习国外先进管理经验，充分发挥和加强行业协会的职能，形成极强的凝聚力和权威性；强化对木工机械产品的质量监督，提高加工装备数控化水平，提高产品加工质量、售后服务质量、经营质量，诚信守法；充分利用国内旺盛的消费市场，创新发展理念，适应新常态，走“产、学、研”一体化道路，树立自己的品牌，促进中国木工机械行业的发展，以适应参与国际市场竞争的需要，走可持续发展道路。

3. 不断增加新产品品种

我国的木工机械产品虽有1100多种，但与国外相比数量还少得多，也就是说我国还有很多木工机械产品尚属空白，如集成材生产成套设备、喷淋漆成套设备

及工艺日用品成套加工设备等，其中许多设备对发展我国木材加工业具有十分重要的作用。为此应大力发展我国木工机械的产品品种和新产品。在发展新产品时，应结合我国林木资源短缺的实际情况，重点发展木材综合利用机械有限公司；研制工业用材林和竹材有效利用的机械设备；研制小径木、采伐剩余物、加工剩余物有效利用的机械设备；研制新型木质材料、新型木制品加工技术及其设备；还应根据人民生活水平的提高，开发精加工、艺术加工及贴面加工技术与设备。根据市场对木工机械产品需求多变性的实际情况，创新发展定制化生产模式，提高工厂的产值与效益。同时，树立品牌意识，不断地提高产品的质量，改善产品性能，提高产品技术水平，发展品牌产品的系列品种，降低成本，努力提高市场的占有率。工厂企业经济效益好，将更有助于研制新产品，发展我国的木工机械。

4. 木工机械向标准化、模块化、专门化生产迈进

标准化是组织现代化生产的重要手段和必要条件，是合理发展木工机械产品品种，组织专业化生产的前提，是企业实行科学管理和信息化管理的基础，是提高产品质量的技术保证，是减少原材料和能源浪费的根本，是推广新工艺、新技术的桥梁，是消除国际贸易壁垒、提升国际竞争力、促进国际贸易发展的重要保障。实现标准化生产，可缩短设计和试制周期；加快品种发展，有利于木工机械的生产使用、维修、配套和管理等，降低生产、使用成本，提高经济效益，推动家具行业生产标准化。

木工机械模块化是将木工机械的同一功能单元，设计成具有不同用途（或性能）、可互换选用的模块，用以更好地满足不同用户需求。模块具有系列化和通用化的特性，其优点是：可使机床产品更新更快，缩短设计和试制周期，降低成本，适应用户需求的能力高，模块的性能稳定、可靠，维修方便。

我国木工机械标准化、模块化生产水平较低，机床型谱不规范，严重影响设备的购买、选型和优化利用，难以增加其柔性，实现以最少规格的设备满足尽可能多的生产需要，降低设备投入，提高生产效率。

木工机械专门化生产是减少生产投资，提高产品质量、档次和技术水平，提高生产效率的有效途径，是克服计划经济模式下“大而全”的有效办法。努力实现产品生产的专门化，集中企业资源从事某一个领域的专业化经营，逐步形成在经营管理、技术、产品、销售、服务等方面与同行的差异，是建立企业核心竞争力的重要手段。专门化生产有利于社会分工，集中人力、财力、物力等方面的优势，在市场经济的氛围中，高效率、高质量地生产木工机械产品；有利于营造良好的市场环境，避免恶性竞争；有利于服务的个性化，适应生产需求的不确定性。木工机械产品品种繁多，机械产品生产的专门化势在必行。各企业应发挥自身的

优势，选择合适的产品，在做“精”、做“专”上下工夫。我国珠三角、长三角、胶东半岛等相继出现某一木工机械产品的专门制造厂，如山西秋林机械有限公司，它是一家研发、制造各类液压机械的专业公司，该公司充分发挥榆次的液压技术优势，引进吸收国外先进技术，结合国内实际情况，研制生产贴面压机系列产品，适用于中型家具厂或人造板二次贴面加工，获得市场的广泛认同。烟台威力、顺德富豪生产的四面刨，东莞南兴木工机械有限公司生产的多排钻，青岛千川生产的砂光机，深圳新群力生产的沙发机械、苏州华翔木业机械有限公司生产的短周期贴面生产线等系列产品均获得较好的品牌效应和经济效益。

1.3　我国木工机床的分类与型号编制

目前我国木工机械的分类与型号编制方法主要是依据《木工机床型号编制方法》（GB/T 12448—2010），本节重点介绍通用木工机床的分类与型号编制。

1.3.1　木工机床的分类及代号

木工机床分13类，用大写汉语拼音字母表示，如表1-1所示。

表1-1　木工机床分类及代号

类别	代号	读音
木工锯机	MJ	木锯
木工刨床	MB	木刨
木工铣床	MX	木铣
木工钻床	MZ	木钻
木工榫槽机	MS	木榫
木工车床	MC	木车
木工磨光机	MM	木磨
木工联合机	ML	木联
木工接合组装和涂布机	MH	木合
木工辅机	MF	木辅
木工手提机	MT	木提
木工多工序机床	MD	木多
其他木工机床	MQ	木其

1.3.2 木工机床的型号表示方法

木工机床型号是用汉语拼音字母和阿拉伯数字组成的。这些字母与数字可以表明木工机床所属的系列、主要规格、性能和特征，便于使用单位选用与管理，便于产品开发部门作系统的研究和探讨，还可以从型号中了解到木工机床的发展过程。木工机床型号的表示方法如图 1-3 所示。

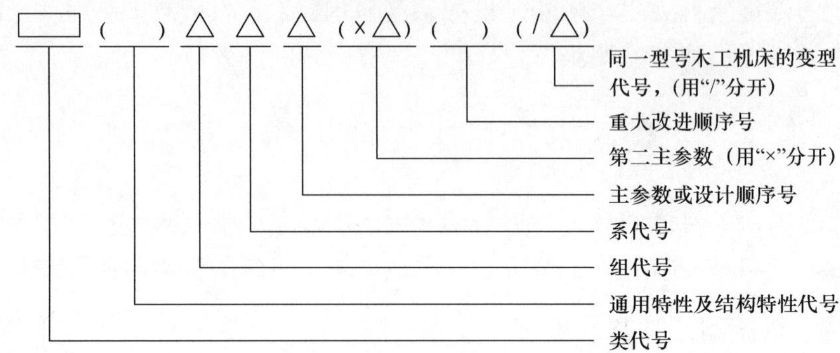

图 1-3 木工机床型号的表示方法示意图

木工机床型号中各代号的内容如下。

1. 类代号

类代号即木工机床分类代号，见表 1-1。

2. 通用特性及结构特性代号

（1）通用特性代号。当某种类型木工机床，除有普通型式外，还有下列某种通用特性时，则通用特性在类代号之后予以表示。若此类型木工机床仅有某种通用特性而无普通型式者，则通用特性不予表示。一般在一个型号中只表示最主要的一个通用特性（少数特殊情况可以表示两个），通用特性代号在各类木工机床型号中表示意义相同。通用特性代号如表 1-2 所示。

表 1-2 木工机床通用特性代号

通用特性	自动	半自动	数控	加工中心（自动换刀）	数显	仿形	万能	简式
代号	Z	B	K	H	X	F	W	J
读音	自	半	控	换	显	仿	万	简

（2）结构特性代号。为了区分主参数相同而结构不同的木工机床，在型号中加结构特性代号予以区分。结构特性代号用大写的汉语拼音字母表示，但“I”、“O”

两个字母除外，如端面普通木工车床，端面用“D”表示。当通用特性代号与结构特性代号的汉语拼音字母相同时，结构特性代号用带括号的汉语拼音字母表示，如左向木工带锯机，左向用“Z”表示。在型号中结构特性代号应排在通用特性代号之后。

3. 组、系代号

每类木工机床分为9个组，每组又划分为10个系，它们用阿拉伯数字组成，位于类代号或特性代号之后。例如，锯机类（MJ）的组代号应有9个，但目前已列出了7个，即1—纵剖圆锯、2—横截圆锯、3—带锯、4—往复锯、5—链条锯、6—锯板机、9—其他锯机。其中带锯机（MJ3）的系代号应有10个（即代号从0~9），即1—普通木工带锯机（MJ31）、2—跑车木工带锯机（MJ32）、3—卧式跑车木工带锯机（MJ33）、4—细木工带锯机（MJ34）、5—自动进给木工带锯机（MJ35）、7—卧式木工带锯机（MJ37）、8—（多）联对列木工带锯（MJ38）、9—台式木工带锯（MJ39）。

4. 主参数与设计顺序号

木工机床的主参数是直接或间接表示机床加工能力的一个最重要的技术数据。它一般是用机床加工工件的最大尺寸或与其直接有关的机床主要零件的相关尺寸来表示的。例如，刨床用刨宽作为主参数，圆锯机用圆锯片直径作为主参数。在型号中的主参数是用机床主参数的折算值来表示的。折算系数有1/10、1/100、1/300等，当折算值大于1时，取整数，前面不加“0”。

某些通用木工机床，当无法用一个主参数表示时，则在型号中用设计顺序号表示。设计顺序号由“1”起始，当设计顺序号少于两位时，则在设计顺序号之前一律加“0”。

5. 第二主参数

（1）以长度为单位表示的第二主参数。当木工机床最大工件长度、工作台面长度、裁边长度等的变化，将引起机床结构、性能有较大变化时，应在型号中将这些长度列为第二主参数，并用“×”号与主参数分开。凡属长度（包括跨距、行程）的，则采用“1/100”折算系数；凡属宽度、深度、齿距的，则采用“1/10”的折算系数；属于工件厚度，则以实际的数值列入型号。

（2）以轴数（或联数）表示的第二主参数。当以机床的轴数（或联数）表示第二主参数时，要将其实际数值列入，并在其前面加“×”号。

6. 重大改进顺序号

当木工机床的性能及结构布局有重大改进，并按新产品重新试制和鉴定时，才在原型号之后按 A、B、C 等字母的顺序选用（“I”、“O” 两个字母除外），以区别原型号。凡属局部改进，或增加某些附件、增减测量装置及改变装夹工件方法等均不属于重大改进。

7. 同一型号木工机床的变型代号

某类用途的通用木工机床，需要根据不同的加工对象，在基本型号的基础上，仅改变木工机床的部分性能结构时，则加变型代号。这类变型代号可在原型号之后加 1、2、3 等阿拉伯数字顺序号，并用 “/” 分开，读作 “之”，以便与原型号区分。

1.3.3 通用木工机床型号示例

例 1　MJ104——最大锯片直径为 400mm 的手动进给木工圆锯机。

例 2　MJK3210——锯轮直径为 1000mm 的数控跑车木工带锯机。

例 3　MJ6220——最大加工长度为 2000mm 的锯片往复木工锯板机。

例 4　MJ3812×2——锯轮直径为 1200mm 的双联对列木工带锯机。

例 5　MBX106——加工最大宽度为 600mm 的带数显的单面木工压刨床。

例 6　MX5212——工作台面最大宽度为 1200mm 的立式万能木模铣床。

例 7　MX5112——铣削最大高度为 120mm 的立式单轴木工铣床。

例 8　MZ415×6——钻孔最大直径为 50mm，轴数为 6 的立式多轴木工钻床。

例 9　MZ745×4——钻孔最大直径为 50mm，排数为 4 的木工多排多轴钻床。

例 10　MS362——最大榫槽宽度为 20mm × 20mm 的立式单轴木工榫槽机。

例 11　MCD616B——床面上最大车削直径为 600mm 带端面车削又经第二次改进设计的普通木工车床。

例 12　MM118——砂盘直径为 800mm 的单盘木工磨光机。

例 13　ML324——最大加工宽度为 400mm 的平压两用木工刨床。

例 14　MT209——最大加工宽度为 90mm 的手提平刨。

例 15　MD2116——开榫榫头最大长度为 160mm 的多工序加工单头直榫开榫机。

例16　MF4020——单头焊接锯条最大宽度为 200mm 的锯条焊接机。

第 2 章　木 工 锯 机

2.1　概　　述

2.1.1　制材工艺流程和设备配置

我国制材生产所使用的木工锯机，基本上是木工带锯、排锯（框锯）和圆锯三类。由于所采用的主锯机不同，制材工艺方案也各不相同。目前国内以木工带锯机为主的制材生产占多数，以木工排锯和圆锯作为主锯的制材生产仅在南方有一定数量。制材生产比较典型的工艺方案基本有三种：以木工带锯机为主的、以木工带锯和排锯相配合的和以木工圆锯为主的。

1. 以木工带锯机为主的制材工艺流程和设备配置

短宽型带锯制材工艺流程如图 2-1 所示。工艺流程中配置两台木工跑车带锯机，同时承担剖料和剖分，一台板皮锯用于板皮的截断，一台木工卧式带锯机剖分板皮（2∶1 型），一台木工裁边锯用于毛边板裁边，一台木工截断锯处理毛头板。该工艺主机自割能力强，产品规格质量好，适合原木条件好的大、中径级原木加工方材和厚板。

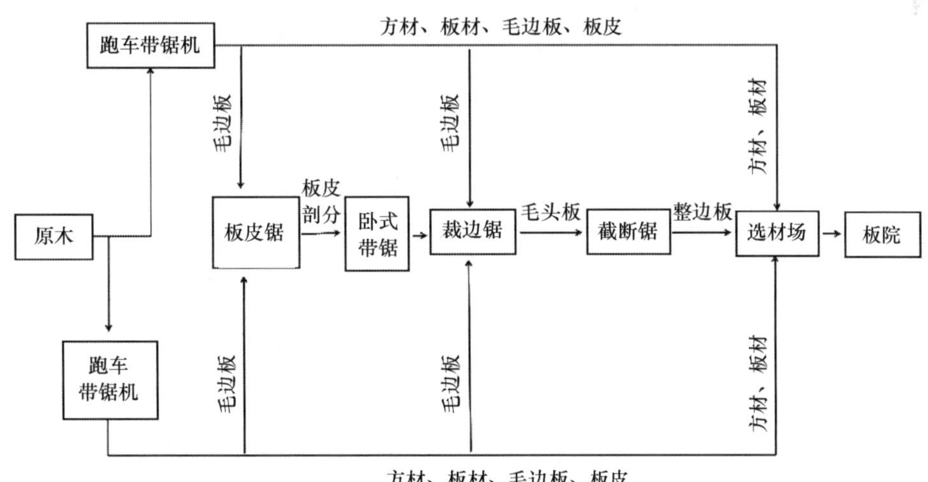

图 2-1　2∶1 型带锯制材工艺流程图

2. 以木工跑车带锯机和排锯配合的制材工艺流程及设备配置

跑车带锯机和排锯配合的制材工艺流程如图 2-2 所示，多采用四面下锯。工艺流程中配置一台木工跑车带锯机加工毛方或板材，给木工排锯机提供下锯基准，一台木工排锯机用于毛方的剖分，其他锯机作用同上。

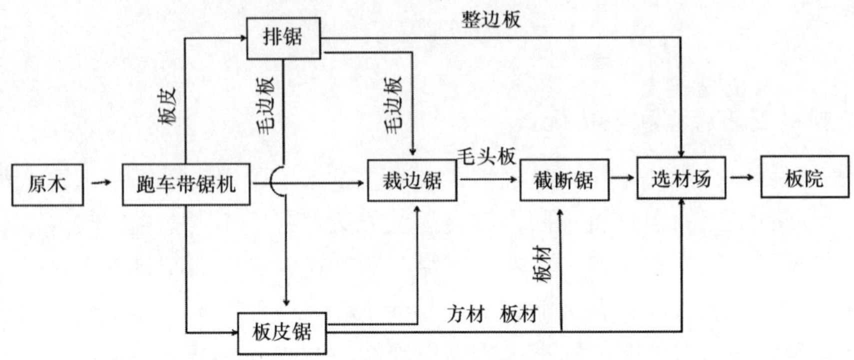

图 2-2　带锯和排锯配合的制材工艺流程图

3. 以木工圆锯为主的制材工艺流程和设备配置

圆锯为主锯机的制材工艺流程如图 2-3 所示。该工艺与带锯制材工艺流程相似，配置主锯以圆锯机为主，主要由单或双轴圆锯机、单或双裁边圆锯机和截头锯组成。其特点是锯路较宽，锯解原木直径不宜过大；因其设备结构简单，安装费用低，适合小型厂或林区简易制材厂锯解中、小径级原木。

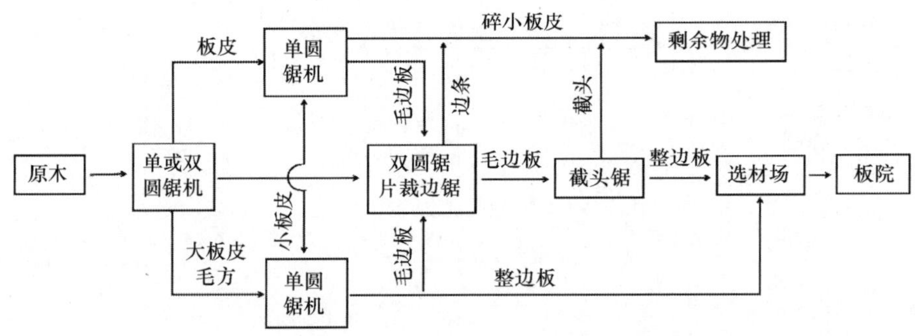

图 2-3　圆锯为主锯机的制材工艺流程图

2.1.2　木工锯机主要结构类型

1. 带锯机

带锯机是以环状无端开齿的带锯条张紧于两个回转的锯轮上，使其沿一个方向连续运动而实现锯割木材的机床，如图 2-4 所示。

(a) 木工跑车带锯机

(b) 木工卧式带锯机

图 2-4　木工带锯机

2. 圆锯机

圆锯机是以圆锯片为刀具，使之做连续的旋转运动，完成锯割原木或板材的木工机床，如图 2-5 所示。

图 2-5　履带纵向进给圆锯机

3. 框锯机

框锯机（又称排锯机）是将多根锯条张紧在锯框上，由曲柄（或曲轴）连杆机构带动锯框做往复运动，用来锯割原木或毛方成为板材或方材的制材设备，如图 2-6 所示。

4. 锯板机

锯板机的主要用途是把大幅面的板材（基材）锯切成符合一定尺寸规格以及精度要求的各种板件，如图 2-7 所示。

(a) 双层木工框锯机

(b) 单层木工框锯机

图 2-6　木工框锯机

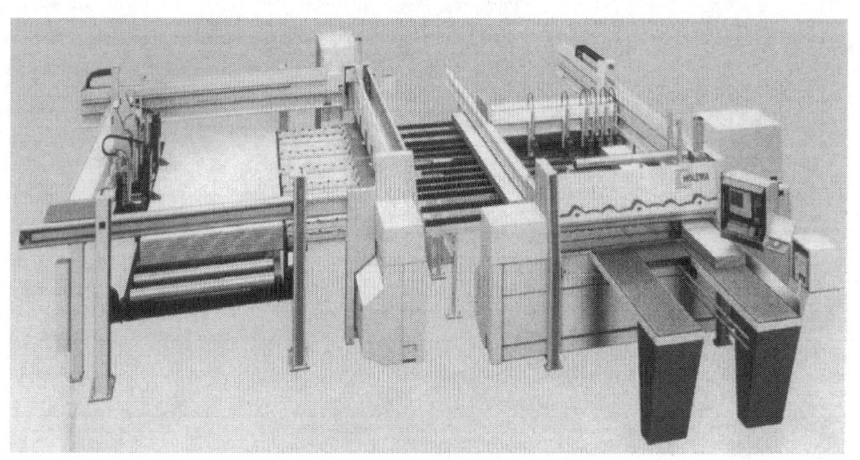

图 2-7　木工数控锯片往复锯板机

2.1.3　木工锯机的特点

1. 木工带锯机的特点

木工带锯机生产历史较长，是目前我国制材加工的主要设备，使用最为广泛。

木工带锯机的主要优点：可以锯切特大径级原木和采用特殊下锯法锯切珍贵树种原木；所使用的薄锯条，锯口宽度最小（为 2.2~2.6mm），仅为圆锯机的 1/3~1/2，框锯机的 1/3~2/3，锯路损失小；可以实现看材下锯，出材率高于圆锯机和框锯机（前苏联试验表明，木工跑车带锯机锯切腐心圆木的出材率比框锯机高 0.8~1.5

倍），木工带锯机的进料速度比框锯机快，一般为 40~50m/min，美国、加拿大已达 160~180m/min（锯条宽度 380mm，厚度 3.5mm）。因此，不仅北美洲、亚洲、大洋洲和欧洲中部普遍使用带锯作为制材主锯机，传统使用框锯机的北欧、俄罗斯等国家和地区也在不断地推广木工带锯机。

木工带锯机的主要缺点：锯条自由长度大、带锯条薄、温升高、易产生振动和跑锯，影响锯切精度，锯材质量不如框锯机；操作技术要求高，由于带锯机结构较为复杂，加工精度高，锯条维修技术要求高，这就要求操作工人的技术水平高，同时要求操作工人能识别原木缺陷，合理选择，做到看材下锯；带锯机单机、单边、单方向进给切削，生产效率低。

2. 木工圆锯机的特点

木工圆锯机的优点是：结构简单、造价低，便于维修和保养；切削速度高，能适应各种原材料和产品的加工要求；机械进料速度比框锯高，采用毛方下锯法锯割小径原木时，木工圆锯机比木工框锯机出材率略高。因此，在制材和细木工作业中用途最广泛。

木工圆锯机的缺点是：锯片工作稳定性差、锯路比其他锯机锯路宽，锯屑多，木材损失量大，锯材尺寸精度低，出材率比木工带锯机低；受锯片直径约束，不宜锯割直径超过 50cm 的大径原木；修锯技术复杂。

20 世纪 70 年代以来，随着工业的发展和科学技术的进步，数显、数控和电子计算机技术的采用，减小锯片厚度，提高锯片稳定性等新技术的开发、研制和应用，使木工圆锯机的生产效率、自动化程度、加工精度和操作性能都提高到了一个新的水平。

3. 木工框锯机的特点

木工框锯机的优点是：多根锯条并行锯割，按锯口面积计算的生产效率高于其他单锯条锯机；锯框短，锯条刚性好，锯条的相对稳定性比其他锯机好，锯出的锯材尺寸精度最高，为±0.1mm，板面质量也较好；允许增大锯齿齿距，改变锯齿形状，从而使大部分锯屑成为综合利用的原料；现代式木工框锯机自动化程度较高，对操作水平的要求低。

木工框锯机的缺点是：锯条较厚，锯路损失大，不能根据原木缺陷情况合理下锯，出材率低于木工带锯机；对原木的质量要求高，锯割时须进行分级和质量分选；锯框为往复运动，惯性和振动较大，能量消耗和部件磨损大，限制切削速度的提高，生产效率的提高也受到一定的限制。

近年来，木工框锯机在锯条开档调整、锯框结构上进行了优化设计，适应了合理下锯的需求，且自动化、数控化程度得到进一步的提高。

4. 木工锯板机的特点

（1）切削速度较高，并设有主、副锯片，实行预裁口，具有较高的锯切精度；锯切后的规格板件尺寸准确，锯切表面平整光滑，无需再作进一步的精加工就可进入后续工序（如封边等），一般锯切面的直线度为0.1~0.5mm。

（2）适用大幅面板材的锯切，可以把大幅面的板材（基材）锯切成符合一定尺寸规格以及精度要求的各种板件。这些大幅面的基材表面可以是未经装饰的，也可以是已经装饰的。

（3）数控化、智能化水平进一步提高，可实现优化下锯；系统软件可直接把零件图转换成加工程序，实现定制化加工。

2.1.4　木工锯机的分类

1. 木工带锯机的分类

木工带锯机的分类方式较多，下面介绍几种常见的分类方式。

1）按结构分类

木工带锯机按结构分类可分为立式和卧式两大类；也可分为跑车带锯机、台式带锯机和多联带锯机。

（1）立式木工带锯机

如图 2-8（a）所示，一个锯轮在另一个锯轮的上方，使垂直于锯轮旋转轴线的、通过两锯轮中心的连线呈直立，即为立式带锯机。根据工艺要求，立式带锯机又可分为左向和右向两种。站在带锯机进料端看，锯轮做逆时针方向回转的为左向，锯轮做顺时针方向回转的为右向，左向在带锯机型号上要加以表示，见图 2-8（d）。

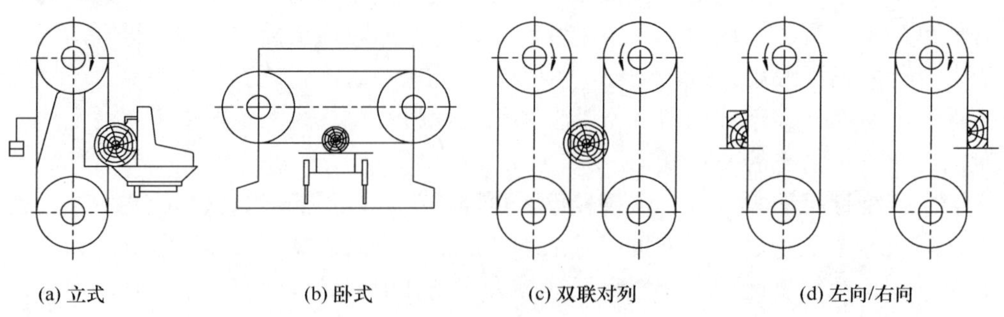

(a) 立式　(b) 卧式　(c) 双联对列　(d) 左向/右向

图 2-8　带锯机分类示意图

（2）卧式木工带锯机。

如图 2-8（b）所示，锯轮置于垂直平面内，使通过两锯轮中心的连线呈水平，即为卧式带锯机。卧式带锯机通常用于锯割珍贵树种的木材或板皮。

2）按工艺要求分类

木工带锯机按工艺要求分类可分为原木带锯机、再剖带锯机和细木工带锯机。

（1）原木带锯机。

如图 2-4 所示，原木带锯机主要是利用跑车进给，将原木锯割成方材或板材，常见的结构形式为立式、卧式和多联带锯机。

（2）再剖带锯机。

如图 2-9 所示，再剖带锯机主要利用手工进料或机械进给，将毛方材、板皮及厚板材再剖成方材、板材。再剖带锯机包括剖分毛方材、板皮和厚板材的立式、卧式和多联带锯机。

（3）细木工带锯机。

如图 2-10 所示，细木工带锯机主要是利用手工进料，将细木工车间的小料纵切、横截或曲线加工，多数为立式。

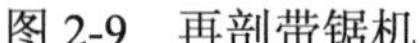

图 2-9　再剖带锯机

图 2-10　细木工带锯机

3）按规格分类

木工带锯机按规格分类，通常是根据锯轮直径的大小，将带锯机分为重型、中型和轻型。锯轮直径大于或等于 1500mm（60′）的称为重型带锯机，1000~1370mm（42′~54′）的称为中型带锯机，小于或等于 900mm（36′）的称为轻型带锯机。

4）按安装形式分类

木工带锯机按安装形式分类可分为固定式和移动式。固定式带锯机安装在牢固的钢筋混凝土基础上，运用于固定制材。移动式带锯机安装在可运行的机架上，由牵引机械牵引，并可作为带锯机的动力源进行流动制材，适用于采伐区或工地的简易加工。

5）按型号编制分类

木工带锯机按型号编制分类，根据GB/T 12448—2010标准可分为以下类型。

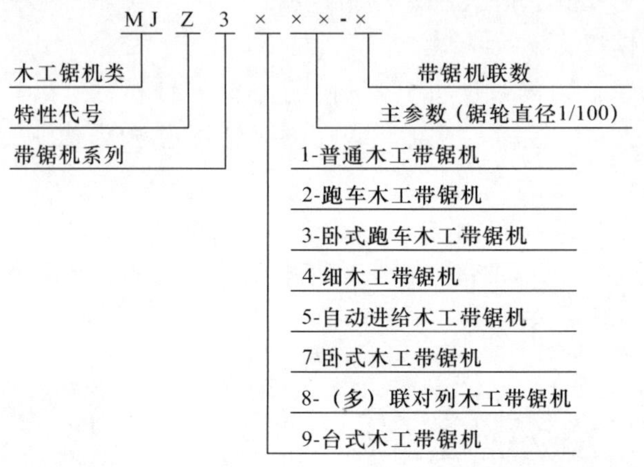

例如，锯轮直径为1200mm的双联对列木工带锯机，其型号为MJ3812-2。锯轮直径为1500mm的跑车木工带锯机（左向），其型号为MJZ3215；如为右向，则省略特性代号，其型号为MJ3215。锯轮直径为600mm的细木工带锯机，其型号为MJ346。锯轮直径为1000mm的卧式木工带锯机，其型号为MJ3710。

2. 木工圆锯机的分类

木工圆锯机使用广泛，类型较多。按锯割木材纤维方向的不同可分为纵向木工圆锯机、横向木工圆锯机和万能木工圆锯机三大类；按加工工艺特点的不同可分为原木圆锯机、再剖圆锯机、裁边圆锯机、截断圆锯机等；按锯片数目的多少可分为单锯片、双锯片和多锯片的木工圆锯机等型式。

按型号编制分：

（1）MJ1——纵向圆锯机，例如MJ104为手动进给纵向圆锯机；MJ154为机械进给纵向圆锯机。

（2）MJ2——横向（万能）圆锯机，例如MJ224为摇臂式万能圆锯机；MJ234为万能式圆锯机；MJ246A为带移动工作台的横向进给圆锯机。

3. 木工框锯机的分类

木工框锯机的种类很多，按锯框的运动方向划分，可分为立式和卧式两大类。锯框做垂直方向运动的木工框锯机称为立式木工框锯机，锯框做水平方向运动的称为卧式木工框锯机。

立式木工框锯机按结构形式分为双层的和单层的，按进给方式分为连续进给和间歇进给两种，按工艺可分为通用和专用两类。

双层木工框锯机的切削部分和进给部分都安装在第二层上，第一层则安装传动部分、辅助设备和排除碎木设备等。这类木工框锯机的结构高大，生产能力强，主要用于大型机械化的制材企业。通用木工框锯机大部属于此类，见图2-6（a）。

单层木工框锯机的机体紧凑小巧，使用比较方便灵活，专用木工框锯机多数是单层的，见图2-6（b）。专用木工框锯机按用途来分，可划分为五种［图2-11（a）～（e）］：锯短原木、剖分、双曲柄、移动式和双锯框木工框锯机。

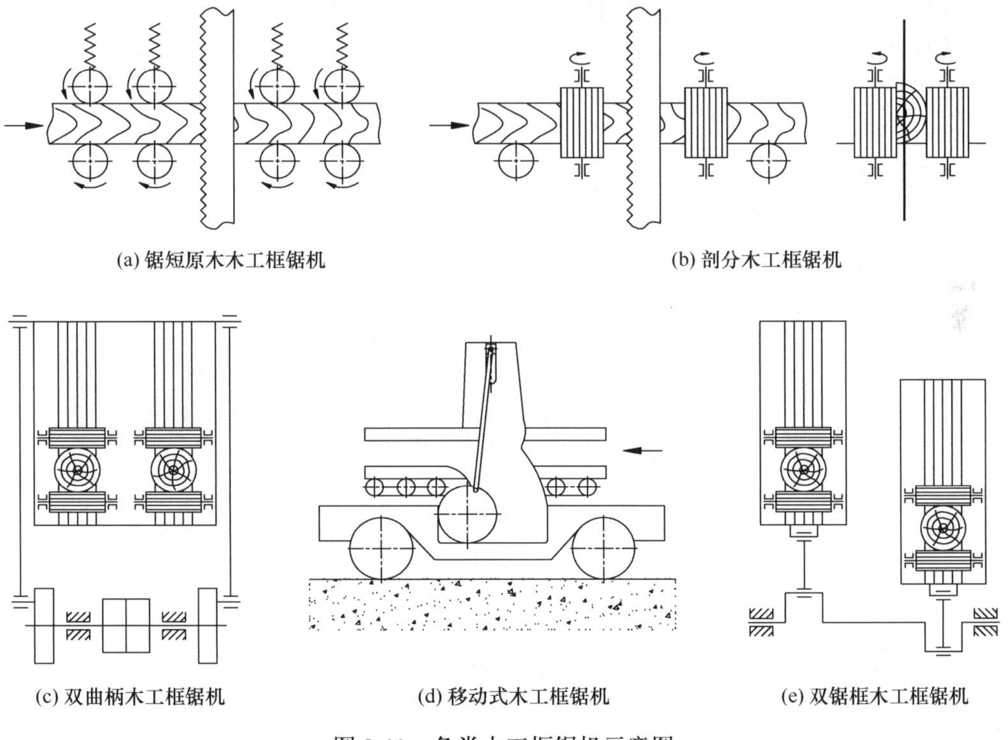

(a) 锯短原木木工框锯机　(b) 剖分木工框锯机

(c) 双曲柄木工框锯机　(d) 移动式木工框锯机　(e) 双锯框木工框锯机

图2-11　各类木工框锯机示意图

连续进给是指无论木工框锯机在工作行程或空行程，木料都以规定的速度进给。间歇进给有一次间歇和二次间歇进给两种方式：一次间歇进给是指木料在木工框锯机的工作行程或空行程两过程之一停止进给；二次间歇进给是指当锯框到达上、下极点时木料停止进给。

近几年来，在改变立式木工框锯机的运动轨迹上，也出现了一些新的类型，如“8”字形轨迹木工框锯机、变速让锯型木工框锯机和边锯割边排屑的木工框锯机等。这些新型木工框锯机已在实践中应用和继续得到改进，展示出木工框锯机发展的未来前景。

卧式木工框锯机仅用于锯割硬木和珍贵木材，有时也做立式木工框锯机和大型带锯机的辅助设备，将大板皮、毛方锯割成薄板，使用范围和品种规格较少。

按型号分：MJ4——往复锯机，例如 MJ427 为最大加工宽度 700mm 的立式框锯机。

4. 木工锯板机分类

我国国家标准《木工机床 型号编制方法》（GB/T 12448—2010）中，在木工圆锯机类中专设一组（第 6 组）锯板机。按结构特点分成木工带移动工作台锯板机（MJ61），木工锯片往复锯板机（MJ62）和木工立式锯板机（MJ63）。这几种系列也是目前生产中最常用的形式。此外，还有多锯片纵横锯板机。

1）木工立式锯板机

木工立式锯板机最主要的优点是占地面积小，与卧式锯板机相比，约可节省一半占地面积。此外，工件的装卸放置比较方便，调节、操作也较简便灵活，尤其适用生产能力较小的场合。

木工立式锯板机按锯轴与工作台的相对位置可以分为上锯式和下锯式，前者锯轴安置在工作台的上方［图 2-12（a)］，后者则在工作台下方［图 2-12（b)］。

(a) 上锯式

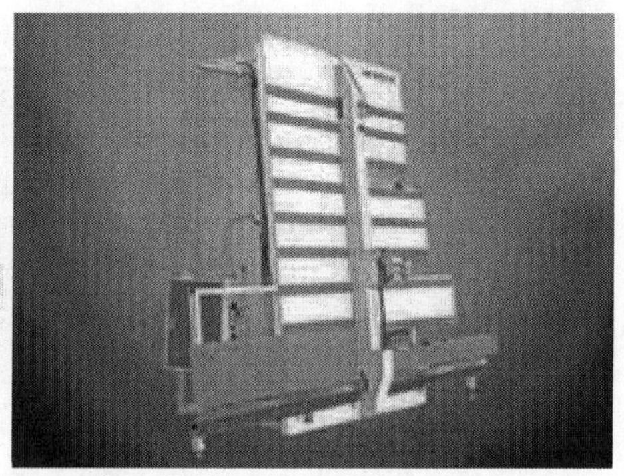

(b) 下锯式

图 2-12 木工立式锯板机

2）木工带移动工作台锯板机

木工带移动工作台锯板机（图 2-13）应用广泛，不仅能用作软材实木、硬材实木、胶合板、纤维板、刨花板，以及一面或两面均贴有薄木、纸、塑料、有色金属饰面板等板材的纵切、横截或成角度的锯切，以获得尺寸符合规格的板件；而且可用于各种塑料板、绝缘板、薄铝板和铝型材等的切割；有的机床还附设有铣削装置，可进行宽度在 30~50mm 的沟槽和企口等加工。

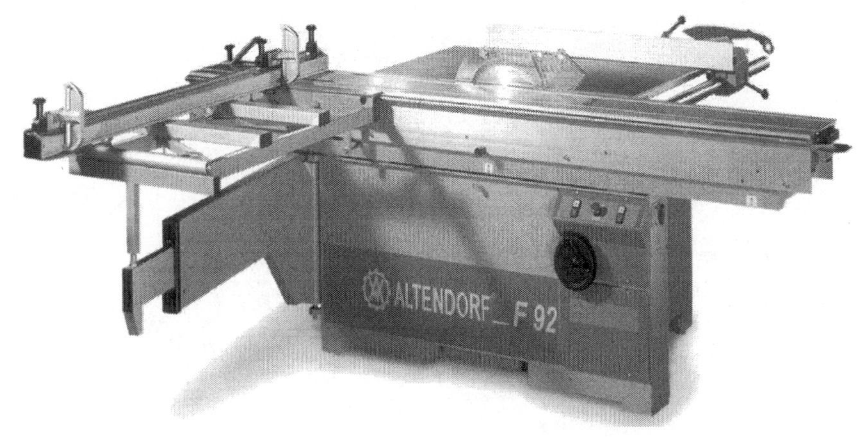

图 2-13 木工带移动工作台锯板机

这类机床的回转件都经过平衡，大多不需要地基，仅需放在平整的地面上。加工时，工件放在移动工作台上，手工推送工作台，使工件实现进给运动，十分方便，机动灵活。

机床规格已成系列，主参数为最大锯切加工长度，一般范围在 2000~5000mm，其中常用的三种规格为 2000mm、2500mm 和 3000mm。

3）木工锯片往复锯板机

木工数控锯片往复锯板机（图 2-7）具有通用性强、生产率高、原材料省、锯切质量好、精度高、易于实现自动化和电脑控制，可用两台或数台机床进行组合，并可纳入板件自动生产线等特点。机床以最大锯切加工长度作为主参数，其范围在 1500~6500mm，常用的规格为 2000mm、2500mm 和 3150mm。

机床的操作和控制包括装卸和推送工件等，有手工、机械以及利用电子程序控制装置和微机控制等方式，用户可根据生产需要选用（图 2-7）。机床允许多块板材叠合锯切，单机使用时常同时对两或多叠基材进行锯切。机床进给速度也较高，因此其生产效率比立式锯板机和带移动工作台锯板机要高得多。

2.2　木工跑车带锯机

2.2.1　木工跑车带锯机的主要技术参数

1. 锯轮直径

木工带锯机的主参数为锯轮直径。锯轮直径的大小，取决于锯割原木的直径，锯轮直径一般为锯割原木最大直径的 1.2~1.4 倍，即

$$D=(1.2\sim1.4)d \tag{2-1}$$

式中：D——锯轮直径，mm；

d——锯割原木的小头最大直径，mm。

此外可根据原木的加权平均直径来选择带锯机锯轮直径的大小，见表 2-1。

表 2-1　原木加权平均直径与锯轮直径的关系（mm）

原木加权平均直径	锯轮直径	原木加权平均直径	锯轮直径
<280	1060	420~800	1500
300~400	1250	820~1200	1800

2. 锯轮直径与锯条尺寸

（1）锯条厚度。锯条厚度受锯轮直径大小的限制。一般情况下，锯条厚度与锯轮直径的关系为

$$S=(0.0007\sim0.001)D \tag{2-2}$$

式中：S——锯条厚度，mm。

根据上式计算，不同锯轮直径使用锯条的最大厚度见表 2-2。

表 2-2　不同锯轮直径使用锯条的最大厚度

锯轮直径/mm	900	1060	1250	1500
使用锯条的最大厚度/mm	0.90	1.05	1.25	1.45
伯明翰线规号（B.W.G）	20	19	18	17

（2）锯条宽度。锯条宽度要适中，锯条的有效宽度（不计齿高）由锯轮宽度决定，锯轮宽度取决于锯轮直径。

$$\begin{aligned} B &= (0.1 \sim 0.15)D \\ 0.8B &< b < (B+25) \end{aligned} \tag{2-3}$$

式中：B——锯轮宽度，mm；

b——锯条宽度，mm。

生产过程中，锯条磨损后逐渐变窄，当 b=（0.5~0.6）B 时，锯条便缩号使用。锯轮直径、宽度与锯条宽度关系见表 2-3。

表 2-3　锯轮直径、宽度与锯条宽度的关系

锯轮直径/mm	锯轮宽度/mm	锯条宽度/mm
900	85	100
1060	110	125
1250	135	150
1500	180	205

（3）锯条长度。锯条长度可根据锯轮直径和两锯轮中心距决定：

$$L = \pi D + 2(A_{max} - A_{min}) + \Delta \tag{2-4}$$

式中：L——锯条长度，mm；

A_{max}——两锯轮中心的最大距离，mm；

A_{min}——两锯轮中心的最小距离，mm；

Δ——锯条搭接部分的长度，一般 Δ=9~12mm。

新锯条应按两锯轮中心的最大距离决定其长度尺寸。

3. 上下锯轮中心距

上下锯轮中心距是锯机的重要结构尺寸，关系到锯割原木的最大直径，两者的关系为：

$$A=(1.8\sim2.2)d \tag{2-5}$$

式中：A——上下锯轮中心距，mm。

由于制材带锯机机械化程度的提高，进料速度大大增加，所以设计时应考虑锯机稳定性，缩短上下锯轮中心距，增加锯机刚度，以适应高速进料。

根据上下锯轮中心距与锯轮直径的比值，分为标准型（比值为 1.7~1.8）和短身型（比值在 1.5 以下）。表 2-4 为两种跑车带锯机的技术规格比较。

表 2-4　跑车带锯机的技术规格

技术规格	锯轮直径 1200mm		锯轮直径 1500mm	
	标准型	短身型	标准型	短身型
锯轮宽度/mm	135	158	180	215
锯割原木最大直径/mm	890	700	1210	950
锯轮转速/（r/min）	500~650	500~650	400~500	400~500
功率/kW	22~37	22~37	37~75	37~75
锯轮中心距与锯轮直径的比值	1.8	1.5	1.8	1.5

4. 锯割速度

锯割速度是带锯机的主要技术参数之一。为使锯割功率消耗最小，锯割速度与进料速度应相适应，要求锯割速度与进料速度都能无级调节，以便达到锯割质量好、能耗低和生产率高的目的。但是在实际生产中，多数制材带锯机的锯割速度是不能无级调节的。

2.2.2 木工跑车带锯机的结构

木工跑车带锯机主要由机体、上下锯轮、锯条张紧装置、锯条导向装置和跑车等组成。

1. 机体

木工跑车带锯机的机体用于支承和安装上下锯轮、锯条张紧装置、锯条导向装置等其他零部件，使其保持在确定的空间位置；同时承受重力、切削力和运动部件产生的惯性力。

木工跑车带锯机的机体由锯身和锯座组成，材质为铸铁或铸钢。锯身上部的立柱上有垂直导轨，以便上锯轮托架升降；在锯座上装有下锯轮的轴承座及制动装置。由于锯轮转速较高，锯轮直径较大，很难达到理想的平衡，受被锯割木材的不规则和材质的不均匀性等因素影响，带锯机工作时将产生强烈振动，影响加工质量。为了保证正常工作，要求机体具有相当的重量和足够的稳定性。通过降低锯身重心，增加锯座重量和接触面积，加强锯身与锯座、锯座与基础的结合，合理选择机体的结构形式增加其刚度，达到坚固抗振的目的。

带锯机的机体类型各种各样，从形状上大体可分成 I 型、H 型、S 型和 O 型（图 2-14）。I 型、S 型具有燕尾型的上锯轮升降导轨，其导向性较好、稳定性较差，二者仅适用于轻型带锯机；H 型、O 型具有圆柱形的上锯轮升降导轨，稳定性好，振动也较小，常用于中型和重型带锯机。

轻型带锯机的机体是整体式的。锯轮直径超过 1000mm 的中型、重型带锯机为制造和搬运方便，将机体的锯身和锯座分别制造，机体多为装配式的。带锯机安装时一定要将锯身和锯座连接牢固，否则将使机体的刚度降低。

2. 锯轮

锯轮是一对装挂带锯条的轮子，立式带锯机分为上锯轮和下锯轮。锯轮是带锯机最主要的部件之一，起着张紧、驱动、制动带锯条的作用，其性能的好坏直接影响锯割木材的精度。因此，锯轮的制造质量必须满足如下要求。

（1）锯轮几何精度要满足设计图样和标准的要求。锯轮几何精度包括锯轮径

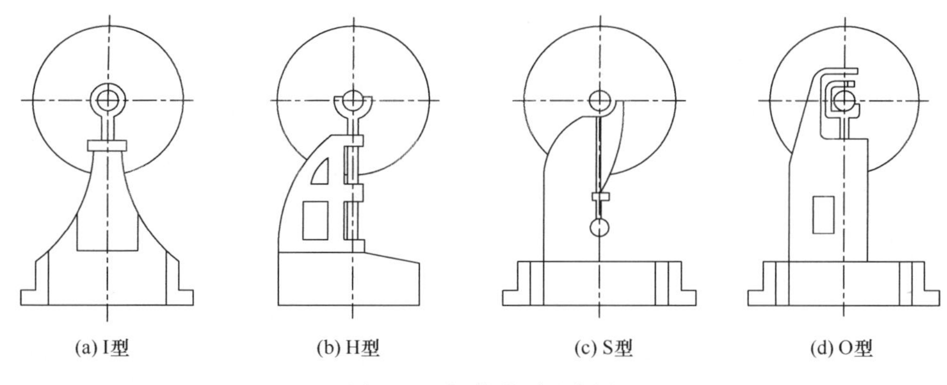

图2-14 机体类型示意图

向、端面圆跳动、锯轮外缘（宽度方向）直线度、上下锯轮的平行度、锯轮与锯轴装配的同轴度。

（2）上下锯轮都必须经过平衡处理。一般锯轮要进行静平衡检验，锯轮直径较大、质量较重的，要严格进行动平衡检验。

锯轮按结构可分为辐条式与辐板式两种，上锯轮（从动轮）有辐条和辐板两种形式，而下锯轮（主动轮）一般采用辐板式。

1）上锯轮

上锯轮为从动轮。其重量应尽量轻，这样不仅可降低锯机的重心，而且易被下锯轮带动，在启动或制动时能及时回转或停止。此外，当切削阻力变化时可减少多余的回转，避免由于锯条剧烈伸缩而造成折断和在上锯轮表面的打滑现象，保持锯条在锯割木材时始终平直且张紧。

根据结构和制造方法不同，上锯轮有几种形式，见表2-5。机械加工的辐条式上锯轮，是目前国内应用较为广泛的一种（图2-15），它主要由轮缘1、辐条2和轮毂3组成。轮缘由钢板弯曲焊接而成，一般采用中碳钢（45号钢），或经过热处理的低碳钢材料，硬度为HRC48~50。轮缘外表面最后进行一次精加工，有条件要进行表面高频淬火，以提高表面耐磨性。轮缘内表面要求等分钻孔，其中一半左倾，另一半右倾，两排错位孔倾斜角为6°30'左右，且相邻两孔倾斜的方向相反。辐条一端与轮缘固接，另一端通过螺栓与按轮缘的等分数等分钻孔的轮毂相连接。辐条根数按锯轮直径大小不同有所增减，设计时，辐条根数要适当。辐条根数过多，不仅上锯轮质量增加，而且空气阻力增大；辐条根数过少，则影响锯轮刚度。锯轮直径与辐条根数的关系见表2-6。在图2-15中，上锯轮轴4与轮毂3采用锥度配合，锥度为1∶25。为保证其同轴度，防止锯轮轴向窜动，用反扣螺母将其锁紧。轴承座5通过轴承托架将其定位，支承上锯轮轴。螺栓6一端固定在轴承座中，用来调整锯轴在水平面内的位置。轴承一般选用双列向心滚柱轴承支承锯轴，由旋盖式油杯润滑。

表 2-5　上锯轮结构形式

结构形式	简图	制造方法	结构特点
辐条型		铸造	轮毂、轮缘和辐条一次铸造成形，制造工艺简单，但是由于铸造不均，较难平衡，对高速回转的离心力抵抗能力较弱，目前很少生产
		机械加工	轮毂、轮缘和辐条分别加工，然后组装成锯轮，是国产带锯机上锯轮的主要结构形式，制造工艺较复杂，对材质要求比较严格；结构轻巧，易于启动，缺点是噪声大
辐板型		铸造	轮毂、轮缘和辐板一次铸造成形，目前国外生产带锯机的上锯轮多采用这种形式，制造工艺简单，锯轮的横向刚性好，空载功率损失小，噪声小，由于上锯轮重量增加，要求进行精确的动平衡
		机械加工	轮毂、轮缘和辐板分别加工，然后组装成锯轮，目前国内没有生产，制造工艺较复杂，对辐板材质有一定要求，结构轻巧，空气阻力小和噪声小

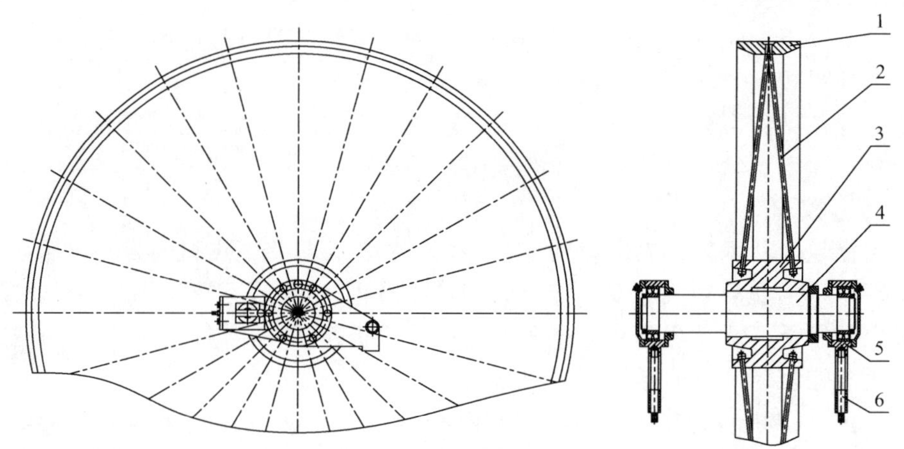

图 2-15　上锯轮结构示意图

1. 轮缘；2. 辐条；3. 轮毂；4. 上锯轮轴；5. 轴承座；6. 螺栓

表 2-6　锯轮直径与辐条根数

锯轮直径/mm	1060	1250	1370	1500	1800
辐条根数	22~26	26~30	28~32	30~36	34~40

为了保证上锯轮安装精度和锯机工作精度，上锯轮的轴承座需要按照下锯轮的位置做如下精确的调整（下锯轮的轴承座是固定的）。

（1）上下锯轮间的平行度。

（2）上锯轮安装位置与跑车轨道之间的位置度。

（3）上下锯轴中心线在同一垂直平面内。

2）下锯轮

下锯轮为主动轮，由电机通过三角皮带带动，从而使上锯轮及锯条回转以锯割木材。下锯轮的重量一般为上锯轮的2.5~3.5倍，其目的是增加转动惯量，起飞轮作用，且调节锯割时由于原木的材性不均而引起的速度变化和缓解锯条焊缝处的摩擦所引起的冲击。此外，增加下锯轮的重量，可相对减轻轴承的负荷。因此，下锯轮一般都采用辐板式。下锯轮的结构常采用整体式的铸铁或铸钢圆盘，其辐板较厚且须经过静、动平衡检验。

常见的下锯轮结构如图2-16所示。下锯轮9是辐板式的，在辐板上带有带式制动轮7，在锯座3上安装着制动手柄1，转动手柄可带动制动连杆2，并使连杆上的制动带8收紧，达到制动下锯轮的目的。为了使锯轴5与下锯轮紧密配合，它们之间采用1∶25的锥度配合，并用螺母6反扣锁紧。下锯轮的转动是经三角皮带10直接由电机11驱动的。轴承采用中宽系列、双列向心滚柱轴承，轴承的润滑采用旋盖式油杯4。

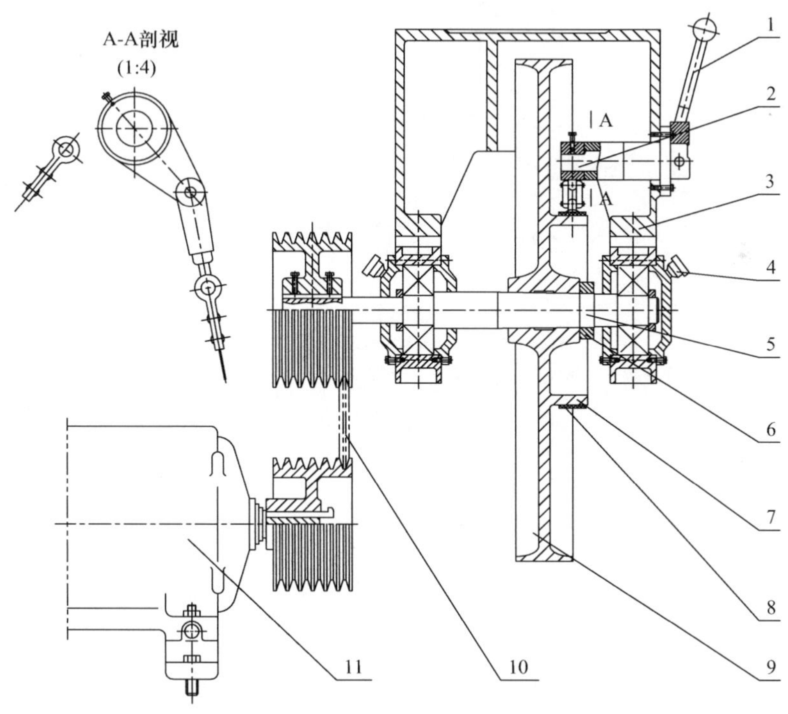

图2-16　下锯轮结构示意图

1. 制动手柄；2. 制动连杆；3. 锯座；4. 旋盖式油杯；5. 锯轴；6. 螺母；7. 带式制动轮；8. 制动带；9. 下锯轮；10. 三角皮带；11. 电机

3. 锯轮张紧装置

带锯机锯轮张紧装置由上锯轮升降仰俯机构和自动调整张紧力机构两部分组成。

1）上锯轮升降仰俯机构

上锯轮升降仰俯机构用于升降，以张紧或更换锯条，正确调整上下锯轮的中心距，将锯条正确地挂在锯轮上，使高速回转的锯条在工作时不因受锯割木材的阻力而脱落；使上锯轮倾斜（一般倾斜角度为0.2°~0.25°），以适应辊压后的锯条形状，抵抗锯割时木材对锯条锯齿的压力和进给力，保持锯条在锯轮上的稳定。图2-17所示为带锯机的传动系统图，图2-18所示为锯条张紧装置的结构图。

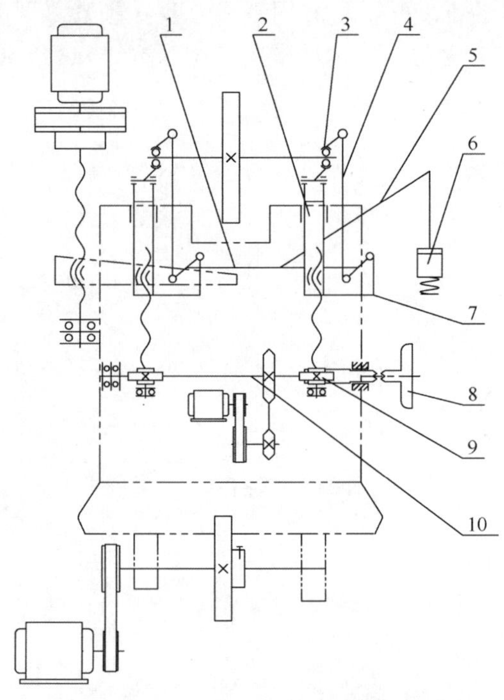

图2-17　带锯机传动系统图

1. 横轴；2. 导柱；3. 轴承座；4. 上顶杆；5. 杠杆；6. 平衡锤；7. 下顶杆；8. 手轮；9. 蜗轮蜗杆；10. 转轴

由图2-18可知，这个机构中有两对蜗轮蜗杆。右蜗杆的右端和手轮16的左端均加工有齿牙，构成一组牙嵌离合器17。右蜗杆空套在转轴15上，手轮以滑键同转轴相连接，可在转轴上滑动。左蜗杆固定在转轴15上。推上离合器17，右蜗杆与手轮左端啮合，转动手轮16，通过两对蜗轮10、蜗杆12传动丝杠轴6，使支承上锯轮轴承座的两个立柱4同时上升或下降。升降距离一般为

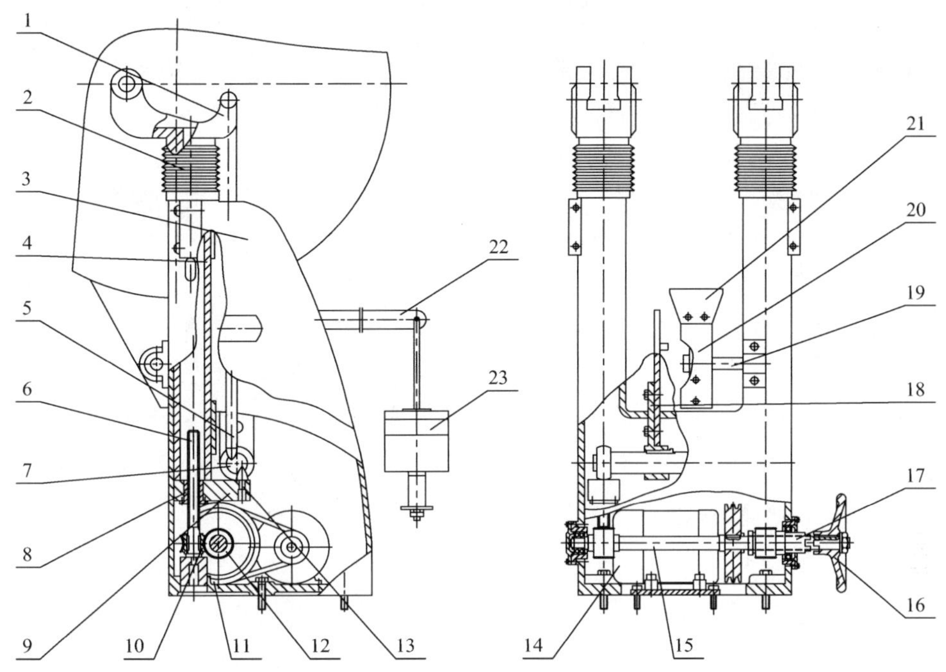

图 2-18 锯条张紧装置的结构图

1. 轴承托架；2. 蛇形套；3. 锯身；4. 立柱；5. 上顶针；6. 丝杠轴；7. 顶针转轴；8. 螺母；9. 托架；10. 蜗轮；11. 皮带轮；12. 蜗杆；13. 下顶针；14. 升降电机；15. 转轴；16. 手轮；17. 离合器；18. 杠杆座；19. 支轴；20. 支座；21. 刮屑板；22. 杠杆；23. 重锤

100~250mm，升降速率为 0.2~0.3m/min。拉开离合器 17，转动手轮 16，通过左蜗轮蜗杆传动丝杠，右蜗杆与手轮左端脱开，左侧立柱升降，使上锯轮倾斜，倾斜角度一般为 0.2°~0.25°。

上锯轮升降或倾斜可以用手动和机动两种方式实现，机动升降传动系统见图 2-17。上锯轮升降仰俯机构除了采用蜗轮蜗杆传动形式外，还可用锥齿轮传动代替蜗轮蜗杆传动，其工作原理与前者相同。

2）自动调整张紧力机构

锯条在切削原木的过程中，因受摩擦，会发热伸长，或因原木径级变化，材种软硬不均，或各种大小节子等引起切削阻力的增加，以及难以避免的部分锯屑粘于轮缘等情况，均会使张紧力随时变化而失去均衡，可能引起锯条窜动造成材面弯曲，甚至使锯条断裂等。因此，为保证锯条在锯解时经常保持适当的张紧程度，带锯机都安装有自动调整张紧力机构。

自动调整张紧力机构可分为机械、气压和液压三种形式。下面着重介绍机械杠杆重锤式自动调整张紧力机构的结构和工作原理、锯条张紧力和平衡锤质量的计算。

机械杠杆重锤式自动调整张紧力机构结构简单，使用方便，易于改变张紧力，虽因其本身的惯性较大，张紧的灵敏度受到影响，但由于这种机构具有较多的优点，目前各国仍普遍使用，多用于中型、重型带锯机上。

根据上锯轮的支承形式不同，杠杆重锤式有单式和复式两种。图 2-19 中，(a) 为单式，上顶针上支承点在上锯轴的下面，顶针机构在立柱内，这种形式杠杆比值小、灵敏度差，旧式带锯机中常见；(b) 为复式，上顶针上支承点在轴承座托架凹槽中，轴承座托架另一端通过销轴和锯链铰接，顶针机构在立柱外，这种形式杠杆比值大、灵敏度高，较新式的带锯机基本上采用这种结构。单、复式的主要区别就是杠杆比值的大小不同，一般中、重型带锯机的杠杆比值在 1/90~1/50，轻型为 1/20 左右。

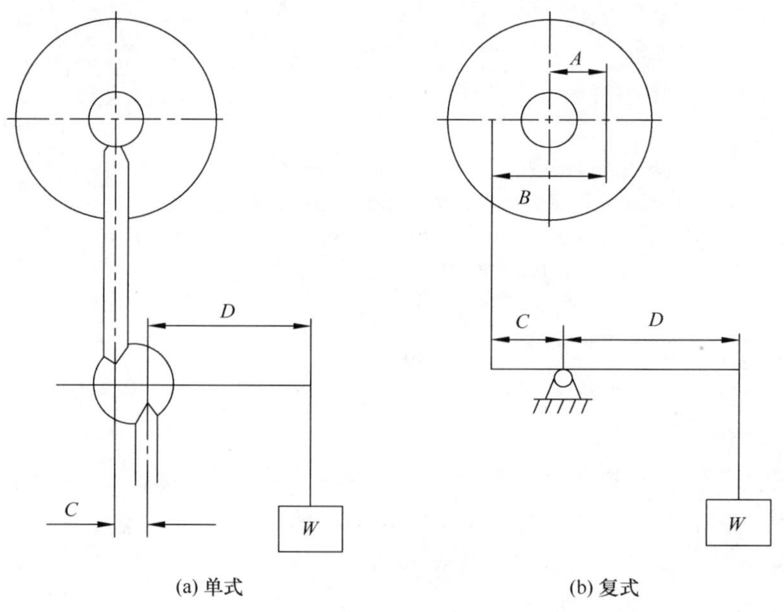

(a) 单式　　(b) 复式

图 2-19　杠杆重锤式自动调整张紧力机构示意图

复式杠杆重锤式自动调整张紧力机构的结构和工作原理如图 2-18 所示。主要由上顶针 5、顶针转轴 7 和重锤 23、下顶针 13、托架 9、杠杆 22 等组成。上顶针 5 的上端支承在上锯轮轴承座托架一端的凹槽中（图 2-18 中未端示出），顶针转轴 7 中部刚性连接一根杠杆 22，杠杆末端吊有重锤 23；在顶针转轴两端加工有四个 V 形槽，其中两个 V 形槽每端一个，支持在下顶针 13 的刀口上；下顶针同立柱 4 通过托架 9 刚性连接，随立柱升降。上顶针 5 呈浮动状态，上端刀口顶着上锯轮轴承座的后部，下端刀口装在顶针转轴另外两个V形槽内，转轴固定的支点是下顶针13，支点处于偏心位置，形成了杠杆；杠杆22在重锤的作用下，力图翻转顶针转轴7，使上顶针向上移动，顶起上锯轮轴承座的后部，使上锯轮处于上升趋势，产生很大的张紧力，实现自动调整张紧。

4. 锯条导向装置

1）压力锯卡装置

跑车带锯机上采用了压力锯卡装置。跑车前进时，依靠气压或液压缸推动压力锯卡装置，使锯条向一侧移动，实现锯割，跑车返回时，利用压力锯卡装置收缩使锯条躲开原木避免整个车架后退，实现了锯条退避的机械化，代替了常用的跑车退避装置，从而提高了进尺精度［图2-20（a）］。

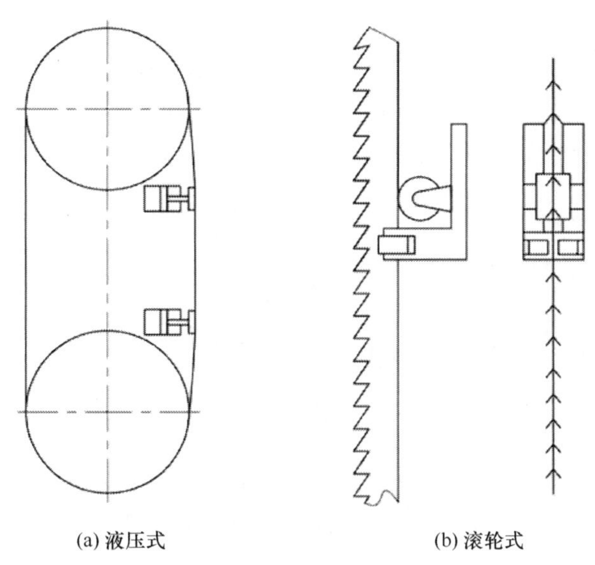

(a) 液压式　　(b) 滚轮式

图2-20　锯条导向装置示意图

2）滚轮式锯卡装置

滚轮式锯卡装置在锯条的一侧或两侧及锯条的背部装有滚轮，锯轮压紧锯条，当锯条运行时，带动滚轮绕轴线旋转，既起到了导向作用，又防止因受木材推动而向后的窜动。滚轮外面包覆有耐磨材料，其工作条件要比夹板式好。细木工带锯机多采用滚轮式锯卡装置［图2-20（b）］。

机械接触型锯卡装置能有效地限制锯条的自由长度，提高锯条的稳定性和锯割精度。缺点是锯条磨损量增大，加速了锯条疲劳破坏。

3）空气静力型锯卡装置

空气静力型锯卡装置在锯条两侧装有喷射嘴（图 2-21），使锯条和喷射嘴之间形成气垫，当锯条一侧与喷射嘴间隙增大时，产生的回复力矩就大，使锯条回到中间位置。气垫的刚性和支承能力利用压缩空气的压力调节。

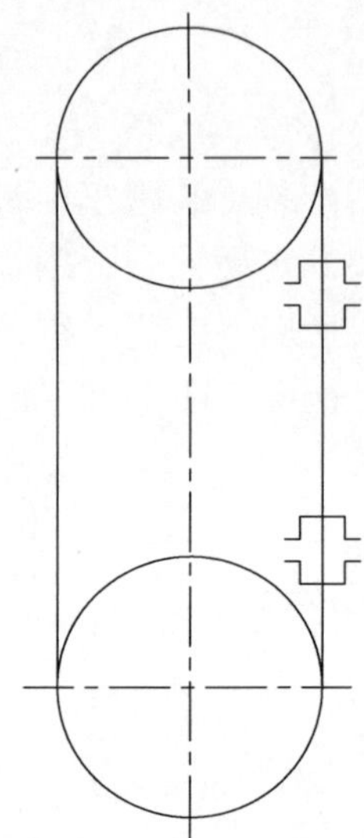

图 2-21 空气静力型锯卡装置

空气静力型锯卡装置的喷射嘴和锯条不受磨损，锯条不受附加弯矩作用，不会使锯条弯曲，锯条稳定性高且可冷却锯条，但是压缩空气消耗量增加。

4）电磁型锯卡装置

电磁型锯卡装置在锯条一侧或两侧装有电磁铁（图 2-22），利用电磁力吸引锯条，增加锯条刚性和使用寿命。电磁型锯卡装置在一定程度上提高了锯条的稳定性，但减小锯条自由长度的效果不显著。

5）立式带锯机夹板型上锯卡装置的升降机构

立式带锯机有上下两个夹板型锯卡装置。下锯卡装置固定不动，安装在下锯口的出口处；上锯卡装置可以升降，在锯口上部，可根据锯割木料的形状和尺寸升降。

升降方式有手动和机动两种（图 2-23）。手动升降时，可操纵机体旁的手轮，通过链条或钢丝绳牵引上锯卡装置悬臂沿导轨升降［图 2-23（a）］；机动升降是由电动机通过减速器、丝杆螺母，使上锯卡装置悬臂沿导轨升降［图 2-23（b）］。

上锯卡装置的机动升降可由操纵按钮控制，也可由测量锯路高度的传感器自动控制。在上锯卡装置悬臂升降的最高位置和最低位置装有行程开关，以保证安全升降。机动升降的速率一般在 3.5~4m/min。

图 2-22　电磁型锯卡装置

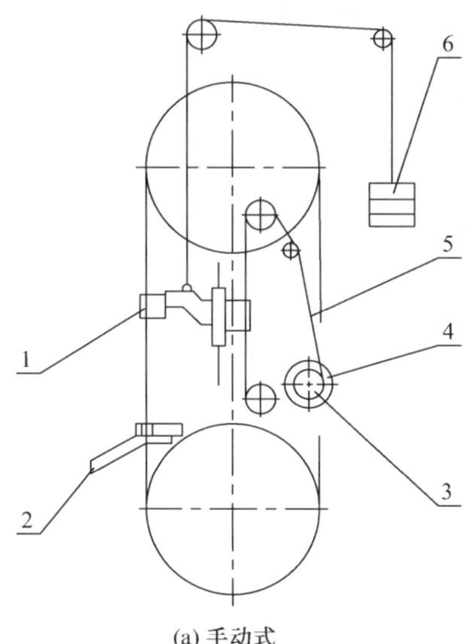

(a) 手动式

1. 上锯卡；2. 下锯卡；3. 卷筒；4. 手轮；5. 钢丝绳；6. 重锤

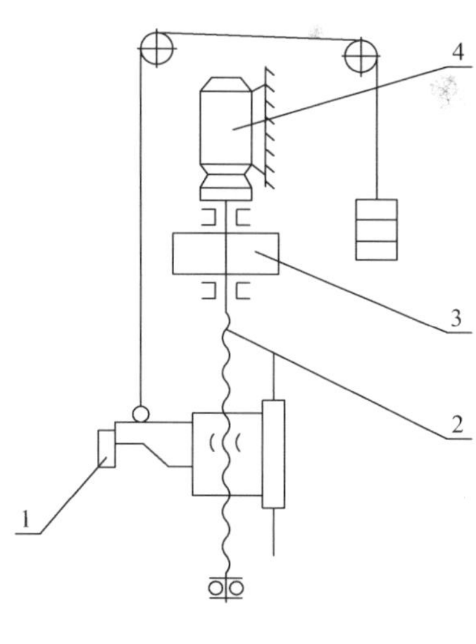

(b) 机动式

1. 上锯卡；2. 丝杆；3. 减速器；4. 电机

图 2-23　夹板型上锯卡装置的升降机构

为了保证锯割质量，上锯卡装置要尽可能接近被锯割的木料，与上锯口间的距离一般为50~60mm。

5. 木工带锯机的跑车

木工带锯机的进料装置用于将锯割木料送进切削区进行加工。进料装置的种类有：车式进料装置、滚筒进料装置和链式进料装置等。应根据带锯机的类型、锯割木料的形状和尺寸及加工要求，选择进料装置。锯割原木的带锯机以跑车作为进料装置（图2-24），再剖带锯机一般以滚筒作为进料装置，多联带锯机用特种跑车进料装置、链条进料装置或链条与滚筒配合的进料装置，而细木工带锯机一般为手动进料。本节主要介绍跑车进料装置的结构。

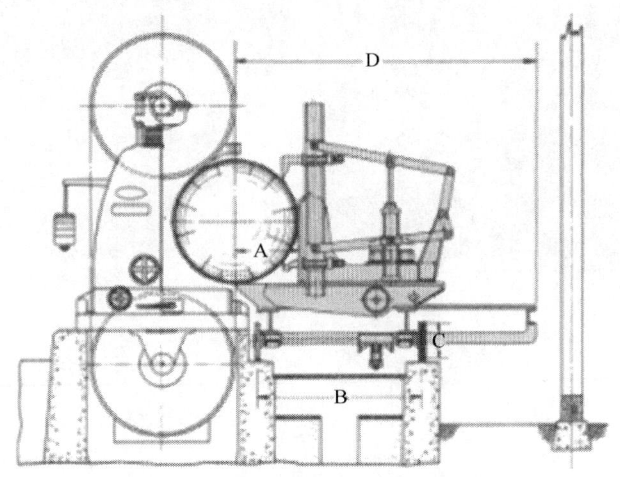

图2-24　木工跑车带锯机

锯割原木的跑车带锯机和双联纵列带锯机等是用车式进料装置，即跑车把原木送进切削区。跑车是制材带锯机不可缺少的重要设备，它支承原木且完成纵向和横向进给以及其他辅助运动。跑车工作情况的好坏是影响锯切质量的重要因素之一。因此对跑车有如下要求：

（1）安全可靠，故障少。跑车必须坚固，且有足够的强度和一定的弹性，以承受锯割过程中装木、翻木等产生的巨大冲击。

（2）进尺准确，操作灵活方便。跑车必须准确地控制进尺和运行速度，运转中保持稳定，不摇摆、不脱轨，启动平稳，起动力大，以便保证劳动生产效率和成材质量。

根据跑车传动的动力，分为手动跑车和机动跑车。考虑到生产效率和劳动强度，除特殊情况外，手动跑车已经被淘汰。跑车的规格用卡木桩的有效行程表示，其有效行程为卡木桩从滑轨（车盘）的前端面后退的最大距离。按照标准《木工带锯机和跑车 第1部分：参数》（JB/T 3178.1—2010）规定，根据锯轮直径大小，卡木桩有效行程不小于450mm、630mm、1000mm、1250mm、1500mm、1800mm。

跑车由车架、卡木机构、进尺机构、退避机构、传动机构和翻木机构等组成（图2-25）。某木工跑车产品的主要性能和型号见表2-7。

图2-25 木工带锯机的跑车

表2-7 某木工跑车产品主要性能和型号

主要性能 \ 型号	H-800	H-900	H-1100	H-1400
卡木桩数量（标准型）	3	3	3	3
卡木桩的开度/mm	800	900	1100	1400
跑车的全长（标准型三组车桩）/m	5.5	5.5	5.5	6.1
跑车导轨的长度（山型矩形）/m	15	15	15	15
电动进尺机的型号	SEA-2	SEA-2	SEA-3	SEA-4
锯条到跑车后端的距离/mm	1906	2015	2555	3185
跑车运转用电机/kW	3.7~5.5	3.7~5.5	7.5~11	15~19
电动进尺机用电机/kW	1.5	2.2	2.2	3.7
重量（三组卡木桩跑车）/t	~3.8	~4.1	~7	~9

1）车架

车架是跑车的骨架，跑车的各种主要机构几乎全部装在车架上。车架分为木架和钢架两种，木架一般用在手动跑车上，钢架一般用在机械化程度较高的机动跑车上。

车架的长度是根据被锯割原木的长度来确定的，一般在4~6m，宽度可根据原木的径级大小，以及安装在跑车上的其他零部件尺寸来定，一般为 0.8~2m。车架下有 4~5 对车轮支承，靠近锯条一侧为承载用的平面型车轮，远离锯条一侧是做导向用的 V 形槽轮。

2）卡木机构

卡木机构是用来定位和卡紧形状、尺寸不一的木料，使其在锯割过程中不发生移动和翻转。卡木机构由滑轨（车盘）、卡木桩（车桩）、微调机构（搬垫机构）和卡木钩（鹰嘴）等组成（图 2-26）。滑轨一般用螺栓固定在车架上，卡木桩呈 90°装在滑轨上。卡木钩卡紧木料后，操纵进尺机构，卡木桩便推动木料向前移动，按照锯割要求的尺寸进尺。卡木桩的性能见表 2-8。

(a) 手动式双鹰嘴型　(b) H-1100型　(c) H-1400型

图 2-26　不同型号的卡木机构

表 2-8　卡木桩的性能

型号	卡木桩的最大开度/mm	鹰嘴的卡紧松开	鹰嘴的伸出返回	各个卡木桩的进退
H	800 900 1100 1400	液压式	液压式	液压式

3）进尺机构

进尺机构是控制被锯割木料作横向进给的机构，其进给量即加工成材的厚度，其精度对锯切质量和出材率有很大的影响，是跑车的重要组成部分。摇尺机构的种类较多，根据结构形式来分主要有手动进尺、电动进尺和液压（气动）进尺机构。

手动进尺机构是利用棘轮、棘爪来实现手动进尺。它的缺点是劳动强度大、生产效率低、进尺误差大，已逐渐被电动进尺机构代替。

电动进尺机构是通过齿轮齿条或丝杠螺母传动实现卡木桩进尺。它制造容易，劳动强度低，生产效率高，可采取各种形式的控制方法，进尺误差较小，是生产中常见的进尺机构。电动进尺机构的控制形式较多，采用不同的控制形式所控制的进尺精度也各不相同。目前，国内应用比较广，进尺精度较高的是自整角机控制的电动进尺机构和微电脑（或计算机）控制的双速进尺机构。液压（气动）进尺机构是利用液体（或气体）压力通过油缸（或气缸）控制卡木桩进尺，其制造技术水平要求高、进尺误差小，已应用于生产。

某电动进尺机构产品如图 2-27 所示，其特点是：①用低廉的设备费即可实现自动化定尺。该机构结构简单，几乎无故障，即使万一发生故障，其修理方便，保养容易。②定尺精度准确，可连续生产均一厚度的产品。③遥控操作方便，进尺控制开关箱设在操作者的身旁。④可任意选择 11 种厚度尺寸。左侧圆盘为 0~30mm，0.5mm 间隔，右侧圆盘为 0~120mm，每 5mm 有定位销孔。左侧作为薄板用，右侧作为厚板用。厚度到 20mm 止为慢速，20mm 以上为快速，大尺寸则瞬间即可完成。⑤有 5 种厚度板材制材（余尺确定装置，有 5 种）。⑥有刻度放大盘。长针表示每次的加工厚度，短针表示原木的剩余尺寸，在跑车后退或踏操作箱下方的踏板时，长针则归到零位。

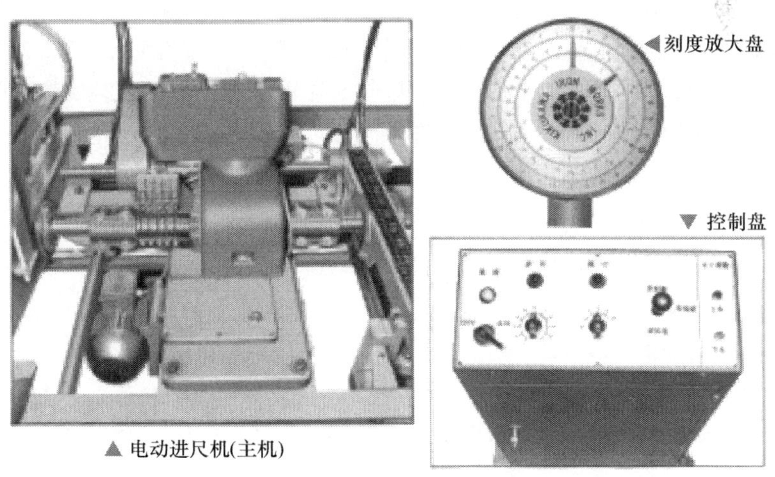

图 2-27　电动进尺机构

4）退避机构（车摆）

退避机构又称为车摆，它用于在单向锯割跑车开始返程时，使车架相对于锯条侧向退开一个微小距离，避免被锯割木料表面与带锯条发生摩擦或碰撞；当工作行程开始时，又使车架回到原来位置。车架退避距离也称为车摆量，一般为10~20mm。退避机构安装在跑车的两端，用拉杆连接，使其同步，保证车架前后两端同时移动。

根据退避动作的过程，可分为边摆边走型和先摆后走型。

边摆边走型退避机构较常见，其基本原理是在车轮或车轮轴转动时，通过各种摩擦或斜面机构，带动车架在车轮铀上横向滑移。缺点是动作时间较长，动力消耗较大，而且操作安全性较差。边摆边走型退避机构常见的类型有斜齿式、螺旋式、偏心式和气动（液压）式。

先摆后走型退避机构是在跑车返程前完成车架横移，因此减少了跑车的空行程量，提高了操作的安全性。先摆后走型退避机构常见的有齿轮齿条式和滑板式。

斜齿式车摆结构（图 2-28）中装于车架的摆架 1 上固定着两个齿形方向相反的固定斜齿块 2、5，它们分别与转动斜齿块 3、6 相啮合；摩擦瓣 12 上装有可更换的摩擦块 15，摩擦瓣在弹簧 11 的作用下，绕销轴 4 转动，使摩擦块紧压在与轮轴 7 成键连接的摩擦轮 14 的轮缘上。当钢丝绳拉动跑车开始返程时，车轮车轴与摩擦轮 14 一起转动。因摩擦力的作用，斜齿块 3、6 也随之转动，原与转动斜齿块 3 啮合着的固定斜齿块 2 被推动，并带动车架一起横向移动（退避），直至固定斜齿块 5 上的齿面阻止转动斜齿块 6 继续转动，至此退避动作结束。车架横向移动的距离即为车摆量。当跑车继续返回时，轮轴带动摩擦轴继续转动，但因转动斜齿块 6 被固定斜齿块 5 阻止，摩擦块 15 与摩擦轮 14 之间只能打滑。当跑车换向前进时，车轮轮轴反向转动，转动斜齿块 6 在摩擦力的作用下也反向转动并推动与其啮合着的固定斜齿块 5，带动车架一起横向移动（前进），直至固定斜齿块 2 起作用，阻止斜齿块 3 继续转动。这时车架横移（前进）的距离正好补偿了跑车退回时车架退避的距离。拉杆 18 用于保证跑车首尾两车摆机构同步。

锯解过程中若发生故障需停车，并让跑车沿原锯路退回时，必须使车摆机构不起作用（称为停摆），以免跑车后退时拉脱锯条，发生事故。一般利用手工、机械、液压等方式来控制拉杆 18 的运动，克服摩擦轮 14 与摩擦块 15 之间的摩擦力，就可实现停摆。

这种机构由于斜齿的斜度比螺旋的升角大，跑车行走较短距离就可达到退避目的，缩短了辅助时间。

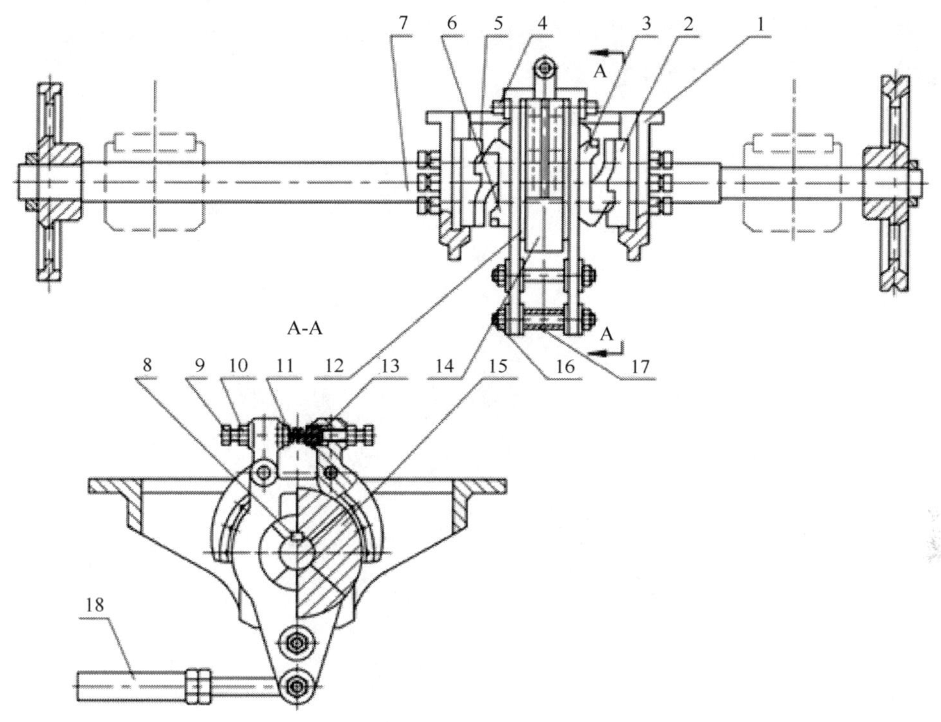

图 2-28 斜齿式车摆结构

1. 摆架；2、5. 固定斜齿块；3、6. 转动斜齿块；4. 销轴；7. 轮轴；8. 键传动；9. 螺钉；10. 螺母；11. 弹簧；12. 摩擦瓣；13. 弹簧帽；14. 摩擦轮；15. 摩擦块；16. 双头螺栓；17. 套筒；18. 拉杆

5）跑车传动机构

跑车载着木料沿轨道频繁地往返运行，运行速度决定着带锯机的生产效率和锯材质量，因此对跑车传动机构有以下要求。

（1）在锯割过程中，根据原木径级、形状和材质等情况，跑车必须随时变换运动速度，且回程速度必须大于进给速度，因此要求跑车能够无级调速，调速范围一般为 10~100m/min。

（2）在锯割过程中，由于某种原因，需立即停止进料，因此要求跑车制动迅速。

（3）为保证切削力变化均匀和锯口表面光洁，要求跑车运行平稳无振动。

（4）为减少操作工人的体力消耗和精神疲劳，要求跑车操作方便，调速省力。

跑车传动机构主要有两大类：车上传动和车下传动。车上传动驱动跑车的电动机装在跑车上，通过传动系统使跑车在轨道上运行；车下传动驱动跑车的电动机安装在车下基础上，通过传动系统使跑车在轨道上运行。车上传动一般只用于中型跑车带锯机上，车下传动则是应用更为广泛的传动形式。

车下传动机构主要类型有钢丝绳传动（图 2-29）和液压传动。某钢丝绳传动机构产品性能参数见表 2-9。

图 2-29 钢丝绳传动机构

表 2-9 某钢丝绳传动机构产品性能参数

参数 \ 型号	BF~800	BF~1100	BF~1400
前进速率/（m/min）	0~46	0~46	0~46
前进时滚筒转数/（r/min）	0~38	0~38	0~32
后退速率/（m/min）	0~122	0~122	0~92
后退时滚筒转速/（r/min）	0~101	0~101	0~64
电机输出功率/kW	3.7~5.5	7.5~11	15~19
钢丝绳轮直径/mm	12	16	22

6）翻木机构

翻木机构的主要作用是将待加工的木料相对卡木桩定位面翻转 90°或 180°，并将其安放在合适的位置上，以便跑车进给。

翻木机构无论在车下或车上，常见的结构形式主要是链式和轮式。一般车下和车上翻木机构配合使用。图 2-30 所示为大小臂联动链式翻木机构，图 2-31 所示为轮式翻木机构。

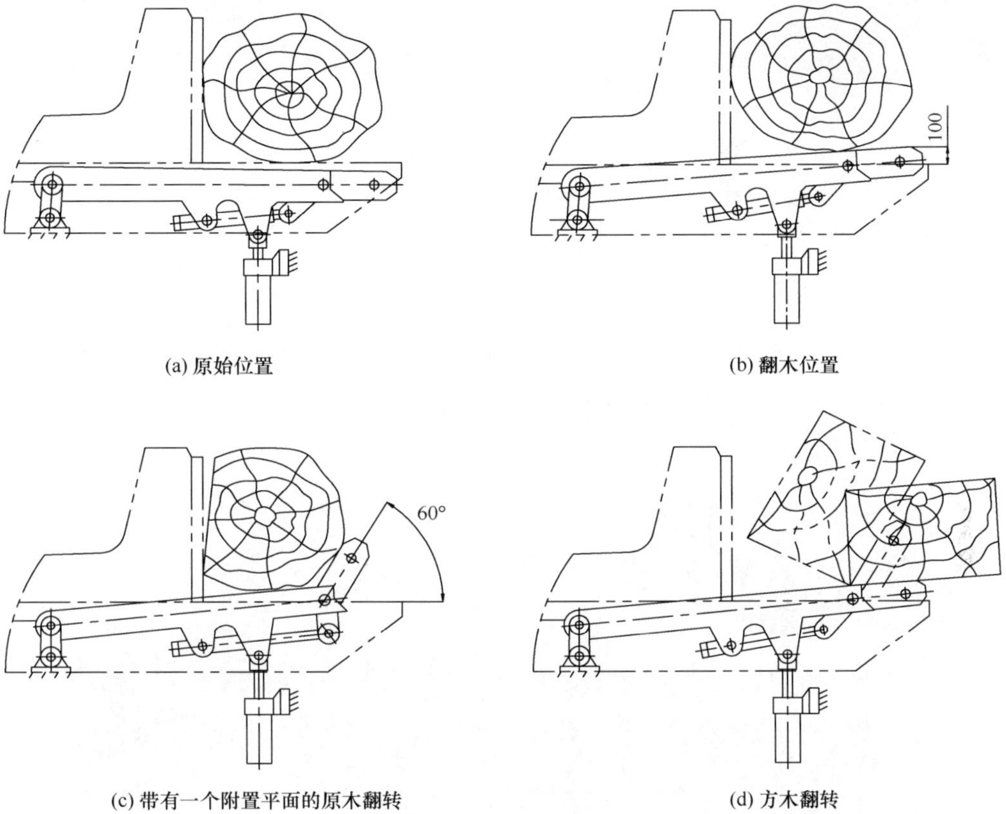

(a) 原始位置

(b) 翻木位置

(c) 带有一个附置平面的原木翻转

(d) 方木翻转

图 2-30　大小臂联动链式翻木机构

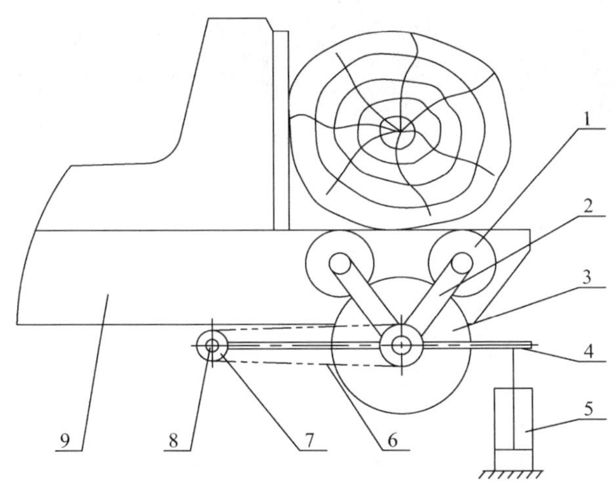

图 2-31　轮式翻木机构

1. 翻木齿轮；2. 轮架；3. 拨轮盘；4. 支承架；5. 气缸（油缸）；6. 链条；7. 链轮；8. 轴；9. 车盘

2.3　其他类型木工带锯机及制材生产线

其他类型的木工带锯机主要包括卧式木工带锯机和细木工带锯机。卧式木工带锯机和细木工带锯机的结构除了与前述的立式木工带锯机有相同之处外，还有自己独特的结构特点。它们也是应用比较广泛的木工带锯机。

2.3.1　卧式木工带锯机

卧式木工带锯机既有用于原木锯割的，也有用于再剖锯割的，如图 2-32 所示，其中后者应用较多。特别是在板皮加工中，它以已锯切平面做基准面，锯割平稳，加工质量较好。

图 2-32　卧式木工带锯机

国产 MJ3712 型卧式木工带锯机如图 2-33 所示。它主要用于把大、中型跑车带锯机锯割下来的边皮材锯割为一定规格的毛边板材。该机与立式带锯机结构是相似的，仅布局不同，其两锯轮的中心连线是水平配置的。主动锯轮 5 由 40kW 的电动机带动；从动锯轮 1 可通过电机或手轮（图中未显示）进行调整，并利用杠杆重锤式张紧装置使锯条自动张紧。活动锯卡 2 由电机 3 带动，可按被加工板材的宽度进行调节，保证被锯割板材在锯卡装置 4 和 2 之间通过。两立柱 7 固定在底座 8 上。机身 6 内电机 9 通过减速机构带动，可按锯割板材所需的厚度，在立柱上做上下调节。

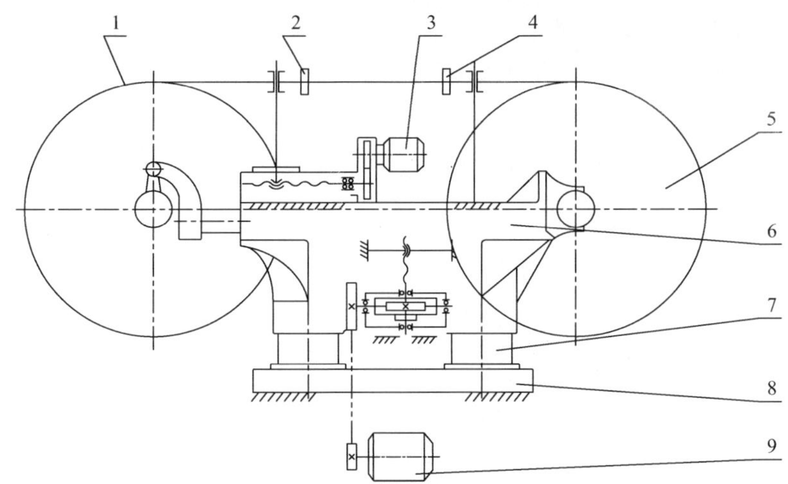

图 2-33　国产 MJ3712 型卧式木工带锯机

1. 从动锯轮；2、4. 锯卡装置；3、9. 电机；5. 主动锯轮；6. 机身；7. 立柱；8. 底座

德国卡那里（Canali）公司生产的 BBS 系列全液压卧式原木带锯机如图 2-34 所示。卧式原木带锯机与卧式板皮带锯机不同之处在于：卧式原木带锯机用下锯口工作，支承锯身的两根导柱之间有一台可往复运动的跑车，跑车上有夹钳，可以将原木牢固地固定在跑车上。由于锯割下来的板材平搁在原木上，锯割过程中，无论这块板材有多重，都不需要附加工具或机器来支撑，也减少了板材劈裂的可能性；锯下的板材还能容易地输送走。它装上附加的圆锯，可以在锯割的同时锯掉边棱，直接加工成光边板或其他规格的板材。所以，特别适合锯割大径级和内应力大的原木。

该机的锯轮转速可调，以利于锯割不同硬度等级的木材。送材车上的夹钳有机械动作和液压动作两种形式。送材车回程时锯条自动避让。锯条张紧力由摆和附重产生。锯割厚度由升降整个机身而准确实现。附加的圆锯可以在锯身的导轨上移动。

2.3.2　细木工带锯机

细木工带锯机（图 2-35）主要用于锯割板、方材的直线、曲线以及小于 30°~40° 的斜面。广泛应用于细木工及木模等车间。这类带锯机结构较简单，大多采用手工进料。在大批量生产条件下，则可采用自动进料装置或改装为机械进料。

2.3.3　双轴圆锯的型削制材生产线

针对原木直径逐渐减小，制材主要以人工林为主。采用新技术高效地利用木材资源，实现自动化、数控化、集约化制材生产是未来发展方向。

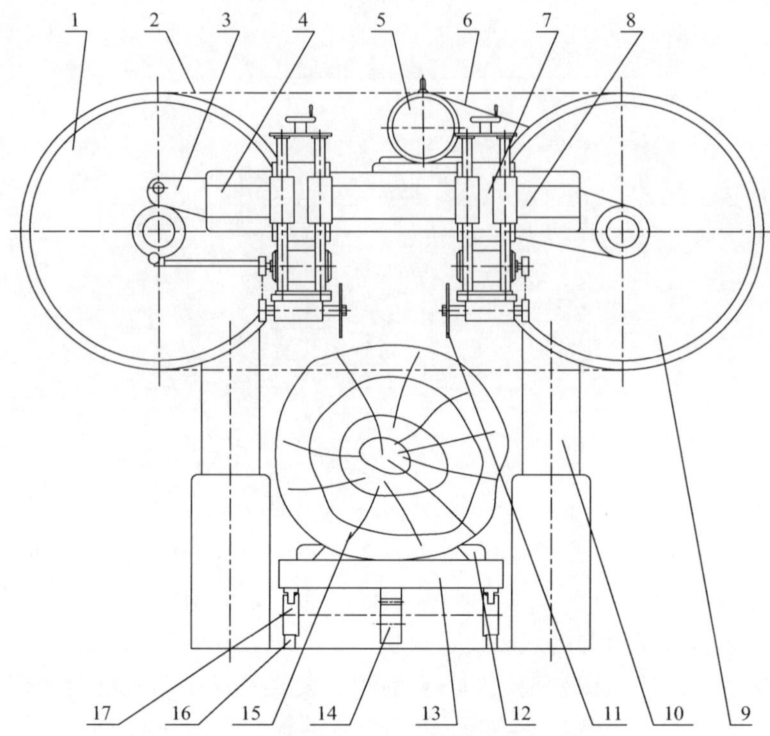

图 2-34　BBS 系列全液压卧式原木带锯机

1. 移动锯轮；2. 锯条；3. 锯轮移动机构；4. 带导轨的锯身；5. 电动机；6.传动三角皮带；7. 附加圆锯装置；8. 圆锯电动机；9. 固定锯轮；10. 导柱；11. 附带圆锯；12.原木夹钳；13. 原木送材车；14. 送材车往复齿轮齿条机构；15. 原木；16. 送材车轨道；17. 送材车车轮

图 2-35　机械进给细木工带锯机

以双轴圆锯的型削制材生产线为例（图 2-36），来说明生产过程。

图 2-36　双轴圆锯的型削制材生产线

1）原木一次通过削片机组/圆锯，将原木锯割成毛方材、板皮和木片，如图2-37（a）所示。

(a) 原木锯切

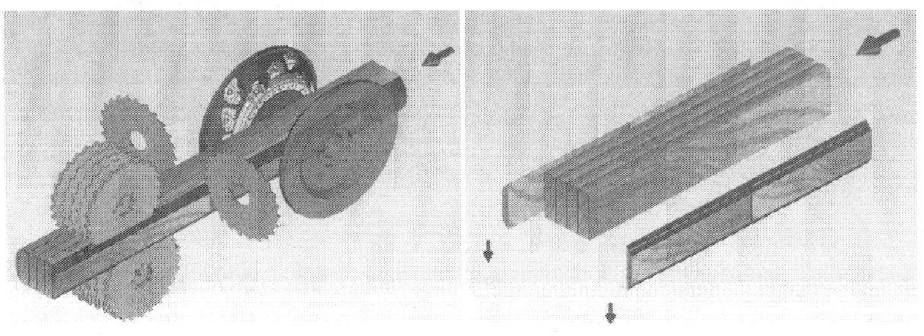

(b) 毛方材锯切

图 2-37　加工示意图

2）毛方材二次通过双轴圆锯机组，将毛方材锯割成板材，如图 2-37（b）所示。

3）制材生产线配备的主要设备。

①原木扫描装置（图 2-38），扫描原木的外形，为优化下锯检测数据提供锯切方案。

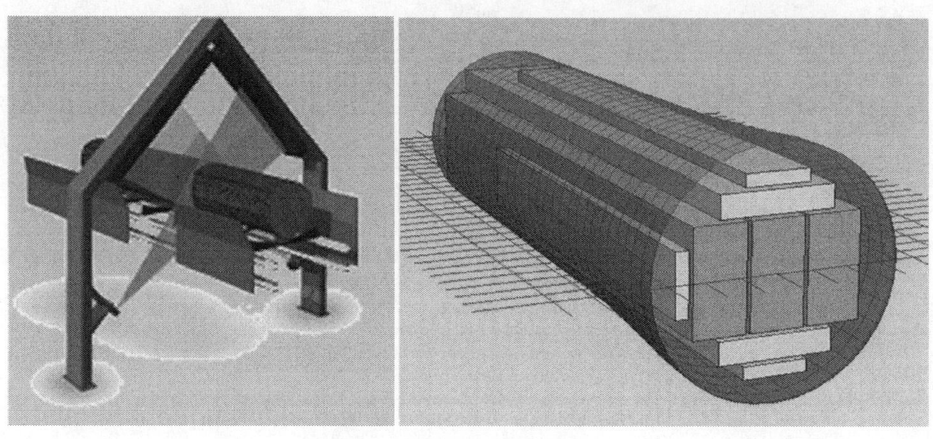

图 2-38　原木扫描装置

②原木削片机组和圆锯刀盘示意图（图 2-39），将原木削成毛方材和木片。

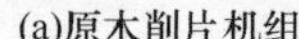

(a)原木削片机组

(b)圆锯刀盘

图 2-39　原木削片机组和圆锯刀盘示意图

③带三维扫描自动进给对中系统（图 2-40），实现毛方材加工。

4）双轴圆锯机组（图 2-41），将毛方材加工成板材。

(a) 三维扫描自动进给对中系统应用

(b) 三维扫描自动进给对中系统示意图

图 2-40 三维扫描自动进给对中系统

(a) 整机

(b) 锯切机构

图 2-41 双轴圆锯机组

复习题及作业题

1. 简述制材工艺流程和设备配置，不同制材工艺流程有何特点？
2. 简述木工带锯机、圆锯机、框锯机和锯板机的分类。
3. 简要分析上下锯轮结构的结构特点。
4. 结合结构图说明带锯机张紧装置的作用、结构组成和工作原理。
5. 试说明细木工带锯机和原木带锯机的区别。
6. 以斜齿式车摆为例，简要说明原木跑车带锯机中车摆的作用。

第 3 章　木 工 刨 床

3.1　概　　述

3.1.1　木制品生产工艺过程

根据加工方式或加工目的不同，木制品生产工艺过程可分为若干工段，如图 3-1 所示。

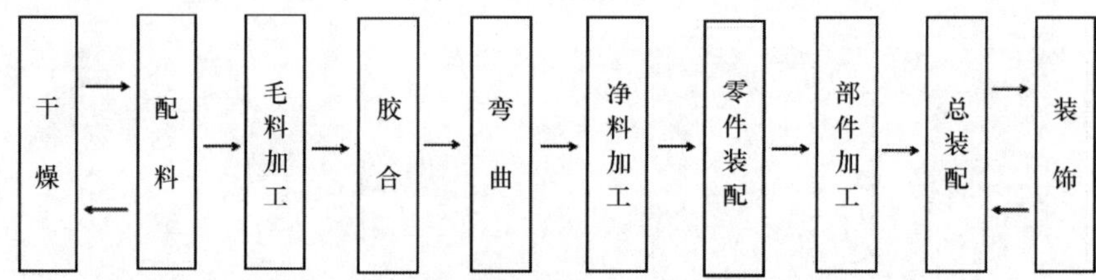

图 3-1　木制品生产工艺过程

干燥：木制品生产的主要原料是锯材和各种人造板，为了保证产品质量，生产中要求原材料必须达到一定的含水率。因此，原锯材加工之前，必须进行干燥。

配料：将锯材和各种人造板进行锯切加工成一定尺寸的毛料。配料工段应力求使原料达到最合理的利用，一般使用细木工带锯机、木工圆锯机和木工锯板机来锯切加工配料。

毛料加工：将实木毛料四个表面进行机械加工和截去端头，使其具有精确的尺寸和几何形状。主要是采用木工刨床、木工铣床和木工圆锯机进行刨削、铣削和锯切，必要时进行胶合、贴面或弯曲，得到净料毛坯工件。

净料加工：主要使用木工刨床、铣床、开榫机、钻床和磨光机等加工设备对净料毛坯工件进行刨削、铣削、开榫、钻孔、打榫眼、磨光等，得到符合设计要求的零件。

零件装配及部件加工：木制品装配通常是先将零件装配成部件，再进行必要的部件加工，最后完成总装配，成为白坯产品。

总装配及装饰：是木制品生产工艺过程的最后阶段，可在总装配成制品后进行涂饰；也可以先进行零部件装饰，然后总装配成制品，或以拆装形式包装后发送至销售地点。

若使用饰面人造板制造板式部件，则工艺过程可简化为锯截、边部封边处理和镂铣、雕刻等机加工，主要使用木工锯板机、封边机、镂铣机、排钻和数控加工中心等加工设备。

3.1.2 木工刨床的用途和类型

在木工刨床上加工零件可以得到精确的尺寸和比较光滑的表面，以及需要的截面形状。

按不同的工艺要求刨床可分为以下几种基本类型：木工平刨床、压刨床、双面刨床、四面刨床和精光刨床等。

木工平刨床用于精确地刨平木料表面，并作为以后加工其他表面的基准面。平刨床可分为手动进料的单轴平刨床和机械进料的平刨床（图 3-2），机械进给常采用履带、辊筒机构。

图 3-2 机械进给木工平刨床

木工压刨床用于按需要的厚度刨平工件一面或两面，进给一般采用机械进给机构。木工单面压刨床（图 3-3）具有一个刀轴，只能加工工件一个表面（上表面）；而木工双面压刨床（图 3-4）具有两个刀轴，可同时加工工件上、下两个表面。

木工四面刨床用于将工件按需要的表面形状从四面加工（图 3-5）。按照机床的重量、外形尺寸、功率和进给速度的大小，木工四面刨床分为轻型、中型和重型三类。

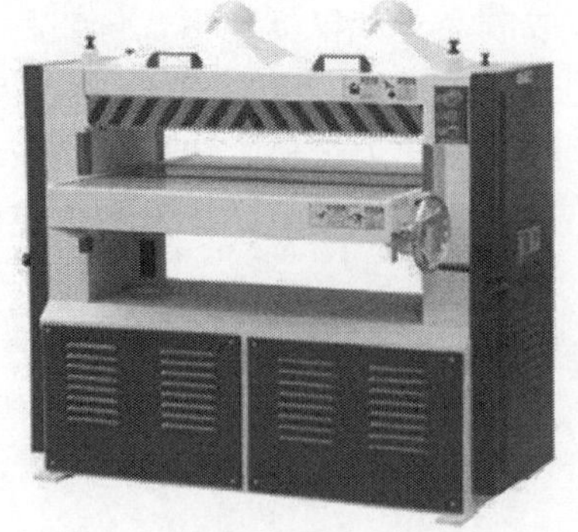

图 3-3　木工单面压刨床

图 3-4　木工双面压刨床

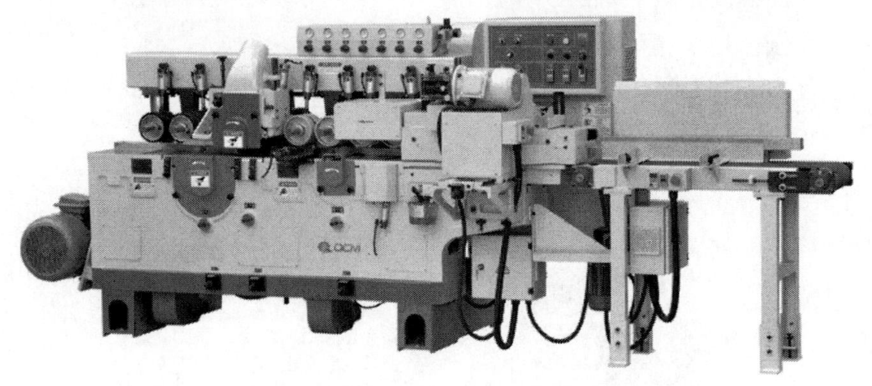

图 3-5　木工四面刨床

轻型木工四面刨床一般用于加工小的细木工方材，采用滚筒进给机构。加工短的、刚度较大的工件时，可以先不经平刨刨平。轻型四面刨床一般有 4~6 根刀轴，加工工件宽度为 80~200mm。

中型四面刨床一般有 5 根刀轴，加工工件宽度为 250~300mm。它的用途、结构介于轻型和重型四面刨床之间。五轴四面刨床的第 5 根刀轴一般用于成型加工。

重型四面刨床用于加工较长、具有简单横断面形状的工件。对于这类工件的加工精度和光洁度要求都很低，因此，工件不需预先刨出基准面。机床的进给速率高，一般为 100~200m/min，加工余量大，刀轴数量通常为 6~8 根。具有两套机械进给机构，加工工件最大宽度达 350mm，加工工件最大厚度达 150mm。

3.2　木工平刨床

平刨床应能保证毛料的被加工面加工成平面，使被加工表面成为基准面，也可以使基准面和其相邻表面之间刨成一定角度，相邻边作为辅助基准面。

3.2.1　平刨床分类及结构组成

平刨床的主要技术参数是最大刨削宽度，按照刨削的最大宽度可以分为轻型（200~400mm），中型（500~700mm）和重型（800~1000mm）三类。

图3-6（a）为国产MB506B型木工平刨床外形图。机床主要由下列零部件组成：床身、主轴、前工作台、后工作台、驱动装置、导板及电器控制装置等。

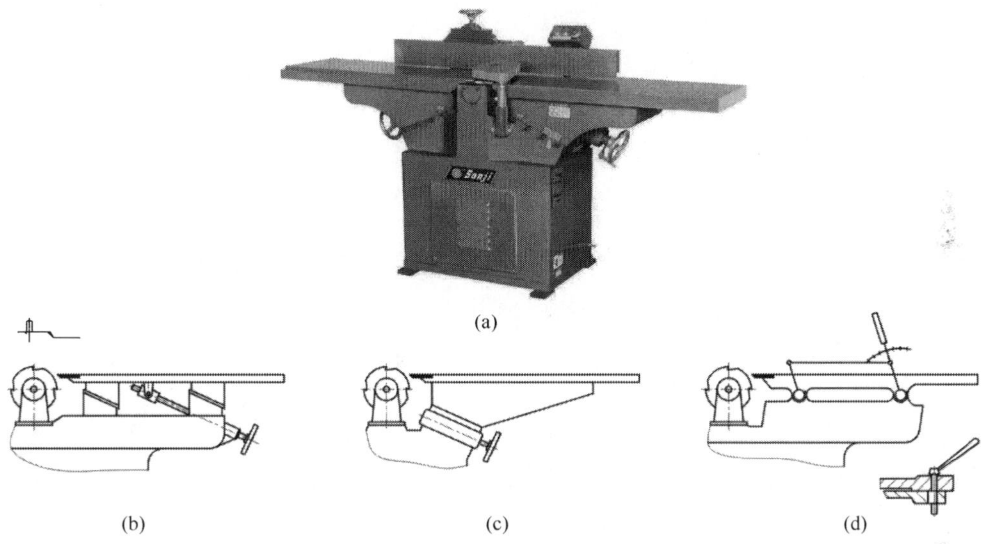

(a)　(b)　(c)　(d)

图3-6　木工平刨床外形及前工作台调整机构

平刨床的切削机构是刀轴。刀轴的截面形状是圆形的，直径一般为ϕ80~125mm，装有2~4片刨刀，由电动机经三角皮带驱动，一般转数为4000~6000r/min。平刨床具有两个可以进行高度调整的工作台，即前工作台和后工作台。前工作台用来支撑被加工工件，并用于调整刨削厚度［图3-6（b）~（d)］，后工作台是被加工件的定位基准，它们都应具有较高的加工精度。工作台面的平面度应在0.2/1000mm范围内，并要求有足够的刚度，一般用铸铁或钢板制成。前工作台比后工作台长，一般为1250~1500mm，后工作台长为1000~1250mm。国产木工平刨床的主要技术参数见表3-1。

3.2.2　平刨床的调整

毛料的被加工表面一般是比较粗糙的，并具有一定程度的弯曲和翘曲。毛料被刨平的过程中，在前工作台面上的稳定程度直接影响工件加工的精度，在加工

表 3-1 国产木工平刨床的主要技术参数

技术参数 \ 型号	MB502A	MB503A	MB504A	MB504B	MB506B
最大刨削宽度/mm	200	300	400	400	630
最大刨削量/mm	5	5	5	5	5
两工作台总长度/mm	1400	1600	1930	2100	2400
刀口宽度/mm	35	—	65	50	60
刀轴转速/（r/min）	6000	5000	5000	6000	6000
刀轴切削直径/mm	80	115	102	115	128
刀轴直径/mm	87	112	95	112	125
刀片数量/片	3	3	2	4	4
电动机功率/kW	1.5	3	3	3	4
外形尺寸（长×宽×高）/mm	1140×518×1068	1600×760×922	1930×720×730	2100×950×1045	2400×1240×1062
质量/kg	220	300	700	650	800

弯曲毛料时应取其表面是中凹的面作为基准面。毛料下表面中凹长度小于前工作台长度时，毛料和工作台面相对滑动过程中，被加工表面上若干支承点在所构成的支承面高度位置的变化比较稳定，容易获得精确的平面。但是，当毛料的长度大于前工作台长度，而且被加工的下面是中凹的情况时，毛料在向前移动中后部逐渐升高，毛料在前工作台上的支承平面就很不稳定，因此，被加工出的平面平直性较差。影响支承面高度位置稳定的因素主要是毛料的长度、厚度、表面粗糙度以及翘曲程度等。当毛料继续沿工作台向前移动、并通过刀轴达到一定长度时（为 200~300mm），操作人员对毛料前端的加压点就移到后工作台上，这时的刨削加工是以后工作台为基准面。因为毛料前部的已加工平面为基准面，所以，当位于前工作台上的毛料弯曲不影响加工时，工件就能获得相当平直的加工表面。由于受开始刨削时毛料支承面不稳定的影响，实际上通过一次纵向刨削加工，毛料不可能得到完全精确的平面。所以，一般要通过若干次加工，而且随着次数的增加，不均匀的毛基准逐渐被刨平，从而获得较精确的平面。

前后工作台的调整要求是，前工作台台面比刀轴切削圆上母线低一个刨削厚度，后工作台台面与刀轴切削圆上母线在同一水平面，其调整的方式有楔形导轨—丝杠螺母机构［图 3-5（b）、（c）］，或杠杆一偏心轮机构［图 3-5（d）］。

平刨床上装有可倾斜的导板，可将木料相邻两个面刨成一定的角度。

平刨床的床身是机床各零部件的支承体，应有足够的强度和刚度，并且有较好的吸振能力。床身的材质多采用铸铁，目前也用钢板焊接。

刨刀片用楔形的压刀条和紧固螺钉紧固在圆形的刀轴上，它的伸出量用紧固螺钉并借助刀片底部的弹簧调整。各刀片应调整到同一圆周上，并与工作台上表面平行。圆刀轴的直径一般为ϕ80~125mm，长度比工作台宽度大 10~20mm，刀轴上安装的刀片一般为 2~4 片，刨削深度 2~8mm。装在前后工作台上的唇板支持毛料通过刀轴，同时防止木材撕裂。刀轴的转速在 3000~7500r/min，由电动机通过平皮带或三角皮带传动。电动机安装在能摆动的底板上，皮带张紧度一般用弹簧调节。

3.2.3　平刨床的进给

平刨床的进给一般为手动进给。因为手动进给不容易造成加工过程中的工件变形，容易保证工作精度要求，但生产率较低、劳动强度大，操作安全性差。

机械进给的平刨床生产效率较高（进给速度一般为 18~24m/min），工作也安全。但机械进给的压力大，较薄的材料在加工后不能得到平直的表面，即失去了作为基准面的作用。

图 3-7 为几种典型机械进给的示意图。平刨床的机械进给机构有两种形式：摩擦进给机构和挡块进给机构。摩擦进给机构通常有滚筒和不同形式的摩擦输送带。挡块进给机构用装在输送带上的指爪或刚性挡块推送毛料实现进给。

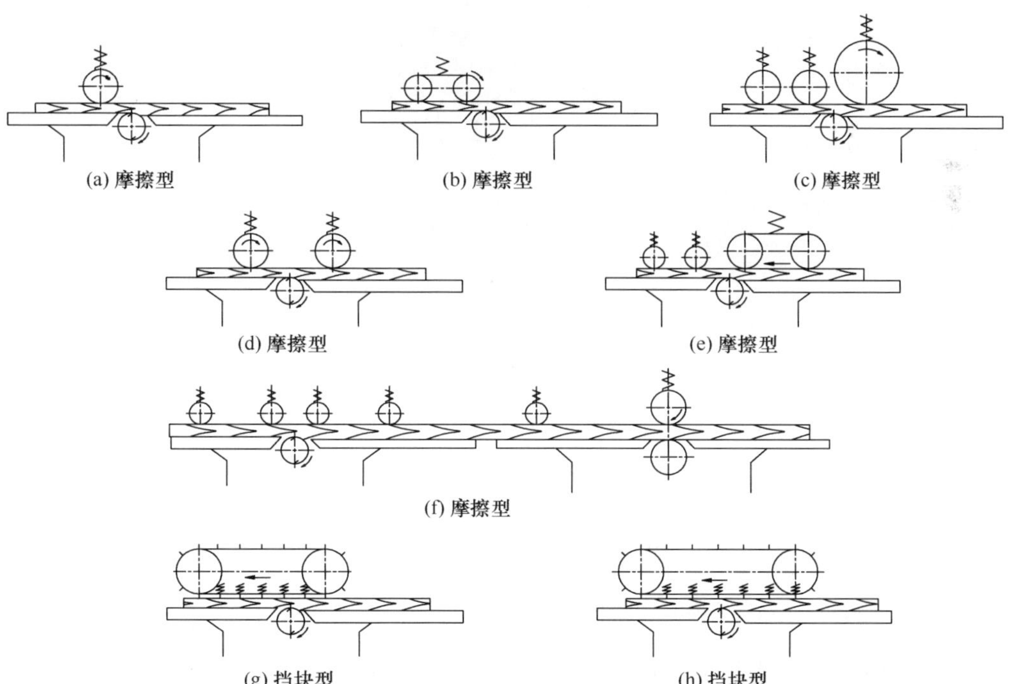

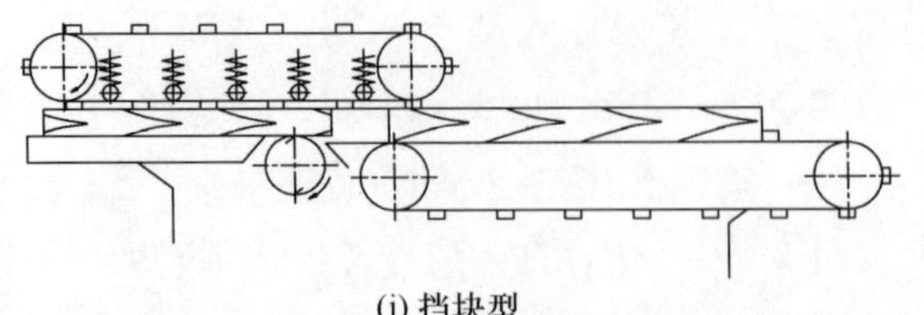

(i) 挡块型

图 3-7　几种典型机械进给的示意图

图 3-8 为履带式自动进料器，用螺栓把立柱底座固定在工作台上。自动进料器的技术特性：进料最大宽度为 200mm，进料厚度 20~100mm，进料最小长度 350mm，进料速率 8m/min、12m/min、16m/min、24m/min，电动机功率 0.6kW，质量 74.6kg。

图 3-8　履带式自动进料器

3.3　单面木工压刨床

单面木工压刨床（图 3-9）用于将方材和板材刨削成一定的厚度。按照加工宽度可分为窄型、中型和宽型单面杠压刨床。

窄型单面木工压刨床结构简单，价格便宜，加工宽度为 250~350mm，用于小尺寸零件的刨削；中型单面木工压刨床，加工宽度为 400~700mm；宽型单面木工压刨床，加工宽度为 800~1300mm，用于大批量生产。

3.3.1　单面木工压刨床的工作原理

单面木工压刨床的工作原理如图 3-10（a）所示。被加工工件 3 安放在装有两个空转的下辊筒 1 的工作台 2 上，在辊筒压紧弹簧 6 的作用下，带有沟纹的前辊

图 3-9 单面木工压刨床外形图

筒 5 和光滑的后辊筒 12 驱动工件实现进给。刨刀轴 8 的前面安装有前压紧器（断屑器）7。前压紧器的作用是将连续的刨屑迅速折断、并消除木纹劈裂过深等缺陷；压紧工件，防止工件受切削力的垂直分力作用而在工作台上跳动；引导刨屑沿流线方向排除，以利于安全操作。前压紧器可以绕轴翻转，便于更换刨刀片 13。刨刀轴的后面安装有压紧器 9，它可压紧工件并使其贴紧在工作台上不产生跳动。刮屑板 11 可以将粘在后进料辊筒上的木屑刨花刮去，如果这些木屑刨花没有完全去除，后进料辊筒可能将它们压嵌入已加工的表面上，形成不规则的斑纹刻痕。止逆器 4 是用来防止木料从进给方向反弹出来的安全保护装置。

单面木工压刨床刀轴的刨屑量应控制在 1~5mm 的范围内，一般取 2~3mm。下辊筒必须适当地高出工作台面，高出的数值视材种而定。该数值一定要适宜，不能过大，否则将如图 3-10（b）所示，工件将有一段表面被刨去一层，最深值为 a，造成两端厚、中间薄，较厚端头的长度是两下辊筒距离的一半。此外，过高的凸出量还会使工件在加工时产生振动，影响加工质量。切屑落到旋转刀轴和后压紧器之间也会破坏加工表面，如图 3-10（c）所示。旋转刀轴带动切屑压向已加工表面，使表面产生压痕。因此，有些机床上安装有挡屑板 14。

为了保证加工质量，辊筒、刀轴、压紧器、工作台面的相互位置调整必须适宜，如图 3-11 所示。前辊筒和前压紧器比刀轴切削平面低 1~2mm，下辊筒应比工作台面高出 0.1~0.2mm，只有加工厚而未经平刨的工件时，允许高出量达 0.3~0.5mm，后进给辊筒和后压紧器应比刀轴切削圆最低点低 0.5~1mm。

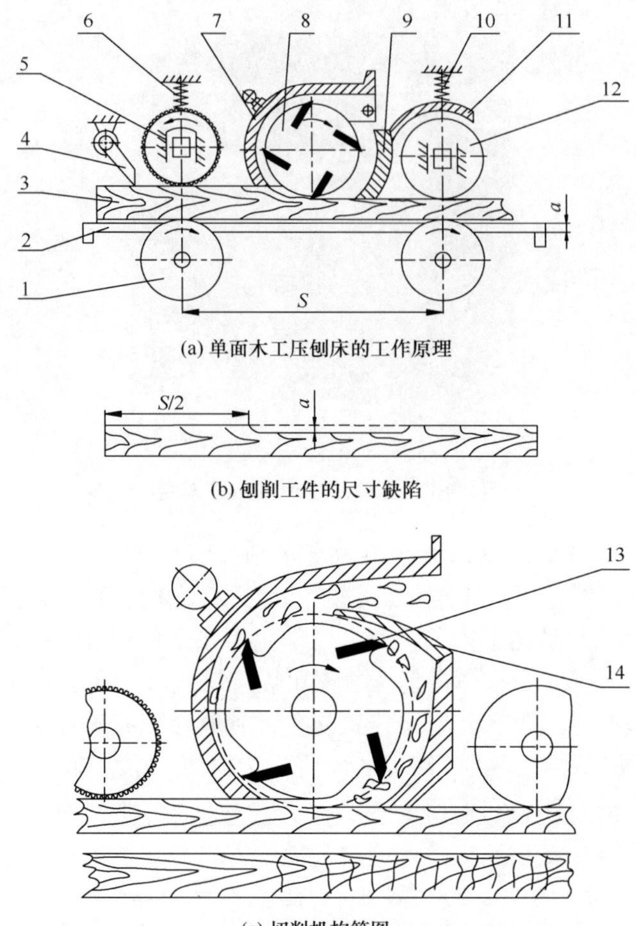

图 3-10　单面木工压刨床的工作原理图

1. 下辊筒；2. 工作台；3. 工件；4. 止逆器；5. 前辊筒；6、10. 辊筒压紧弹簧；7. 前压紧器；8. 刨刀轴；9. 压紧器；11. 刮屑板；12. 后辊筒；13. 刨刀片；14. 挡屑板

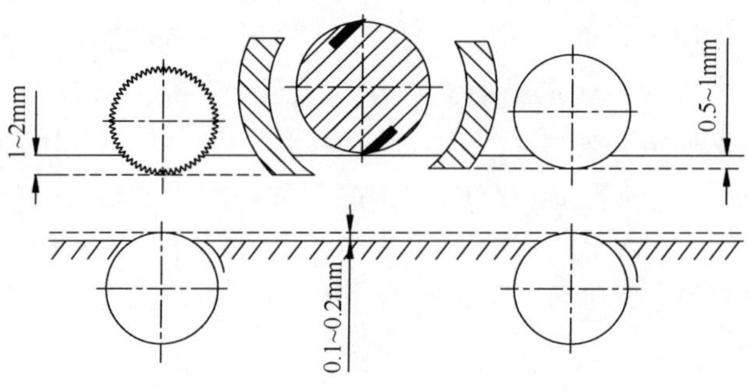

图 3-11　木工压刨床调整示意图

为了保证获得良好的加工质量和表面光洁度，应该正确规定工件的进给速度、切削用量、刀具的刃磨质量，以及压紧元件的压紧力。适宜的压紧力可以保证工件在切削过程中没有垂直方向的跳动，也就是压紧力必须抵消由切削力引起的垂直方向上的分力。在加工较窄的工件时，多数情况下是多块木料同时进给，这样可充分利用机床并提高生产效率。但有时会遇到各块木料厚度误差较大的情况，若采用整体的上进给辊筒就不可能将数块毛料同时进给，故在单面木工压刨床中，上前进给辊筒大多数是采用分段式的，以保证数块毛料同时进给。对于刨宽较小的（<300mm）单面木工压刨床，一般上前进给辊筒还是做成整体式的。

3.3.2　MB106A 型单面木工压刨床

图 3-12 为国产 MB106A 型单面木工压刨床的外形图。这种刨床主要用于木制品、建筑、车厢、木模等各种细木工制品车间的板、方材的厚度加工，并需达到一定的光洁度要求。

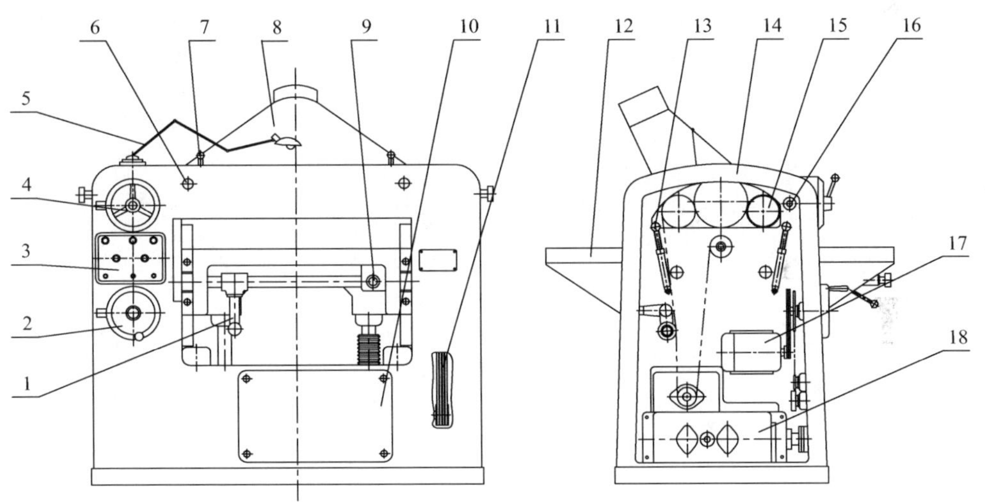

图 3-12　国产 MBl06A 型单面木工压刨床

1. 工作台升降锁紧手柄；2. 工作台升降手轮；3. 电器按钮控制板；4. 进给速度调节手轮；5. 照明设备；6. 止逆器爪抬起手柄；7. 防护罩抬起手柄；8. 排屑罩；9. 下辊筒高度调节手轮；10. 电器箱；11. 主轴传动机构；12. 工作台；13. 进给辊筒调压装置；14. 床身；15. 上进给辊筒；16. 止逆器轴；17. 工作台升降电机；18. 无级变速器

1. MB106A 型单面木工压刨床组成和工作原理

MB106A 型单面木工压刨床的床身 14 为封闭式整体铸造结构，刚度高、抗震性能好，工作台 12 安装在床身的框口内，用两个传动丝杆支承并传动，由床身上的导轨导向。通过工作台升降电机 17 来实现工作台的升降调节或者用工作台升降手轮 2 实现精确微量调整，锁紧手柄 1 用于将工作台锁紧在调节的高度位置上，以保证批量生产条件下加工厚度的一致性。为使加工工件顺利通过刀轴，工作台上安装两个光滑的下支承辊筒，用手轮 9 来调整其高出工作台面的高度。主电动机安装在床身的内腔，无级变速器 18 通过链传动传给上进给辊筒 15，使上进给辊筒获得 7~32m/min 的进给速度。

随着科学技术的不断发展和生产实际的需要，在 MB106A 型木工单面压刨床的基础上，经过几次改进，例如 MB106D 型改为可控硅控制的无级变速进给；MB106H 型改为有级变速进给系统（三级速率为：8m/min、16m/min、24m/min），另外在机床的布局、工作台锁紧方法等方面也略有改进。

图 3-13 为 MBl06A 型单面木工压刨床的传动系统图。它主要由主切削传动、进给传动系统和工作台升降传动系统三部分组成。主电动机 9 通过三角皮带传动 10 驱动刀轴 11 转动，实现切削运动。进给电动机 4 通过齿链式无级变速器 5、圆柱齿轮 6、传动链 7 带动前进给辊筒 12 和后进给辊筒 8 旋转，实现工件的进给。工作台升降电机 3 通过三角皮带传动 2、传动链 16 及蜗轮蜗杆副 15 带动工作台 13 的升降丝杆 14 转动，实现工作台的快速升降运动。转动手轮 1，通过链传动 16、蜗轮蜗杆副 15 使升降丝杆 14 转动，实现工作台高度的精确调整。

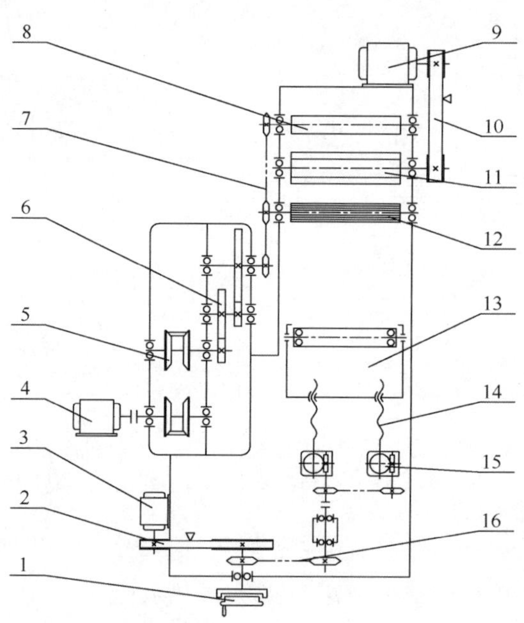

图 3-13　MB106A 型单面木工压刨床的传动系统图

1. 手轮；2、10. 三角皮带传动；3. 工作台升降电机；4. 进给电机；5. 无级变速器；6. 圆柱齿轮；7、16. 传动链；8. 后进给辊筒；9. 主电动机；11. 刀轴；12. 前进给辊筒；13. 工作台；14. 升降丝杆；15. 蜗轮蜗杆副

2. MB106A 型单面木工压刨床刀轴及进给辊筒的结构

图 3-14 为 MB106A 型单面木工压刨床刀轴及进给辊筒结构图。切削刀轴 1 为整体结构，其两端分别由两个装有双列向心球面轴承的轴承套所支承。刀轴为圆形的，其上均匀分布着四片刀片 5，刀片的紧固是借压条 2 和螺钉 3 来实现。为了对刀和装卸的方便，在刀片的底端装有弹簧 4。主轴直接由电动机经三角皮带轮 9 带动。刀轴直径为 ϕ125mm，为防止刀轴的振动，刀轴必须做动平衡。四片刀装刀后使其刀刃必须同在一个切削圆（ ϕ128mm）上。

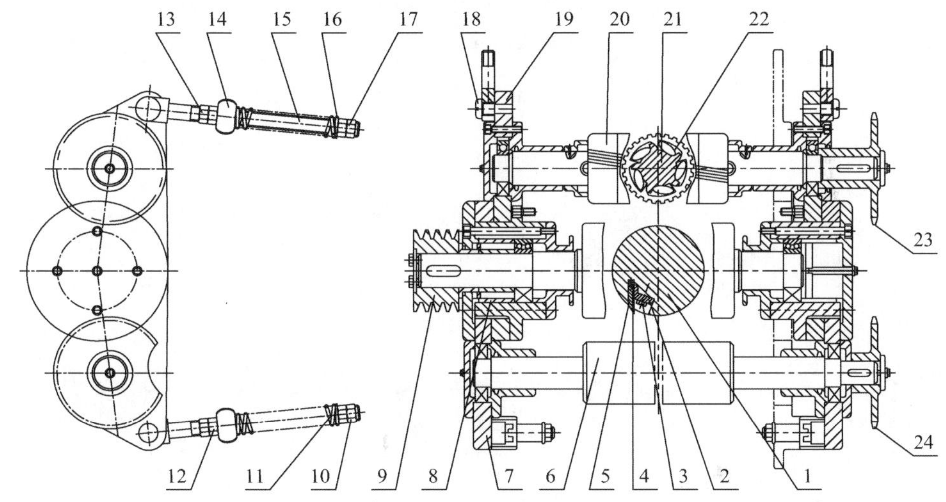

图 3-14 MB106A 型单面木工压刨床刀轴及进给辊筒结构图

1. 刀轴；2. 压条；3. 螺钉；4、11、16、22. 弹簧；5. 刀片；6、20. 辊筒；7、8、19. 轴承座；9. 三角皮带轮；10、12、13、17. 螺帽；14. 支架；15. 长螺栓；18. 螺栓；21. 轴；23、24. 链轮

前进给辊筒 20 是分段式的，它是由 14 个表面带有斜沟槽（倾斜角为 7°）的圆环组成，所有圆环套于辊筒轴 21 上，圆环与辊筒轴之间装有弹簧 22。因此，每个圆环相对辊筒轴均可作径向移动。辊筒轴的轴承座 19 套在刀轴 1 的轴承座 8 上，进给辊筒 20 则可围绕刀轴 1 转动。轴承座 19 上通过螺栓 18 挂着带弹簧 16 的长螺栓 15，长螺栓又被限制在固定于床身上的支架 14 上。因此，调整螺帽 13 可调整进给辊筒的高低；调整螺帽 17 则可调整弹簧 16 的压力大小，即调整了进给辊筒的压力大小。

后进给辊筒 6 是整体式的光辊，其轴承座 7 同样是套在主轴轴承座 8 上，是借弹簧 11、螺帽 10 和 12 来调整辊筒的位置和压力。前后辊筒的右端均有驱动链轮 23 和 24。

3. MB106A 型单面木工压刨床前、后压紧装置的结构

图 3-15 为 MB106A 型单面木工压刨床前、后压紧装置的结构图。前压紧装置主要由断屑器 3（组合结构）、盖板 7、调节螺栓 6 和 8、弹簧 5 和 9 所组成。14 个断屑器单元套在轴 26 上，轴的两端分别固定在左支架 27 和右支架 24 的孔中，盖板的两端通过螺栓 25 紧固在左右支架上。盖板 7 上有调整螺栓 6 和 8，对应每个断屑器安装，即每个断屑器都有调整螺栓。螺栓 6 的一端旋在每个断屑器的螺孔中，转动另一端的螺母可调整断屑器到工作台表面的距离。螺栓 8 的一端装有压向断屑器的弹簧 9，转动螺栓可调整弹簧对断屑器的压力。左支架 27 和右支架 24 上还装有拉力弹簧 5，支承螺钉 4，左右支架装在左右螺栓 18、23 上，并可转动。因此，需要时可将整个断屑器抬起。

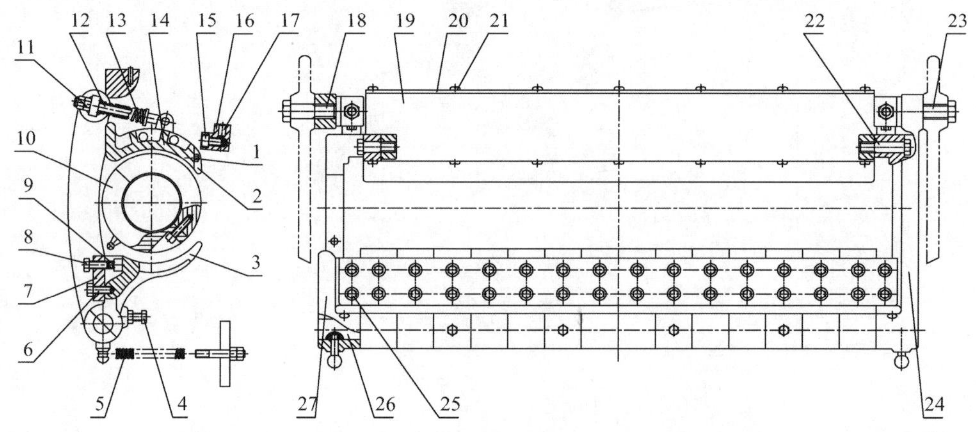

图 3-15　MB106A 型单面木工压刨床前、后压紧装置结构图

1. 6、8、12、18、22、23、25. 螺栓；2. 镶条；3. 断屑器；4、15、21. 螺钉；5、9、13. 弹簧；7. 盖板；10. 轴瓦；11. 螺母；14. 压紧器；16. 支撑叉；17. 销钉；19. 刮屑板；20. 刮板；24. 右支架；26. 轴；27. 左支架

后压紧装置的主要零件有：压紧器 14，左右轴瓦 10，左右弹簧 13。压紧器借螺栓 22 与轴瓦相结合，螺钉 15 将支撑叉 16 固定在轴瓦上，支撑叉借助销钉 17 装有调位螺栓 12 和弹簧 13，转动螺母 11 即可调整压紧器的位置和压力。螺栓 1 固定着压紧器的镶条 2。在压紧器上还装有刮屑板 19，铜材质的刮板 20 用螺钉 21 固定在刮屑板架上。左右轴瓦 10 装在刀轴轴承盖的槽中，而整个压紧器可绕刀轴转动。

4. MBl06A 型单面木工压刨床工作台结构

图 3-16 为 MB106A 型单面木工压刨床工作台结构图。工作台由两个下辊筒、辊筒凸出工作台面高度的调控机构和工作台锁紧机构组成。

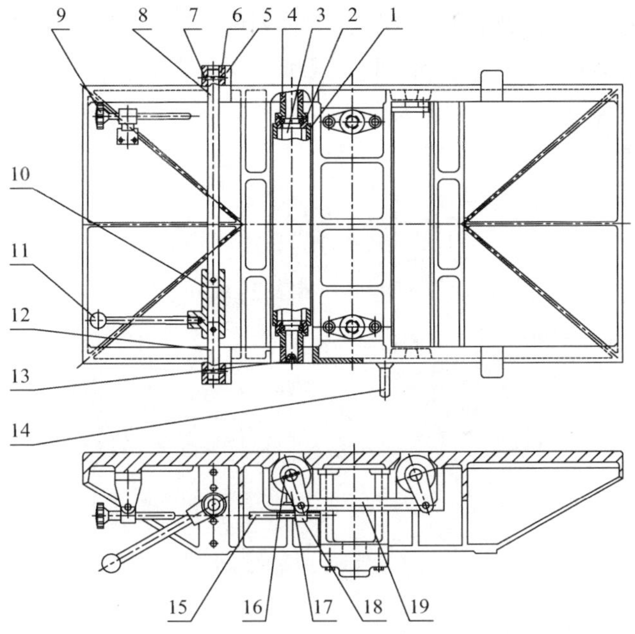

图 3-16 MB106A 型单面木工压刨床工作台结构图

1. 辊筒；2. 轴承座；3. 辊筒轴；4. 轴套；5. 垫板；6. 偏心套；7、16. 销钉；8、12. 轴；9、11.手柄；10、18. 接头；13. 油孔；14. 限位垫块；15. 丝杆；17、19. 连杆

辊筒 1 由无缝钢管制成，它的两端焊接在轴承座 2 上，并借滚珠轴承装于辊筒轴 3 上，辊筒轴的两端是偏心的，偏心的部分装在固定于工作台上的轴套 4 上，两个辊筒轴的端部借销钉 16 固定着连杆 17，并用连杆 19 将两辊筒上的连杆 17 铰接地连接在一起。转动手柄 9，通过丝杆 15、接头 18、连杆 17 和连杆 19，使辊筒 1 转动。由于辊筒轴的两端是偏心的，凸出工作台面的高度则得到调整。工作时，辊筒轴不动，辊筒相对辊筒轴转动。轴承的润滑通过油孔 13 来进行。

工作台锁紧机构是由偏心套 6、接头 10、轴 8 和轴 12 组成。轴 8 和 12 的末端借销钉 7 装有偏心套 6，两根轴紧固在接头 10 上，接头上装有手柄 11。转动手柄 11，轴 8 和 12 带动偏心套 6 转动，而偏心套则压向导轨垫板 5，实现工作台锁紧。工作台上还有限位垫块 14。

3.4 木工多面刨床

3.4.1 木工双面刨床

木工双面刨床（图 3-17）用于同时对工件相对应的两个面进行加工。经木工双面刨床加工的工件可获得等厚的两个光整表面，表面的平直度取决于上道工序的加工精度。机床具有两根按上、下顺序排列的刀轴，按上、下排列的顺序可分为先平后压（先下后上）和先压后平（先上后下）两种类型。由于机床的结构限制，无论是哪一种排列方式，该类机床都不能代替平刨床进行基准平面加工，只能完成两个等厚表面的加工。

图 3-17　木工双面刨床

图 3-18 是木工双面压刨床的工艺布局示意图。图 3-18（a）为双压刨式排列。工作台 3 可以通过丝杆螺母沿导轨在垂直方向调节，下进给辊筒 1 和下刀轴 8 随工作台一起移动。八个进给辊筒使工件进给先后通过刀轴 5 和 8。上面四个辊筒中，在第一个刨刀轴前面的两个辊筒 1 是带沟纹和分段式的；下面四个进给辊筒中，前三个是带沟纹的，最后一个表面是光滑的；下面最前面的两个进给辊筒有时可用履带机构代替。上刀轴 5 前面是分段式压紧器 4，后面是整体式的后压紧器 6。在下刀轴 8 的对面装有基准板 9，工件在到达下刀轴 8 之前被压紧器 7 压向基准板 9，基准板可以在垂直方向调节。下刀轴 8 后设有后压板 10，后压板可以是弹性的或非弹性的。下刀轴 8 和后压板 10 均设有垂直调整装置。

图 3-18（b）、（c）是平—压刨式双面刨床的工艺布局示意图。其中图 3-18（b）是辊筒式进给的，图 3-18（c）是输送带、辊筒组合式进给的。后者能保证较好的加工质量，因为这种方式进料工件变形小。工作台 7 可以垂直移动，以便调整切削厚度。

3.4.2　木工四面刨床

1. 功用与分类

木工四面刨床用于板材、方材的四个表面加工或成型表面加工（图 3-19）。刀轴一般为 4~6 根，有的多达 8~10 根。这些刀轴分别布置在被加工工件的四个表面

（上、下、左、右）。

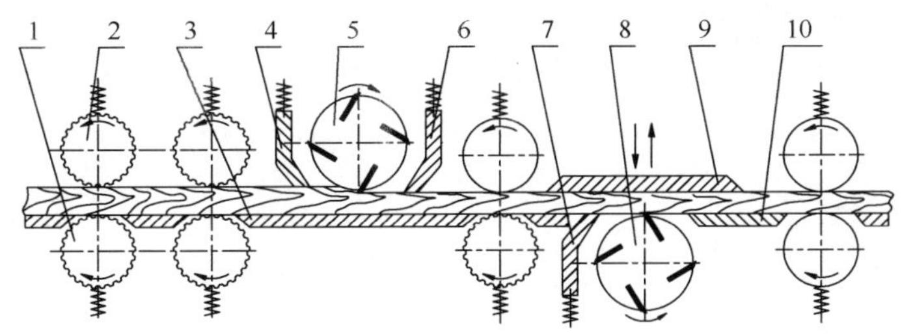

(a) 双压刨式布局

1. 下进给辊筒；2. 上进给辊筒；3. 工作台；4. 分段式压紧器；5. 上刀轴；6. 后压紧器；7. 压紧器；8. 下刀轴；9. 基准板；10. 后压板

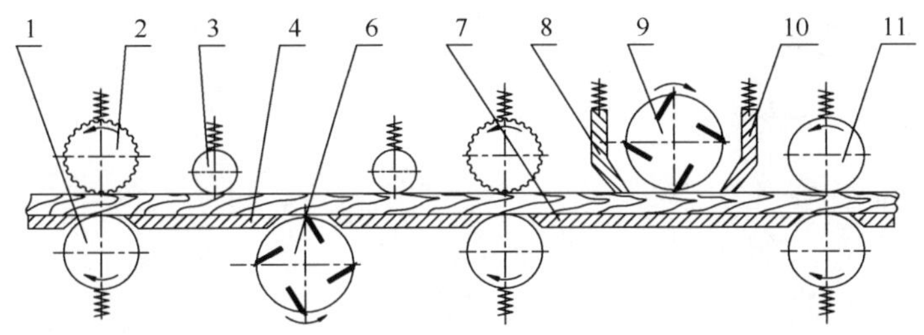

(b) 辊筒式给进

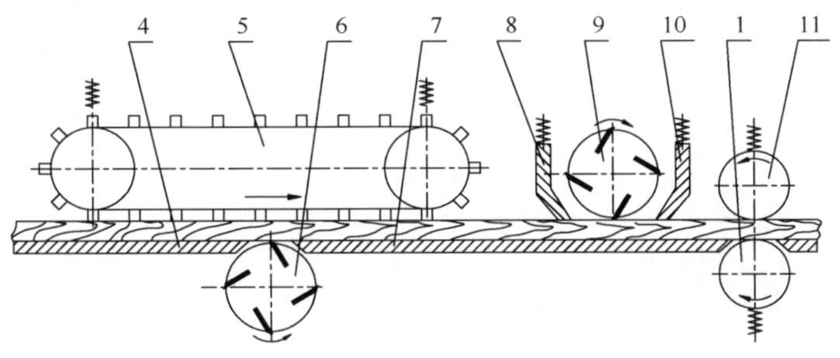

(c) 组合式进给

1. 下进给辊筒；2. 上进给辊筒；3. 压紧辊；4. 前工作台；5. 带进给销的运输带；6. 下刀轴；7. 工作台；8. 前压紧器；9. 上刀轴；10. 后压紧器；11. 光进给辊筒

图 3-18 木工双面压刨床的工艺布局示意图

木工四面刨床为机械进料，进给速度较高，故生产效率较高，适用于大批量生产。在细木工、建筑材料、门窗、船舶及车辆的内装饰、地板等生产中应用较广泛。由于机床的刀轴多，故调整费时、费力，所以不适用于单件、小批生产。

木工四面刨床一般分为轻、中、重型三类。轻型四面刨床加工宽度为 150mm 以下，一般为 4~5 个刀头；中型四面刨床加工宽度为 150~300 mm；重型四面刨

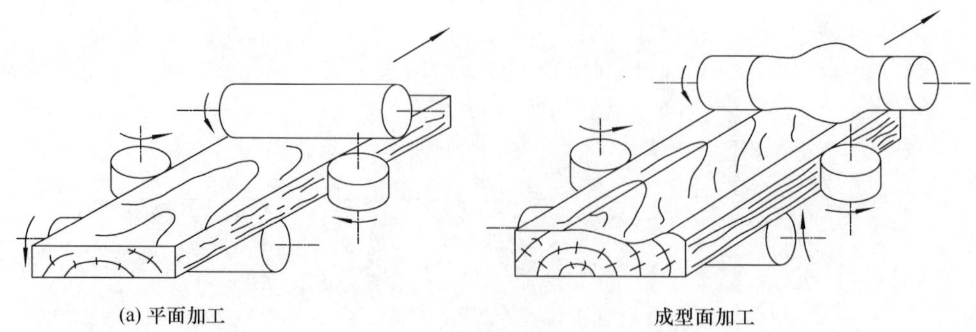

图 3-19　木工四面刨床工作示意图

床的加工宽度为 300mm 以上，刀头多达 8~10 个，它具有两套进给机构，加工精度高，适用于大批量生产。

2. 主要工作部件结构

木工四面刨床主要由床身、工作台、切削机构、进给机构、压紧机构、导板及操纵机构等零部件组成。

1）切削机构

木工四面刨床所使用的切削刀头有圆刀头、方刀头和成型刀头（图 3-20）。刀片在圆形刀体上装配的方式可以是直刃、斜刃和螺旋刃。斜刃及螺旋刃刀头切削时冲击小、切削质量高、噪声低。为达到同样的效果，有些四面刨床的水平刀头的刀轴斜装于床身上。刀头由电动机直接带动或通过皮带传动，转数一般为 5000~6000r/min。

图 3-20　木工四面刨床的切削机构

为了满足加工尺寸的需要，无论是水平刀头，还是垂直刀头都需要有一定的尺寸调整范围，其调整方法多采用丝杆螺母。对刀头调整机构的要求是迅速、准确。新型四面刨床的刀头调整机构配有标尺或数显装置。

木工四面刨床的刀头在机床中的布局一般按下水平刀轴和上水平刀头的加工顺序分为“先平后压”和“先压后平”两类。

图 3-21 所示的木工四面刨床是由辊筒进给，按“先平后压”工艺方法布局的。被加工工件 1 首先沿前工作台 2，经上进给辊筒 3 的牵引通过下水平刀轴 4，在上压紧装置 5 和 7，侧向压紧装置 14，上压紧装置 9 和 11 作用下，使工件沿后工作台 12、侧面导板 15，通过右立刀头 6 及左立刀头 8，最后经过上水平刀轴 10，实现四面加工。在这类机床上，首先将工件的下表面和右侧表面加工出较准确的基准表面后，再经左立刀头和上水平刀轴将工件的上表面和左侧表面加工出较精确的截面形状。这样布局的缺点是当木材的基准弯曲时，易使工件前端啃头。

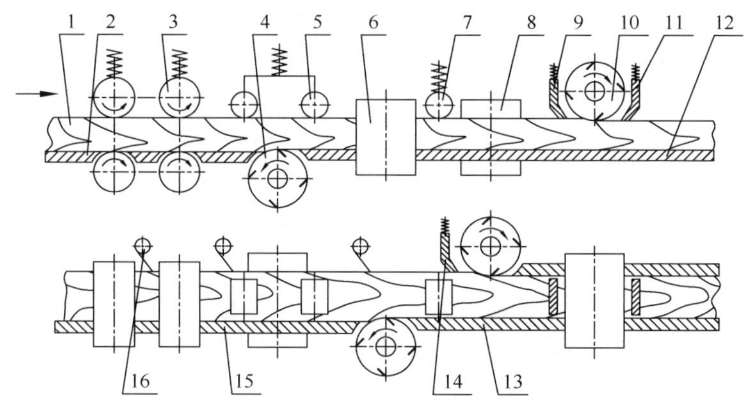

图 3-21 木工四面刨床滚筒进给机构

1. 工件；2. 前工作台；3. 上进给辊筒；4. 下水平刀轴；5、7、9、11. 上压紧装置；6. 右立刀头；8. 左立刀头；10. 上水平刀轴；12. 后工作台；13、15. 侧面导板；14、16. 侧向压紧装置

图 3-22 所示进给机构是采用辊筒和履带。它的两对刀轴是按“先压后平”的工艺顺序布置的。在这种机床上加工木料，必须预先在平刨床上加工出基准面，然后在该型机床上，由上水平刀轴 9 和左立刀头 8 加工出所需的尺寸，而下水平刀轴 4 和右立刀头 9 完成成型表面加工。

（1）刀轴的形式及其布局。

四面刨床常用刀轴的基本形式及其布局的一些典型例子如图 3-23 所示。四面刨床除 4 轴式［图 3-23（a）］所采用的最基本的平刨（下水平）刀轴 1、压刨（上水平）刀轴 4 以及左立刀轴 3、右立刀轴 2 之外，常用的还有以下一些形式的刀轴。

万能刀轴 5 轴四面刨床的典型布局形式如图 3-23（b）所示，它是在 4 轴式［图 3-23（a）］的基础上增设了万能刀轴 5。该刀轴常设置在四面刨床的最后，安

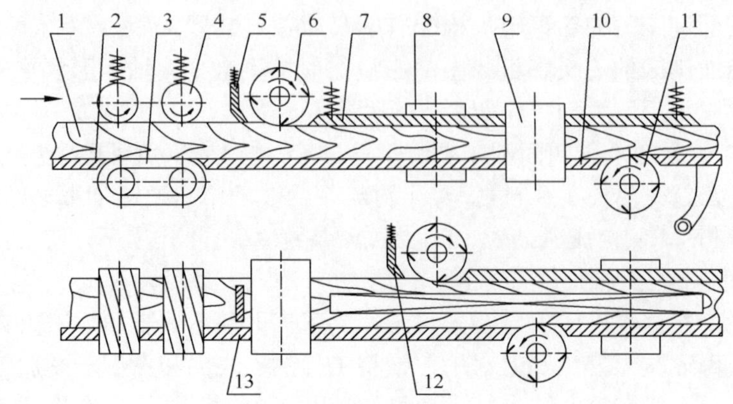

图 3-22　辊筒和履带组合进给机构

1. 工件；2. 前工作台；3. 下进给机构 4. 进给辊筒；5、7. 上压紧装置；6.上水平刀轴；8. 左立刀头；9. 右立刀头；10. 后工作台；11. 下水平刀轴；12. 侧向压紧器；13. 侧面导板

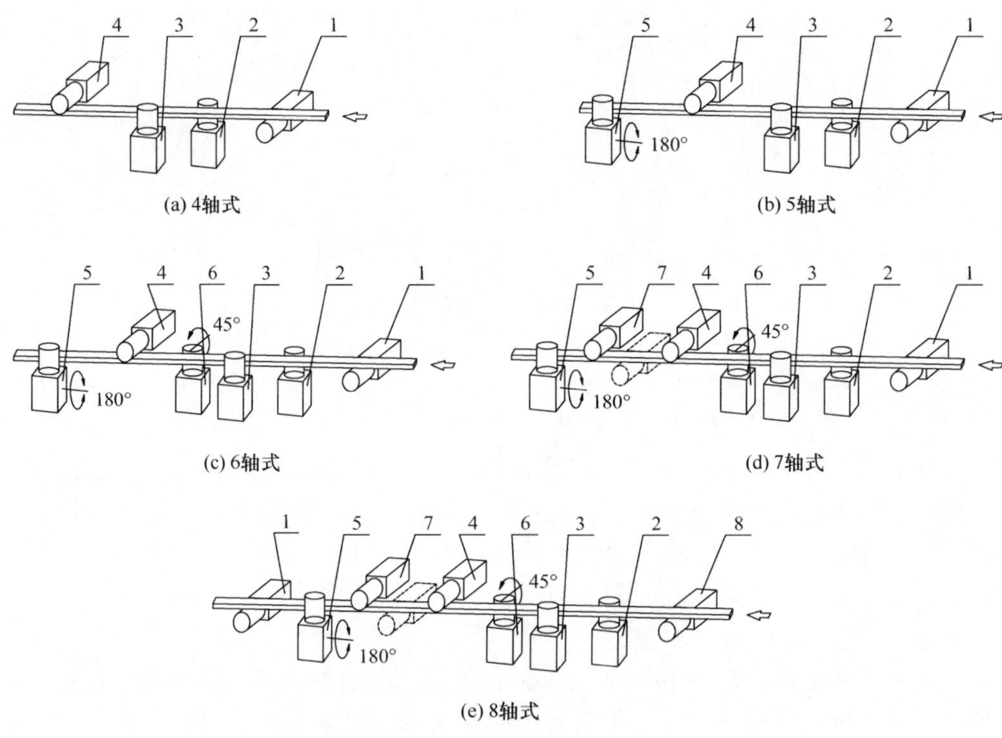

图 3-23　四面刨床常用刀轴的基本形式及其布局

1. 平刨（下水平）刀轴；2. 右立刀轴；3. 左立刀轴；4. 压刨（上水平）刀轴；5. 万能刀轴；6. 可倾立刀轴；7. 平压刨两用刀轴；8. 预平刨槽刀轴

装成型刀片，加工各种成型表面。为满足工艺需要，它不仅可作上下、左右的移

动调整，而且可作 90°或 180°范围内的回转调整，故称为万能刀轴。在轴数更多的四面刨床上，该刀轴还常装上锯片用于最后的剖分，使一次加工可获得两根或多根成型木条。

可倾立刀轴 如图 3-23（c）所示，6 轴式的四面刨床是在 5 轴式［图 3-23（b）］的基础上又增加了可倾立刀轴 6，该刀轴常作为右侧第二立刀轴，用于解决某些复杂型面的加工。在某些场合下，使用可倾立刀轴对于减小刀具切削圆直径能起很大的作用。两种立刀轴加工同一型面所需刀具形状的对比如图 3-24 所示。图中实线所示为使用不可倾立刀轴所需刀片形状；双点画线则表示用可倾立刀轴加工时所需刀片形状。两者切削圆直径相差甚大。可倾立刀轴还使刀具切削刃上各点的切削速度差异减小，既有利于降低刀具的损耗，又有利于提高工件表面的加工质量。如意大利 Spanevello 公司生产的 S6、S7 等系列的四面刨床上就设有这种可倾立刀轴。

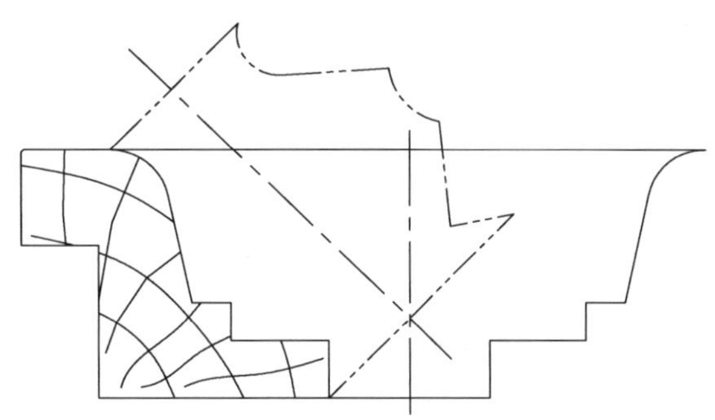

图 3-24 加工同一型面立刀轴布局不同对比示意图

平压刨两用刀轴 7 轴式的四面刨床是在 6 轴式如图 3-23（d）所示，又在［图 3-23（c）］方案中增加了上下位置可调，既可作上刀轴又可作下刀轴的平压刨两用刀轴 7。根据工艺需要，可以将该刀轴调整在工作台上方，加工工件的上成型面；也可以调节到工作台之下加工工件的下成型面。如意大利 Spanevello 生产的 S7 系列中 147、187、227 等型号中就设有这种刀轴。

预平刨槽刀轴 图 3-23（e）中设置了预平刨槽刀轴 8。在毛料的基准面弯曲较大时，经过一道平刨往往不能获得理想的基准平面，而采用预平刨槽刀轴在工件底部开出导槽，可以获得较好的加工基准，减少毛料弯曲的影响。图 3-25 所示为德国威力（Weinig）、意大利 SCM 等公司常用的一种预平刨槽刀轴和与该刀轴相配的滑道工作台简图。在预平刨槽刀轴主轴上装有一组镶硬质合金的槽铣刀 4，各槽铣刀间有隔圈定位，其位置及刃口宽度与刀轴后面的滑道工作台台板 5 上的滑道 A 的位置和宽度相对应。刀轴前面的工作台 2 上固定有指形台板 1，且其指形部分通过主轴 3 上各槽铣刀的间隔部分嵌入滑道台板 5 的槽口中。通常工件由上、下辊筒送进，通过预平刨槽刀轴后，其底部就加工出一排导槽 B，之后工件以导槽 B 和滑道工作台上的滑道 A 作为基准，进行各个面的加工。具体设计通常是利用紧靠右侧导板的导槽和与其相应的滑道作为基准，其余滑道则略窄于导槽，以减少进给阻力，避免造成进给堵塞。当工件进入最后一根下刀轴时，由该刀轴切去导槽 B，使工件获得准确的尺寸和形状。

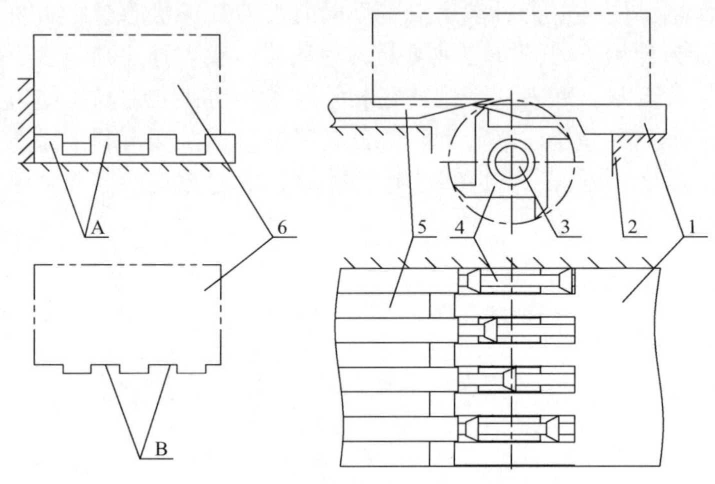

图 3-25　预平刨槽刀轴与滑道工作台

1. 指形台板；2. 工作台；3. 预平刨槽刀轴主轴；4. 槽铣刀；5. 滑道台板；6. 工件；A. 滑道；B. 导槽

可沉式立刀轴　这种刀轴大多设置在左立刀轴的位置上，能使整个左立刀轴下降到工作台面以下，扩大了机床工作台宽度方向的空间，以适应有些窗框需在装配后进行某些加工的要求。例如，德国威力公司生产的一些加工窗框用的四面刨床上就设有这种刀轴。

可编程多刀盘迭合型长主轴的立刀轴　随着机床控制手段的发展，又促使四面刨刀轴在结构上有进一步发展，出现了一些新型刀轴。如某些现代化的四面刨床上设有可编程的多刀盘迭合型长主轴的立刀轴，如图 3-26 所示。它相当于一个小的刀具库，把多个加工不同形状成型面用的刀盘迭合安装在同一主轴上，由微机控制步进电机在数秒钟内自动准确地变换立刀轴的轴向位置，把需要用的某个成型刀盘调至工作位置，从而大大节省了更换成型刀具所需的辅助时间。

“跃动式”上水平刀轴　德国威力公司设计了“跃动式”上水平刀轴，由微机控制，能自动作断续的刨削加工。该刀轴只在需要时才下降到工作位置参与规定的切削，之后又立即升起，离开加工面，这在加工某些倒角或下贯通的槽时特别方便。这种刀轴加工的典型零件如图 3-27 所示。

图 3-26 多刀盘迭合型长主轴的立刀轴

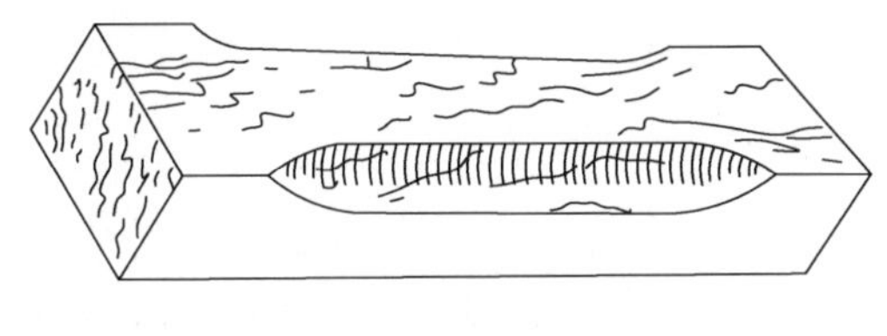

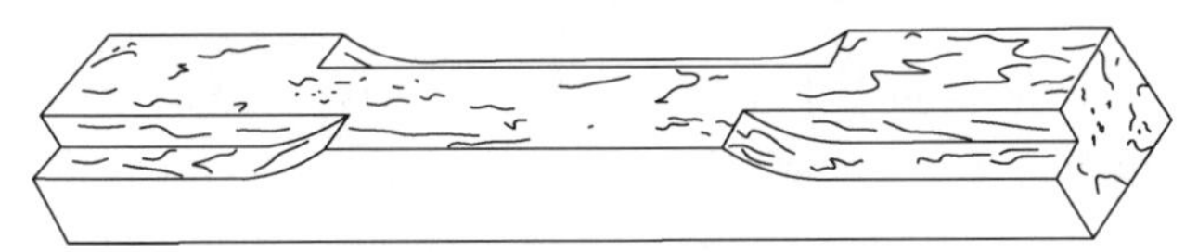

图 3-27 “跃动式”刀轴加工的典型零件

自动进出左立刀轴 德国威力公司的 Unimat 23E 型四面刨床上，可根据用户需要设置自动进出左立刀轴，它利用电子测量装置，可先测量工件的宽度，所得数据会显示在荧光屏上。该立刀轴根据所测数据以及预先输入的刀具直径和切削量，能自动调整到适当位置对工件进行切削。该装置内置的记忆系统，最多可储存 40 个不同的规格，可达到更有效合理地使用木材的目的。

除图 3-23 所列的典型布局外，利用上述各种基本刀轴和新型刀轴，还可以根据工艺要求进行更多样式的组合。国外一些生产四面刨床为主的公司通常有自己的标准刀轴，以及由其组成的系列产品供用户选择。

（2）刀轴的传动原理及其结构调整。

目前常用刀轴部件的传动和调整结构原理图如图 3-28 所示。主轴 2 用滚动轴承支承于套筒 3 内，由电机 8 经带传动 7 驱动，转速在 4000~6000r/min，随刀轴切削圆直径不同而异，一般不变速。主轴通常可随套筒 3 在水平和垂直方向进行调整。如图 3-28（a）所示，水平刀轴可随套筒 3、轴座 4、刀架溜板 9、电机 8 等一起在床身导轨 10 内作上下调节。通过丝杆螺母机构 5，主轴和套筒可作适量的水平移动。如图 3-28（b）所示，立刀轴通过溜板 9 可在工作台导轨 11 内作左右调整，利用丝杆螺母机构 5 可作上下移动。

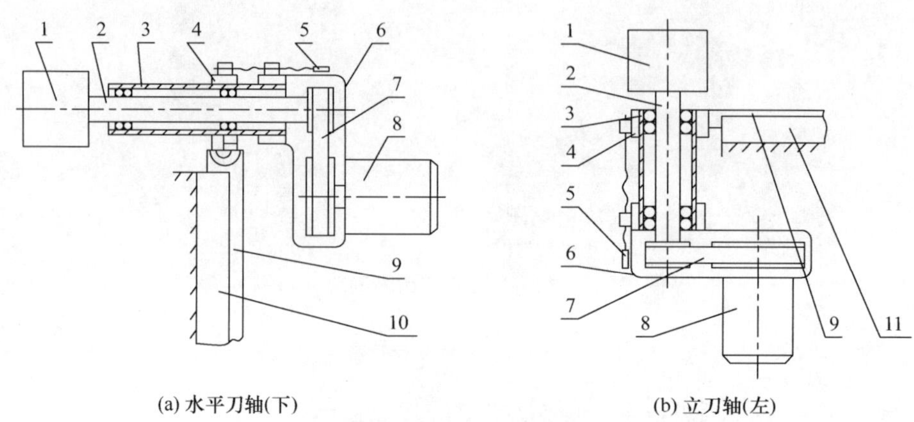

(a) 水平刀轴(下)　　(b) 立刀轴(左)

图 3-28　常用的刀轴部件的传动和调整结构原理图

1. 刀体；2. 主轴；3. 主轴套筒；4. 轴座；5. 丝杆螺母机构；6. 电机支架；7. 带传动；8. 电机；9. 溜板；10. 床身导轨；11. 工作台导轨

目前，刀轴的调整运动大多仍为手工调整，但在一些新型的四面刨床上已采用机械式或电子式数字显示装置，能快速准确地表明各刀轴的位置、加工工件的宽度和厚度。更进一步，这些机床所有调整由微机控制，采用步进电机驱动，快速简便而准确，大大节省了机床调整所需的辅助时间，提高生产效率，为四面刨床在小批量、多品种加工方面的应用铺平了道路。

德国威力公司的快速调校装置主要有两种；一种是用 ATS 系统提供编程功能，它可预先输入最多达 98 个不同的规格，只要使用按钮选择所需的规格，并键入左立刀轴和上水平刀轴的刀具半径，刀轴便会自动调整到所需位置。机床上刀轴和左立刀轴设有相应的刀具半径和工件最终厚度或宽度的数码显示。另一种 CAS LogoPac 是由计算机支持的设定辅助装置，它可储存多达 9999 个产品资料，能管理产品及刀具的规格，计算出刀轴调校所需的数据，并显示每个刀轴所需刀具的编号、刀轴调校设定数据和工件成形后的规格。操作人员只需装上适当的刀具，并将刀轴按显示调校至设定的位置，即可投入生产。

四面刨床各刀轴的刀体大多做成圆柱形可拆式，以便从主轴上取下作修磨处理。较先进的四面刨床各刀轴还设有刀具修磨器，对刀轴上各刀片进行同心研磨，并可遥控进行。

2）进给机构

四面刨床的进给方式有推进式和贯穿式两类。推进式主要用于轻型或短工作台四面刨床，如图 3-29 所示。机床只在进料处设有进给机构，当工件脱离进给元件后，依靠后来的工件往前推顶而继续进给。按其所用的进给元件可分为辊筒式和辊筒—履带式。辊筒式通常上、下辊筒都有动力，但也有少数下辊筒无动力，仅起托辊作用；辊筒—履带式一般辊筒在上，履带在下。

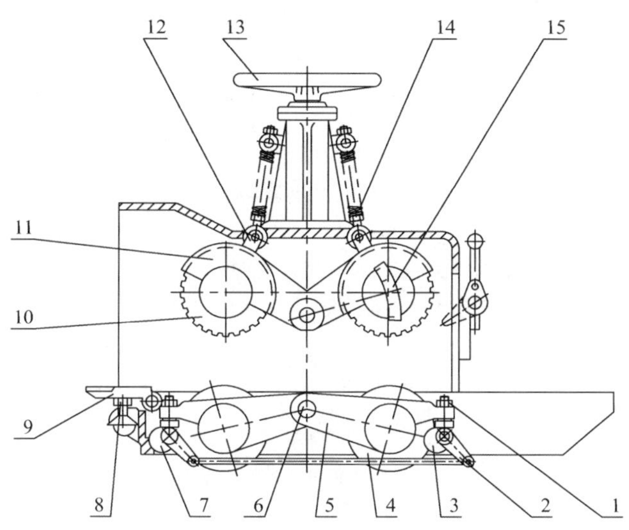

图 3-29 辊筒推进式进给机构结构简图

1、8. 调节螺钉；2. 连杆机构；3、7. 偏心轮；4. 下进给辊；5、11. 摆杆；6、12. 支轴；9. 前工作台；10. 上进给辊；13. 上进给辊升降手轮；14. 弹簧；15. 标尺

辊筒推进式进给机构结构简图如图 3-29 所示。图中上下进给辊筒都有动力，下进给辊 4 可通过偏心轮 3 调节其高度，通常要求下进给辊的上母线比前工作台 9 高出 0.2~0.5mm，连杆机构 2 可保证两个下辊同步升降。螺钉 1 用作微小调节，以确保两个下辊的上母线处在同一水平面。前工作台 9 的高度也由偏心机构调节，螺钉 8 可保证其两侧处于同一水平面。上进给辊 10 由弹簧 14 加压，由手轮 13 调节其高度。

贯穿式又称全程进给式，即在机床整个送料行程上都设有进给元件。工件进给无需后面工件推顶就可自动走完加工全程，直至送出机床。目前大多刀轴数较多的中、重型四面刨床采用这种进给方式，其进给元件都采用各种形式的进给辊，动力可以用机械传动方式，也可以用液压传动方式。

典型贯穿式进给系统的传动简图如图 3-30 所示。动力由固定于横梁 15 的进给电机 1 经无级变速器 2、传动轴 3 联结多个联轴器 4 和蜗轮蜗杆减速箱 5，每个减速箱处外接出万向联轴器 6，并与进给辊轴 7 相连，驱动进给辊 10。进给辊 10 装在轴套 9 内，轴套上连着支承轴 11 和导向杆 17，均分别装在进给辊支架 12 和起导向作用的导向套 16 内，并由弹簧 13 施加一定的压紧力，支架 12 亦固定在横梁 15 相应的位置上。大多数厂商将这种进给元件制成标准部件，组合非常方便。有些进给轴套与其支架被制成铰接式［图 3-30（b）］，还可采用压紧气缸 19［图 3-30（c）］代替弹簧 13 的作用。采用气动压紧更能保证压紧力恒定，使厚度差异较大的工件能顺利通过。有些高速进给的四面刨床进给动力常采用油马达代替图中电机和无级变速器。

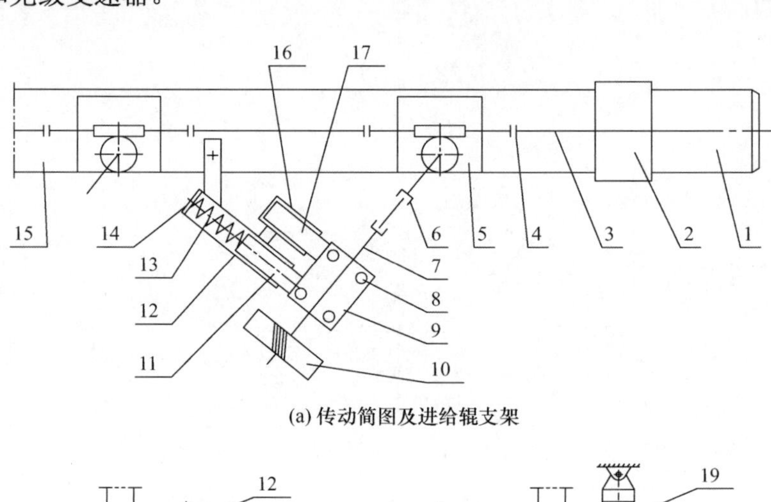

(a) 传动简图及进给辊支架

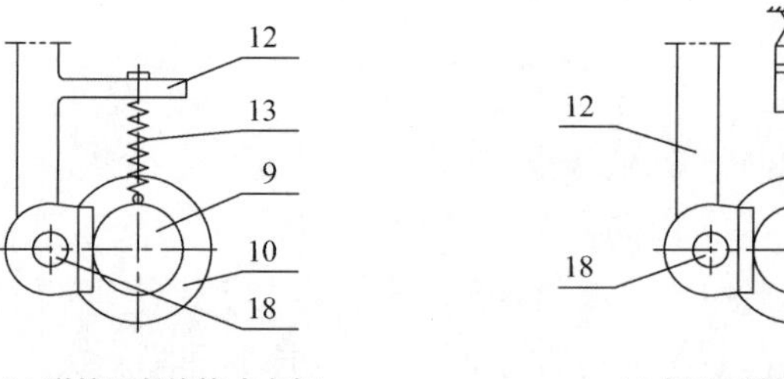

(b) 弹簧压紧铰接式支架　　(c) 气动压紧铰接式支架

图 3-30　典型贯穿式进给系统的传动简图

1. 进给电机；2. 无级变速器；3. 传动轴；4. 联轴器；5. 蜗轮蜗杆减速箱；6. 万向联轴器；7. 进给辊轴；8. 轴承；9. 轴套；10. 进给辊；11. 支承轴；12. 进给辊支架；13. 压紧弹簧；14. 螺母；15. 横梁；16. 导向套；17. 导向杆；18. 支轴；19. 压紧气缸

四面刨床的进给速度一般在 6~30m/min，选用较大功率电机时可达 60m/min；当采用液压驱动时，进给速度一般为 6~60m/min，高的可达 100~200m/min。

进给辊按表面形式划分，主要有各种槽轮和橡胶轮，均具有较高的咬合系数。

3）其他机构

四面刨床的其他机构包括横梁调节机构，用于调节横梁上下升降和倾斜；侧向进给装置用于辅助进给和侧向压紧；压紧机构主要包括位于工件上方、防止工件跳动的各种压辊和压板装置，以及位于工件侧面的侧向压紧装置。

3. 典型木工四面刨床

图 3-31 为德国威力公司的通用型木工四面刨床的外形图。

图 3-31　德国威力通用型木工四面刨床外形图

图 3-32 为德国威力公司的 Hydromat 5000 型高速四面刨床的外形图。

图 3-32　德国威力 Hydromat 5000 型高速四面刨床外形图

复习题及作业题

1. 简述木工刨床的用途、特点。
2. 单面木工压刨床需进行哪些工作调整？
3. 试分析 MB106A 主要结构与工作原理。
4. 分析多面刨床的工艺布局与典型结构。
5. 分析木工四面刨床刀轴布局形式和特点。

第 4 章　木 工 铣 床

木工铣床属于木制品加工所用设备功能较多的一种，主要可对零部件进行曲线外形、直线外形或平面铣削加工；采用专门的模具可以对零件进行外廓曲线、内封闭曲线和外形轮廓的仿形铣削加工；此外，还可用作锯切，开榫加工。图 4-1 为主要类型铣床工作原理及制品简图。

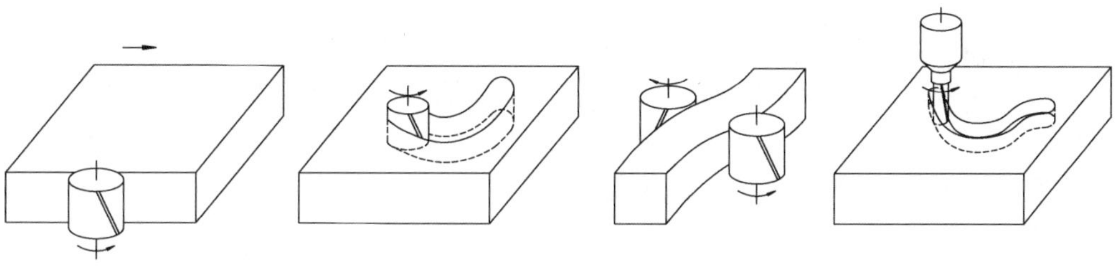

(a) 立式下轴铣床铣外廓　(b) 立式下轴铣床铣内廓　(c) 立式双轴铣床铣外廓　(d) 立式上轴铣床铣曲面

图 4-1　主要类型铣床工作原理及制品简图

木工铣床按进给方式的不同，可分为手动进给和机械进给两种；按主轴数目的不同，可分为单轴和多轴铣床；按主轴布局可分为上轴和下轴铣床，或立式和卧式铣床；按用途可分为通用、仿形、多面、接口铣床；按控制方式可分为手动、自动、数控铣床（图 4-2）等。立式铣床按型号分类，可分为 MX503——镂铣机、

图 4-2　数控木工铣床

MXK503——数控镂铣机、MX5112——单轴木工铣床、MX523——立式万能木模铣、MX533——双轴木工铣床、MX559——带移动工作台木工铣床、MX5610——木线雕刻机。

随着机械加工业和电子控制技术的不断发展，木工铣床的生产水平也相应地得到迅速提高。近几年来相继在家具生产企业中得到广泛应用的自动靠模铣床、数控镂铣机等，为木制品的复杂加工提供了方便条件。

4.1 立式单轴木工铣床

4.1.1 概述

立式单轴木工铣床以手动进给为主，按其主轴在空间的布局，可分为下轴式和上轴式铣床两种，其中下轴式铣床应用最普遍，如国产 MX519 型和 MX5112 型立式单轴木工铣床、日本 SM-123 型和意大利 T-120 型立式单轴木工铣床。主轴的结构随不同的传动系统、高度调节系统（移动主轴或工作台）而不同。主轴的传动是通过装在张紧框架上的电机经带传动或主轴直接为电机的加长轴。下轴式铣床中，工作台固定在床身上，主轴装在可移动的支架上。也有的铣床，为了减少主轴的振动，主轴的轴承直接固定在床身上，这种结构的铣床是用移动工作台的方法来调节刀具与工作台间的相对位置。

手动进给立式单轴木工铣床主轴采用由铣刀轴和套轴两部分组合的结构。铣刀轴装在套轴上，而套轴以多种方法装于轴的锥孔内，套轴和主轴之间以锥孔配合，同轴度较高。锥孔的莫氏锥度号视机床的类型不同而有所差别。轻型铣床用莫氏锥度 3 号，中型铣床用莫氏锥度 4 号，重型铣床用莫氏锥度 5 号。套轴和主轴常用的联结方式有两种（如图 4-3）。

图 4-3（a）为盖螺母联结。由于凸肩和盖螺母摩擦力较大，因而所需扭紧力也较大，在拆卸套轴时，需锤击铣刀轴。

图 4-3（b）为差动螺母联结。差动螺母上有两段不等螺距的螺纹，螺距较大的部分与铣刀轴旋合，螺距较小的部分与套轴旋合。当拧紧螺母时，由于螺距不同，迫使铣刀轴向套轴锥孔内压紧，拆卸套轴时不需要锤击。

由于铣床的转速较高，润滑必须充分。主轴的润滑方式及润滑装置的选择对铣床的使用寿命有很重要的影响。常用的润滑方式有周期润滑和自流式循环润滑。

下面以 MX5112 型立式单轴木工铣床为例来说明手工进给立式单轴木工铣床的典型结构。

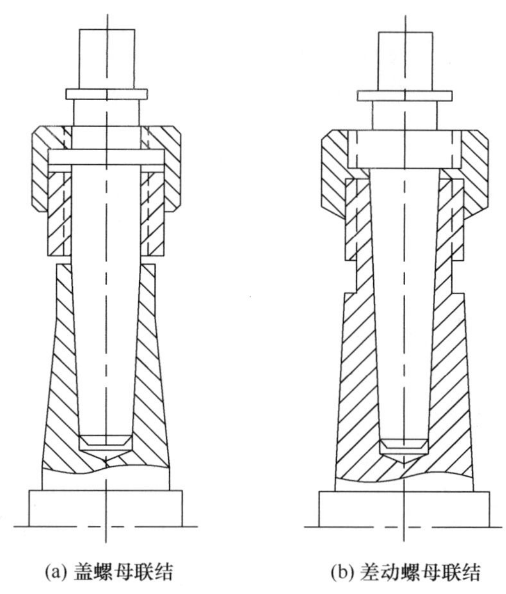

图 4-3 铣床刀轴和主轴的联结方式

4.1.2 MX5112 型立式单轴木工铣床

图 4-4 为国产 MX5112 型立式单轴木工铣床的外形图，其主要用于工件各种沟槽、平面和曲线外形的加工，以及板材、方材的端头开榫、拼板的槽、簧加工等。

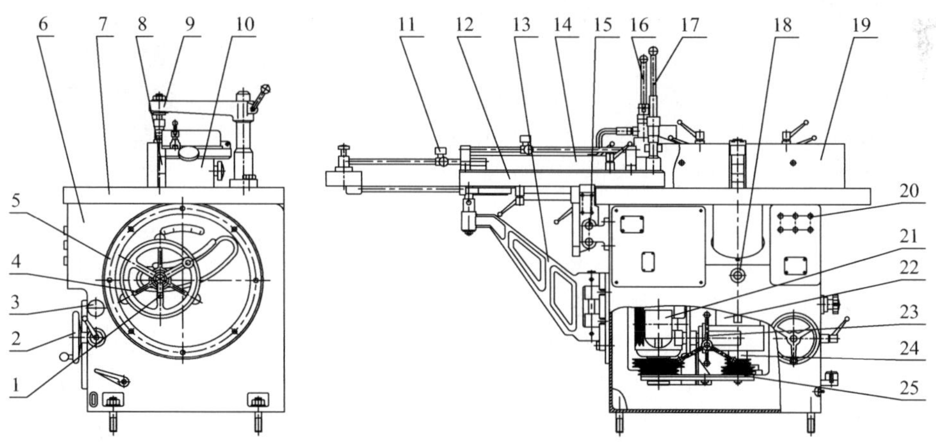

图 4-4 MX5112 型单轴木工铣床的外形图

1. 锁紧手柄（升降）；2、5. 手轮；3、4、18、23. 手柄；6. 床身；7. 固定工作台；8. 刀头；9. 悬臂支架；10. 安全罩；11. 限位器；12. 活动工作台；13. 托架；14. 靠板；15. 导轨；16. 水平压紧器；17. 垂直压紧器；19. 导向板；20. 控制按钮；21. 电机；22. 轴套；24. 主轴；25. V 带

1. MX5112 型立式单轴木工铣床整机结构组成

MX5112 型立式单轴木工铣床主要是由床身、固定工作台、活动工作台、主轴部件等组成。

床身 6 是用铸铁制成的整体箱式结构，床身内部布置了数条筋板，以保证足够的刚度和强度。固定工作台 7 通过螺栓和可以调节的支承套紧固在床身上，主轴 24 由两个止推轴承支承在轴套 22 内，转动手轮 5 可以使轴套带着主轴升降，电机 21 经 V 带 25 带动主轴。手轮 23 用来调整主轴三角带的松紧程度。调整手柄 3 可使主轴准确地处于垂直位置。手轮 2 可调节主轴偏斜垂直位置 0°~45°内的任意位置，以铣削各种角度的零件。主轴上端的锥孔内装有刀头 8，刀头上端可根据需要装入固定工作台 7 上的悬臂支架 9 内。

活动工作台 12 在托架 13 的支承下，可沿圆柱导轨 15 水平移动，以便加工榫头和零件端面。活动工作台上还装有水平压紧器 16、垂直夹紧器 17，靠板 14 和限位器 11。

为了便于装卸刀具，可通过止动手柄 18 使主轴固定。机床上还有导向板 19，控制按钮 20 和安全罩 10 等。

2. 主轴调整机构

MX5112 型立式单轴木工铣床的主轴调整机构如图 4-5 所示。主轴的调整机构用于调整主轴的升降和倾斜。主轴的升降机构是由上轴座 4，下轴座 3，锥齿轮 2 和 5 组成。在上、下轴座之间装有锥齿轮 2，与它啮合的锥齿轮 5 的另一端安装着手轮 13。锥齿轮 5 可在轴套 11 中转动，当转动手轮时，锥齿轮 5 则可带动锥齿轮 2 转动。由于锥齿轮 2 上有螺纹与轴套上的螺纹相结合，因而可以带动轴套沿导向键 15 升降。导向键是通过螺母 14 固定在下轴座 3 上的。转动手柄 22 经顶杆 23 和顶块 16 可将轴套锁紧。调整主轴的倾斜由托架 7、弧形导轨 9、调整板 10 和螺母 25 完成。托架 7 和下轴座 3 由螺栓 6 连接，调整板 10 则是由螺栓 8 固定在托架上，托架套在轴套 11 的外面，并可围绕它转动。弧形导轨 9 由螺栓固定在圆盘 24 上，当螺母 25 移动时，托架则沿着弧形导轨转动，并带动下轴座转动，使在下轴座中的主轴倾斜。倾斜程度可由圆盘 24 上刻度指示，调整后通过手柄 12 锁紧。固定主轴的装置主要由安装在下轴座上的插销 17、弹簧 18，以及安装在床身上的支座 21 和手柄 20 组成。转动手柄 20，钢丝拉线 19 使插销 17 上的凸肩克服弹簧 18 的压力，使插销进入主轴的槽中而固定主轴。

主轴垂直升降距离为 120mm，主轴轴线与工作台水平面之间的角度调整范围为逆时针方向 5°，顺时针方向 45°。

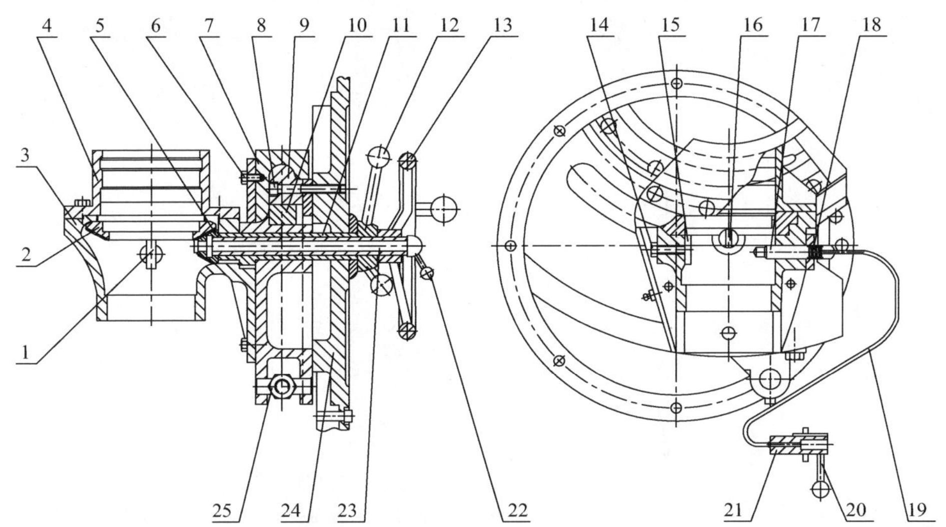

图 4-5 MX5112 型单轴木工铣床的主轴调整机构

1. 导向键；2、5. 锥齿轮；3. 下轴座；4. 上轴座；6、8. 螺栓；7. 托架；9.弧形导轨；10. 调整板；11. 轴套；12、20、22. 手柄；13. 手轮；14、25. 螺母；15. 导向键；16. 顶块；17. 插销；18. 弹簧；19. 拉线；21. 支座；23. 顶杆；24. 圆盘

3. 主轴及电动机

MX5112 型立式单轴木工铣床的主轴结构如图 4-6 所示。主轴 8 通过上下两个滚珠轴承装于轴套 7 内。主轴的中部有更换刀具时需固定主轴的槽口。下滚珠轴承由轴承压套 4 经弹簧 5 来压紧。主轴下端安装着塔形带轮 1，上端是固定刀头的差动螺母 6。轴套 7 上具有导向槽和螺纹，当螺母转动时，轴套带着主轴作升降运动。在轴套的下端，由螺钉 3 紧固电动机支座 2，齿轮轴 10 装于支座内。转动手柄 9，齿轮轴可带动电动机底板上的齿条移动。因而变换主轴转速时，三角带的张紧得到了保证。手柄 11 是用以防止齿轮轴 10 松动的。

主轴的传动电动机 3（图 4-7）安装在专用的座板 2 上，两根圆柱形齿条 1（与主轴支架上的齿轮轴啮合）插入座板的孔中，在座板上通过螺钉 9 安装着带刹车带 5 的支架 8，经钢丝绳 7 的拉紧实现刹车。松开钢丝绳，弹簧 6 可使刹车带放松。刹车盘与塔形带轮合为一体，装于电动机轴上。弹簧 4 用于电动机的配重。

4. 活动工作台

在活动工作台（图 4-8）上有导向机构、工件的垂直压紧机构、侧向压紧机构和导向板等。为使操作快捷方便，工件的侧向压紧机构采用了油压传递压力。在工作台上还有延长挡板的托板，以便加工较长的材料。

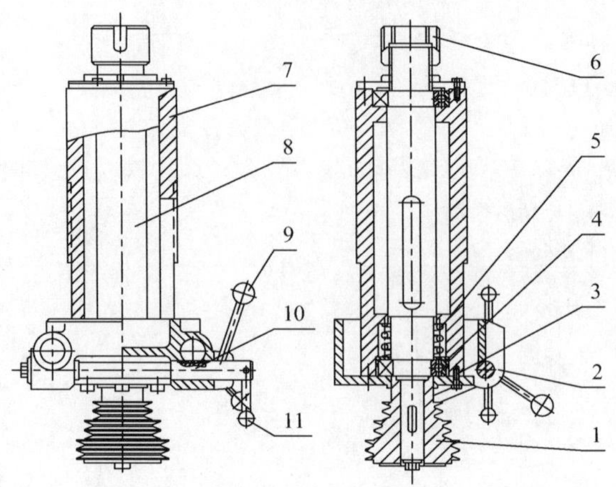

图 4-6　MX5112 型单轴木工铣床的主轴结构

1. 带轮；2. 支座；3. 螺钉；4. 轴承压套；5. 弹簧；6. 差动螺母；7. 轴套；8. 主轴；9、11. 手柄；10. 齿轮轴

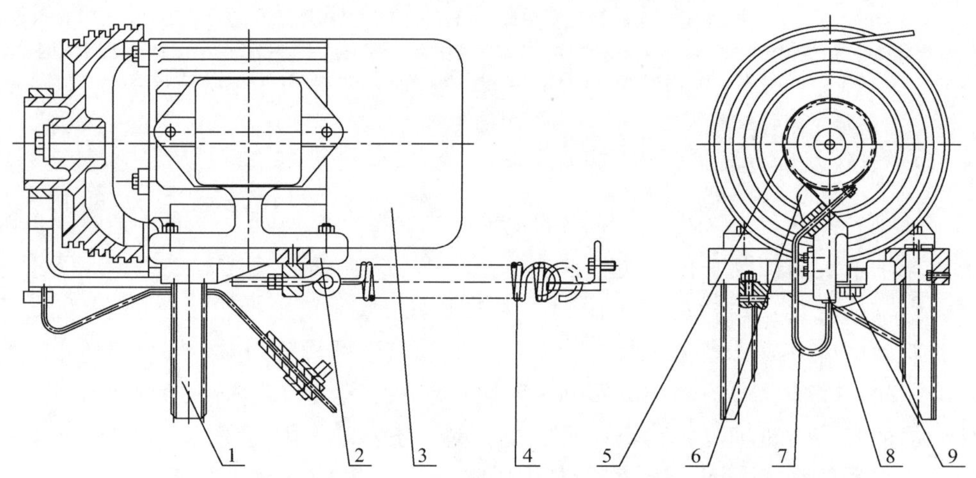

图 4-7　MX5112 型单轴木工铣床的传动电动机

1. 齿条；2. 座板；3. 电机；4、6. 弹簧；5. 刹车带；7. 钢丝绳；8. 支架；9. 螺钉

活动工作台的导向机构主要由两根圆柱导轨 4、五个滚轮 3 和悬臂托架 18 组成。在活动工作台 8 的底部由三个手柄 12 固定着底架 11。松开手柄，底架与活动工作台可做相对移动，底架上还固定着滚轮 3 的支架和支座 6。五个滚轮可沿固定于床身上的两个圆柱导轨 4 移动，从而实现了工作台的导向。悬臂托架 18 安装在床身上，其上还安装着两个滚轮，它们可以沿装于底架 11 上的槽形导轨 13 移动，同时为了适应工作台的移动，滚轮的支架由止推轴承座支承，支架可转动。因此，工作台作直线往复移动，悬臂支架作摆动时所差的距离得到补偿。

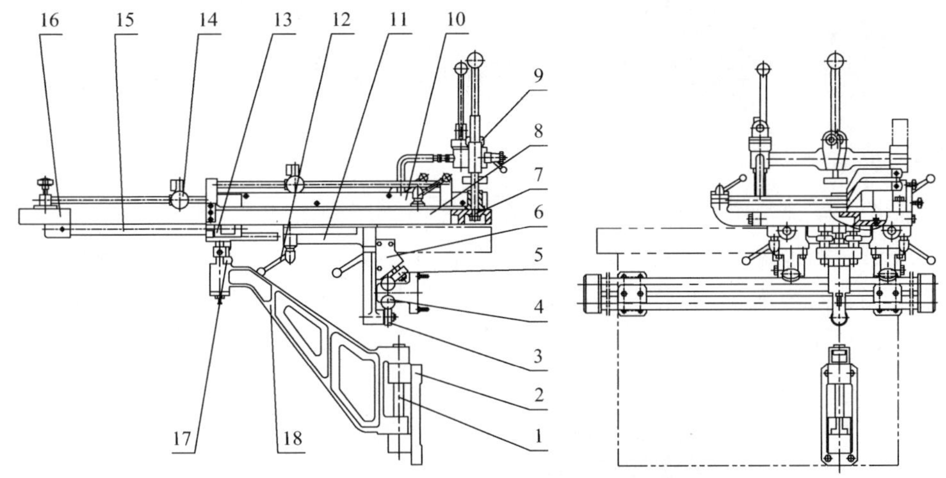

图 4-8 MX5112 型单轴木工铣床的活动工作台

1. 销轴；2、16. 支座；3、5. 滚轮；4. 圆柱导轨；6. 滚轮支座；7、9. 夹紧装置；8. 活动工作台；10. 靠板；11. 底架；12. 手柄；13. 槽形导轨；14. 限位器；15. 补偿杆；17. 导轨；18. 悬臂托架

活动工作台与固定工作台相对位置精度的调整包括两个方面，一是沿导轨方向的平行度，二是垂直导轨方向的平行度。

5. MX5112 主要技术参数

工作台工作面尺寸	1120mm×900mm
最大加工厚度	120mm
最大榫槽宽度	16mm
加工零件最大榫长	100mm
主轴转速	2250r/min、3000r/min、4500r/min、6000 r/min
主轴最大升降高度	100mm
主轴倾斜角度	0°~45°
活动工作台最大行程	680mm
主轴带轮直径	110mm
电动机功率	3~4.5kW
电动机转速	1440~2880 r/min
电动机塔轮直径	230mm、208mm
机床外形尺寸（长×宽×高）	2180mm×1080mm×1415mm
机床自重	1100kg

4.2 数控木工铣床和加工中心

4.2.1 概述

数控木工铣床是木材加工工业中应用最早、范围最广的一类数控机床。目前国内外迅速发展起来的数控加工中心或柔性加工单元（FMC）也是在数控木工铣床的基础上发展起来的。图 4-9 是德国豪迈型号为 Venture 316 型 5 轴木工数控加工中心外形图。

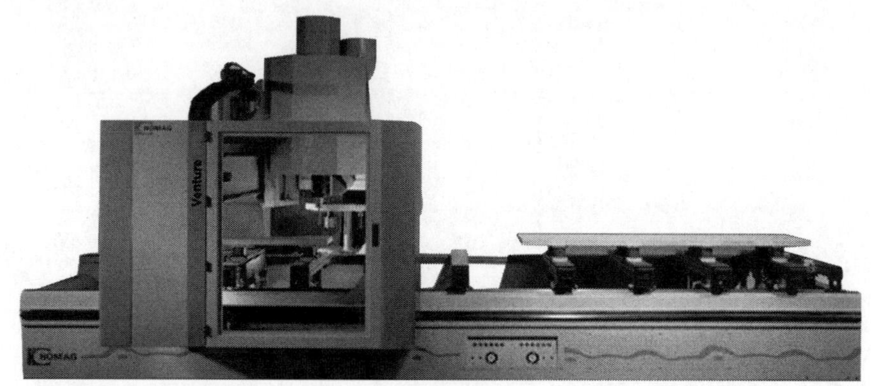

图 4-9 Venture 316 型 5 轴木工数控加工中心外形图

1. 数控铣床和加工中心用途和特点

1）用途

实木零件的成型加工、板式零件的表面装饰加工，沟、槽、孔、榫等加工。

2）特点

多功能性——可实现多种加工，如铣、钻、锯、磨、开榫等加工；也可实现平面二维加工和立体三维加工。

高精度——工件一次性装卡、定位、自校正，可实现多工序加工，定位精度高、加工误差小。

高效率——自动化程度高、调整快、辅助工作时间短，适合复杂多变、小批量、多品种的产品加工。

最优控制——可实现优化处理，减少材料浪费；可实现最优加工，节能降耗，提高加工质量、刀具耐用度。

安全可靠——可实现自保护。

2. 数控铣床的分类

木材加工工业中所用的数控铣床以立式铣床居多，卧式或其他结构形式的数控铣床极少。一般立式数控铣床采用主轴刀头悬臂立柱式结构，工作台纵横向移动，立柱沿溜板作垂直升降运动。大型多主轴刀头的数控铣床则多采用龙门式结构。为提高机床刚性、减小占地面积，采用主轴刀头沿龙门框架横向和垂直运行，龙门框架沿机床工作台纵向运行。

从机床的数控系统控制的坐标数量来划分，目前所见的机床中三坐标控制占绝大多数，一般可以三坐标联动加工或在三坐标中同时控制两坐标联动加工，称为三轴联动或三轴两联动（2.5 坐标）加工（图 4-10）。还有少数数控铣床可以实现刀轴绕定轴的摆动或数控转角加工称为四坐标或五坐标数控铣床，以适应复杂的立体化型面加工。

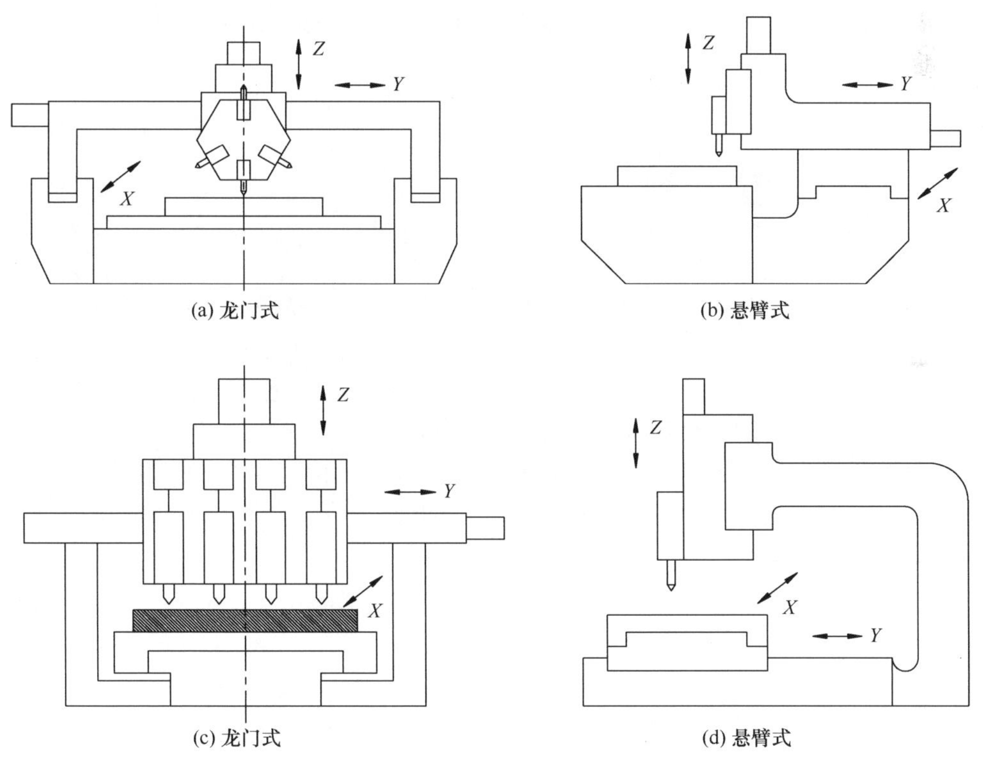

图 4-10　数控木工铣床分类示意图

为了提高数控立式铣床的生产效率，一般可以采用双工作台或自动交换工作台，以减少工件的装卸时间；或在龙门数控铣床上增加主轴数量，以同一个程序同时加工几个相同的工件或型面。

3. 数控铣床的运动特征

（1）控制机床运动的坐标。为了把工件上各种复杂的形状轮廓铣削出来，就必须控制刀具沿坐标的直线、圆弧轨迹运动。这就要求数控铣床的伺服拖动系统能多坐标协调动作，并保持预定的相互关系，也就是实现坐标联动。数控铣床要加工平面上的曲线轮廓形状，控制的坐标数至少应是三坐标中两个坐标联动（即2.5 坐标）；要实现连续加工直线变斜角工件，则需四坐标联动；要实现加工曲面变斜角的工件则需要五坐标联动。

（2）主轴运动特征。数控铣床的主轴开启与停止、正反转和主轴的变速等都可以按程序自动执行。不同机床的变速功能和范围也不同，木材加工中铣床的变速范围为 10000~20000r/min。现代木材加工用数控铣床多采用变频器调整，将主轴的转速分为几挡，编程时可任选一挡。在运转中通过控制面板上的旋钮在本挡范围内无级调节，有的则不分挡，编程可在整个调速范围内任选一值，在主轴运转过程中可无级调节。

4. 数控铣床的主要功能

1）数控铣床的一般功能

不同的铣床上配置的数控系统不同，其功能也不尽相同。多数数控铣床都具有以下几项一般功能。

（1）点位控制功能。该功能可以使数控刀轴只进行点位控制的钻孔加工。

（2）连续轮廓控制功能。数控铣床通过执行直线和圆弧插补可实现对轨迹的连续轮廓控制，加工出直线和圆弧构成的平面曲线轮廓工件。对非圆曲线的轮廓，在经过直线和圆弧的拟合后也可以加工。

（3）刀具半径的自动补偿功能。利用该功能可以使数控铣床的刀具中心自动偏离工件的加工轮廓一个刀具半径的距离。因而在编程时方便按轮廓的形状和尺寸计算、编程，不必按铣刀的中心轨迹计算编程。

（4）轴对称加工功能。利用该功能，操作者只需编制出轴对称两个零件中的一个零件的加工程序，机床就可以自动将两个零件加工完成，即只编写一半的加工程序。

（5）固定循环功能。利用该功能将一些典型化的加工功能，专门设计一段程序（子程序），在需要的时候自由调用，以实现一些固定的加工循环，如点位直线控制、铣削整圆等。

2）数控铣床的特殊功能

数控铣床除以上的一般功能外，根据需要还具有一些特殊的功能：

（1）自适应功能。具备该功能的机床可在加工过程中将刀具切削状态参数（如切削力、温度等）的变化，通过传感、适应系统反馈，使系统及时改变切削用量，从而保证铣床和刀具保持最佳状态。

（2）数据采集系统。配备数据采集系统的数控铣床，可以用传感器将欲加工制造所依据的实物进行测量和采集数据，并能自动处理采集的数据，再编写成数控加工的程序（录返系统）。

除以上特殊功能外，一些机床还配备了刀具长度补偿功能、靠模加工功能等。

4.2.2 数控木工镂铣机

1. 数控木工镂铣机的工作原理

在数控机床加工中，工件的形状是通过工件与刀具之间的相对运动形成的，因此，需要对互相匹配的多坐标联动轨迹进行控制。对于各种结构和控制的木工镂铣机，必须区分其运动的种类和坐标数目。

在轮廓控制中，刀与工件的接触点需要2~5个坐标互相匹配的联动，而具有4~5个坐标的数控机床还具有转动坐标。

数控木工镂铣机的插补方式和其他数控机床类似，均要掌握控制函数。该函数决定了铣刀轨迹的插点，它是一个位于按程序确定的曲线上，借助于数学函数可获得这些插点。除了直线和圆弧插补外，木工镂铣机上还有其他类型的插补，如抛物线插补及更高次的抛物线插补等，这样可以产生更平滑的曲线。数控木工镂铣机上的坐标数和插补方式是非常重要的参数，特别是对雕刻复杂形状的木制品工件，其决定了加工的复杂程度。

2. 数控木工镂铣机的结构

图 4-11 为 NC516EJ 型数控镂铣机。此机为多主轴并列结构，适合各种家具部件的加工、雕刻。

1）主轴刀头

木工镂铣机一般采用电主轴作为切削动力，其主轴转速为 20000r/min。早期的木工镂铣机，使用皮带驱动主轴，这对刀轴固定、工件运动的情况较适宜。但对于刀头移动的数控木工镂铣机，因重量和大小的关系，用皮带驱动的方式结构不尽合理。为此，采用了适于数控木工镂铣机的电主轴作为切削动力。电主轴的结构如图 4-12 所示，其结构特征是将电动机内置于主轴内部直接驱动主轴，实现电动机和主轴的一体化。电主轴由无外壳电机、主轴、轴承、主轴单元壳体、驱动模块和冷却装置等组成。电机的转子采用压配方法与主轴做成一体，主轴则由前后轴承支承。电机的定子通过冷却套安装于主轴单元的壳体中。主轴的变速由主轴驱动模块控制，而主轴单元内的温升由冷却装置限制。在主轴的后端装有测

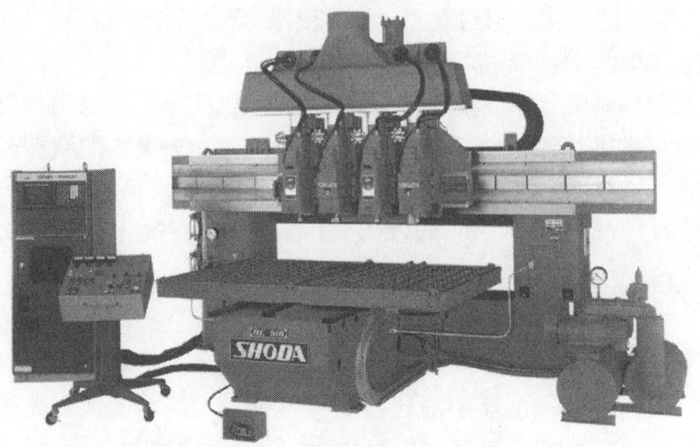

图 4-11　NC516EJ 型数控镂铣机图

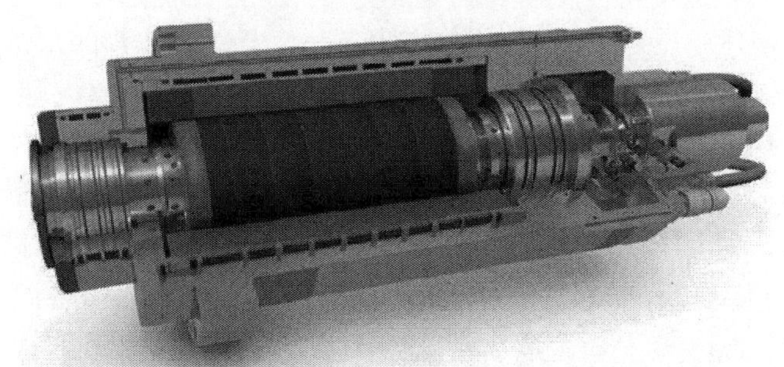

图 4-12　电主轴结构示意图

速、测角位移传感器，前端的内锥孔和端面用于安装刀具。其结构特点是高转速、高精密、低噪声、低温升、体积小、安装方便等。

由于刀轴是高速运转件，因此其润滑方式就显得非常的重要。典型的润滑方法是采用油雾润滑或汽油混合物润滑。前者是把润滑油雾化后对轴承进行润滑，润滑油不可再回收，对空污染较严重。后者是直接把润滑油利用高压空气吹进轴承，润滑作用的同时还起到散热的作用。现代新型木工镂铣机采用汽油混合物润滑方式，使轴承的润滑与冷却同时进行，轴承的精度高而寿命长。

2）进给机构

数控木工镂铣机的进给运动、机床溜板及刀架等的运动，是靠滚珠丝杠实现的。它的传动效率高，运动平稳，精度好，寿命长，并且可以预紧消除传动间隙，提高刚度。淬火和磨削后，它可以承受高达 $2.5m/s^2$ 的加速度或减速度所产生的力。在行程较长时，其丝杠轴径增大，防止受力弯曲。尺寸增大后，其转动惯量按比例增加。当行程大于 2.5m 时，一般采用齿轮齿条机构传递运动及动力。

数控木工镂铣机上的导轨，摩擦力必须小，且磨损少及刚性好，故一般采用滚动方式，主要有滚柱轴承和滚针轴承两种，如图 4-13 所示。现使用较多的滚子接触面导向滚针轴承，与淬火的方形断面特殊合金钢刮削导轨三面支承，能长期保持高精度。数控木工镂铣机的进给速度高达 8~15 m/min，有的高达 20 m/min。主轴的上、下滑动面采用合成树脂材质，这种光洁的加工面能吸收振动，具有自润滑性，较好的耐磨性，摩擦系数也较小，同时兼有面滑动和滚动的优点。

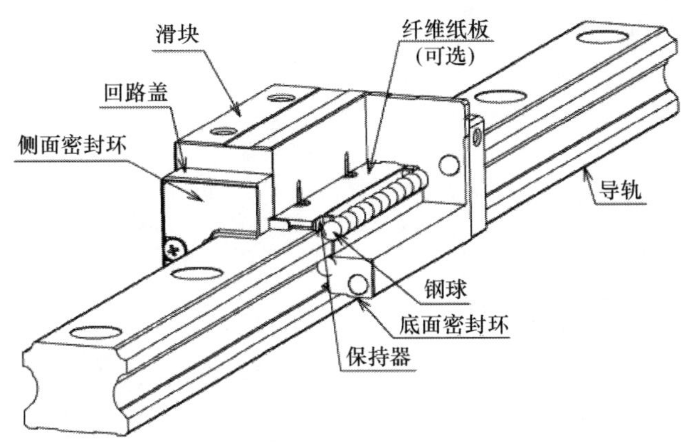

图 4-13　滚动导轨

3）数控操纵台

数控木工镂铣机配有可编程的多功能数控操作台和显示器，按预先编制的输入程序自动地控制并显示动作顺序。它可以按绝对坐标和相对坐标全屏幕编程，输入各种准备功能及辅助功能，有关刀具的信息等；能存贮和修改程序；设有自我诊断系统，能迅速地判断故障原因及提出改正方法。

4）NC516EJ 型数控镂铣机主要技术参数

坐标数	3 个
坐标行程	*X*：1300mm
	Y：2500mm
	Z：250mm
刀轴数	4 个
刀轴功率	8.5kW
刀轴转速	3000~18000r/min
工作台尺寸	1300mm×2500mm
行走速度	1~15m/min
风机功率	5.5kW
整机尺寸（长×宽×高）	4504 mm×2620 mm×2530 mm

4.2.3 多轴木工数控加工中心

以德国豪迈 Venture 316 型 5 轴木工数控加工中心为例（图 4-9），该机床具备智能型数控木工加工中心的显著特征，其优势体现在以下几方面。

（1）5 轴结构使得刀具方案更加灵活和经济（图 4-14），减少了大量使用的专用加工头，如水平钻，斜角锯，垂直锯等（图 4-15）。

（2）通常硬件配置需要蘑菇头夹具（图 4-16）和水平夹具（图 4-17），以及窄的真空吸盘。

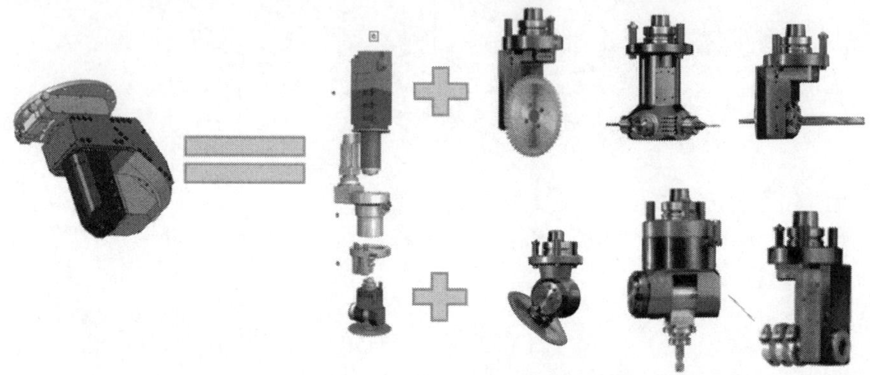

图 4-14 5 轴结构示意图

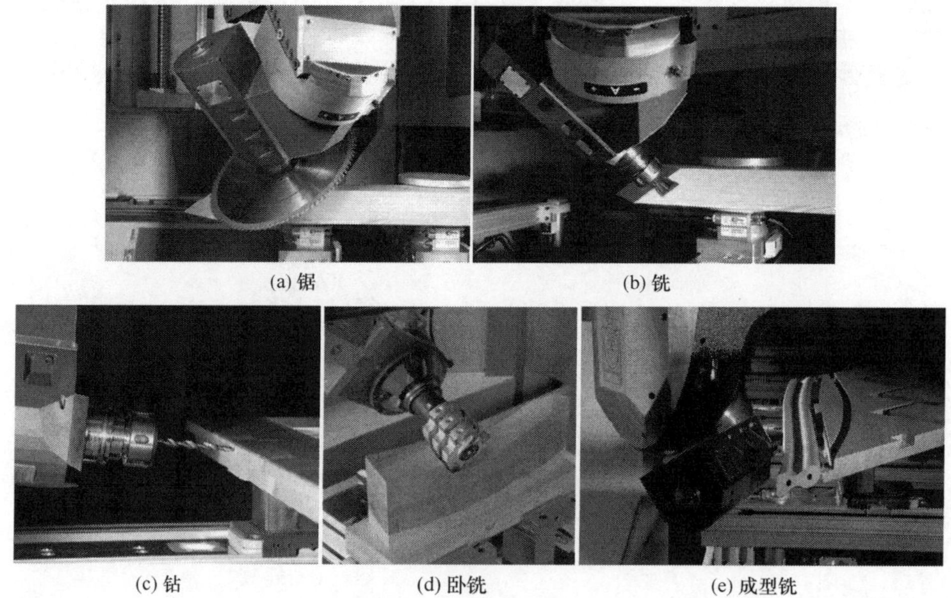

(a) 锯 (b) 铣

(c) 钻 (d) 卧铣 (e) 成型铣

图 4-15 多轴加工示意图

图 4-16　蘑菇头夹具

图 4-17　水平夹具

（3）通常软件配置需要 Wood CAD/CAM 软件接口。全中文界面的 woodWOP 软件：①设备自带一套软件；②办公室 woodWOP 套装（图 4-18）；③woodWOP 6.1 版本，3D 显示图形（图 4-19），内容融合了 Auto CAD 绘图功能，绘图更加方便；

图 4-18　woodWOP 软件界面

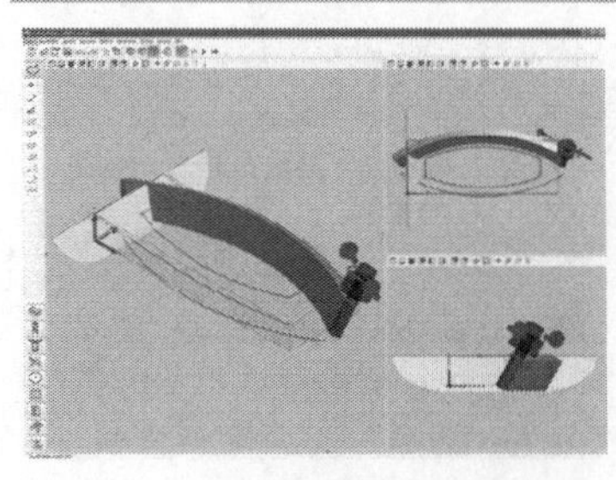
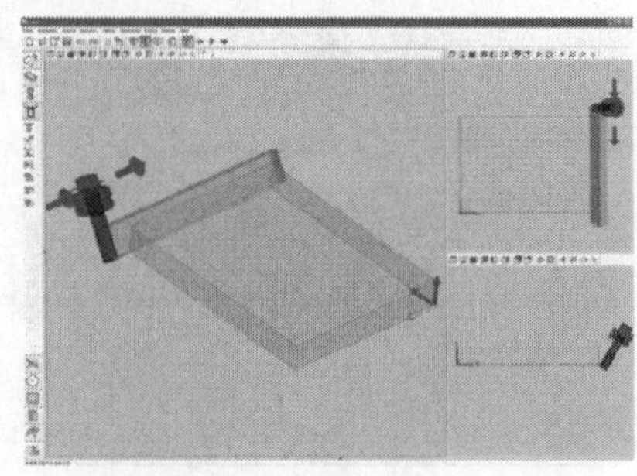

图 4-19　3D 显示图形界面

④80%的图形可直接在 woodWOP 6.1 中绘图、编辑，生成加工轮廓和加工程序；⑤dxf 格式文件直接导入。

（4）配有刀具振动监测（图 4-20）和故障诊断系统（图 4-21）。

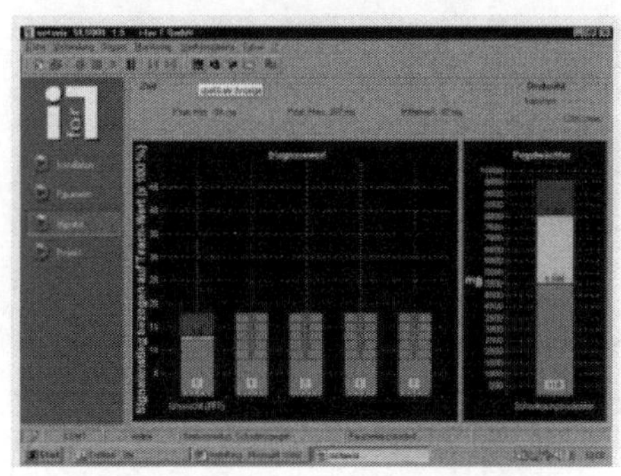

图 4-20　刀具振动监测界面图

图 4-21　故障诊断系统

复习题及作业题

1. 简述木工铣床的用途、类型及特点。
2. 分析立式单轴木工铣床刀轴与主轴连接形式。
3. 分析 MX5112 型主轴调整机构的结构组成、工作原理。
4. 简述木工数控铣床的分类、功能特点。
5. 简述数控加工中心的特点、功能优势。

第 5 章　其他主要类型木工机床

5.1　木工多工序加工机床

5.1.1　木工开榫机

木制品的连接广泛地采用榫结合的方法，这种方法是用一零件端头的榫头插入另一零件端头的榫槽中。榫槽与榫头的形式决定于零件的外形，例如：框架的结合采用木框榫结合［图 5-1（a）］，箱板结合则采用箱结榫，箱结榫又分为直角榫［图 5-1（b）］、半隐燕尾榫［图 5-1（d）］和燕尾榫［图 5-1（c）］。近年来，随着板式组合家具的发展，相继又出现了许多新形式的榫结合，如圆榫［图 5-1（e）］结合。圆榫结合目前可以用两种方法实现，即在两个零件结合处分别钻孔，将相应尺寸的圆榫头（在专用设备上制作）涂胶后压入一个零件的孔中，形成带圆榫头的零件，最后将两个零件以圆榫方式连接。这种结合方式的主要特点是：结构简单，便于制作，拆卸方便，特别适于板式组合木制品及经常拆卸的木制品。圆榫的另一种加工方法［图 5-1（f）］是利用专门制榫机床在零件上制出圆榫（或弧形榫底直榫）。图 5-1 中（g）、（h）、（i）、（j）分别示出了直榫、箱榫、燕尾榫槽及圆榫加工所采用的榫加工设备的工作原理。

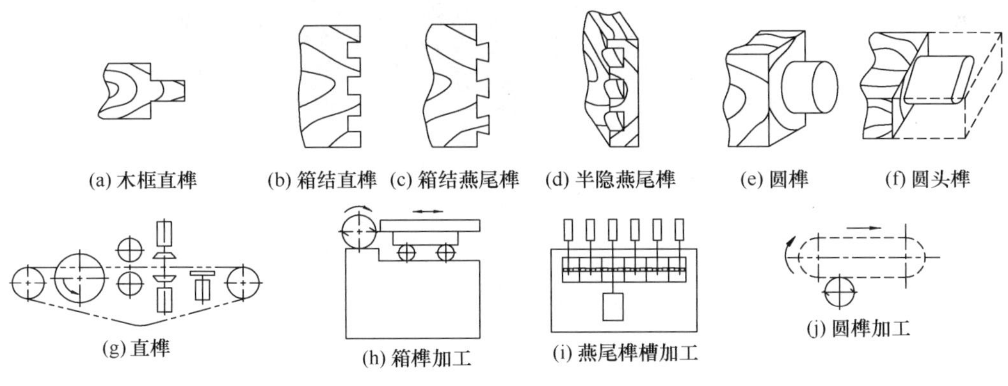

图 5-1　榫的结构及加工示意图

由于木制品榫头的差别及生产效率的要求，加工榫头的刀具及设备也不相同。

（1）按照开榫机加工的榫头的类型不同，分为木框榫开榫机、箱结榫开榫机、梳齿榫开榫机和圆榫开榫机（图 5-5）。其中木框榫开榫开又分为直角木框榫开榫机和圆弧木框榫开榫机，这两种开榫机又可分为单面开榫机（图 5-2）和双面开榫机（图 5-3）；箱结榫开榫机可分为直角箱结榫开榫机（图 5-4）和燕尾榫开榫机，前者可分为单面和双面，后者分为单轴和多轴。

图 5-2　单面木工框榫开榫机

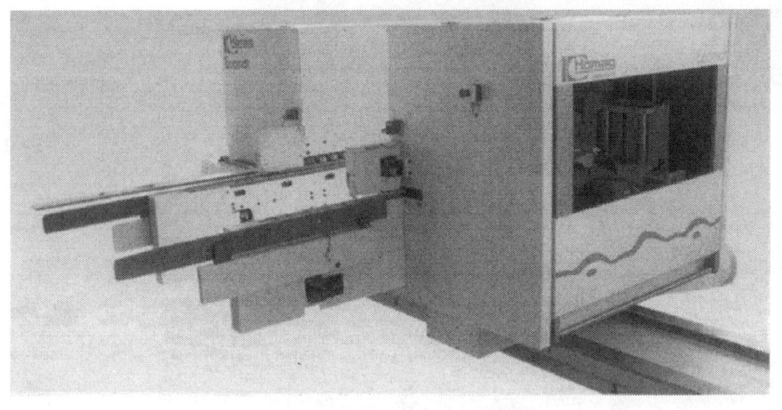

图 5-3　全自动双端开榫机

（2）按照进给方式又可分为手动进给开榫机（图 5-2、图 5-4）和机械进给的开榫机（图 5-3、图 5-5）。

（3）按照布局形式有两种结构，立式的和卧式的。立式开榫机上装有一个垂直主轴，轴上安装有几把直径相同的圆盘铣刀，用以切制不同类型的榫槽（图

5-3）。卧式开榫机具有几个水平主轴和垂直刀轴，主轴直接连接在电机上，工件夹紧在滑动工作台上，工作台可用手动和机械前后移动，实现榫头切削和进给运动（图 5-2）。

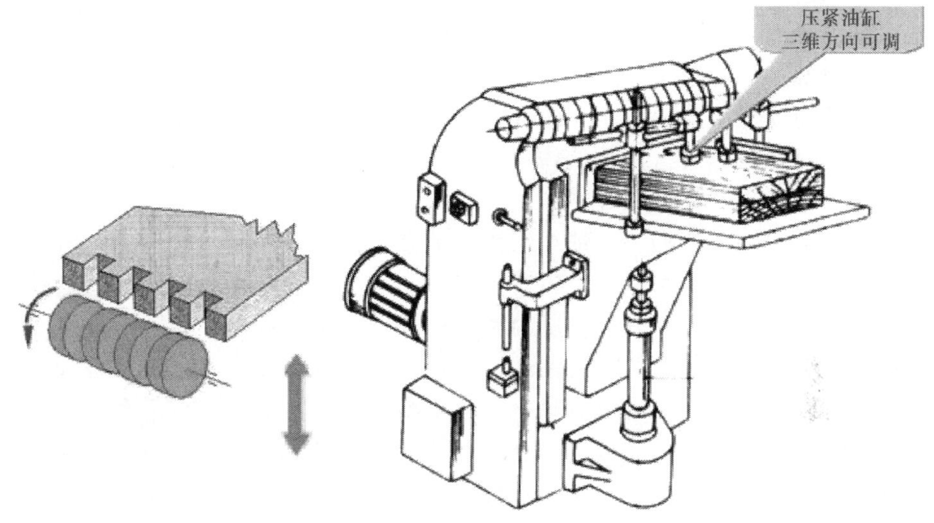

图 5-4　直角箱结榫开榫机

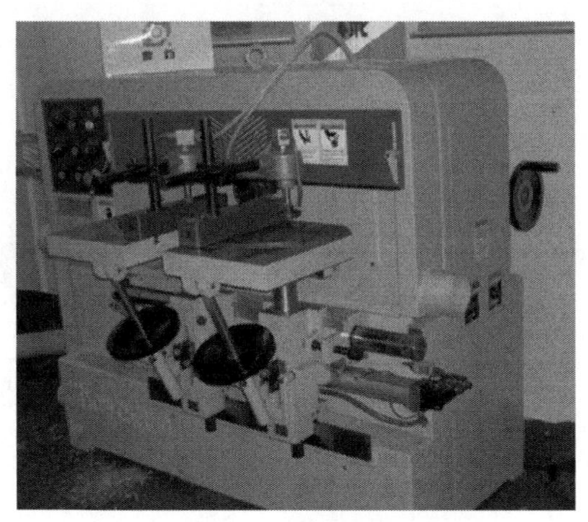

图 5-5　圆榫开榫机

（4）按型号分类：MD2116——单头木框榫开榫机；MD2216——双头木框榫开榫机；MX365——箱榫直角榫开榫机；MX3316——圆榫开榫机。

5.1.2 木工封边机

板式家具零部件边部处理方法主要有 4 种，包括涂饰法、镶边法、封边法和包边法，其中封边法和包边法是现代板式家具生产中零部件边部处理的常用方法。封边法是用薄木（单板）条、木条、三聚氰胺塑料条、PVC 条、ABS 条等压贴在零部件的边部。目前最流行的当数后成型、直线、软成型封边和手动曲线封边等几种工艺。经过封边处理的产品边部美观、大方、造型丰富；尤其是后成型，由于边部封边材料与贴面材料为一体，使产品更加完美，并具有防水、防火、防潮等特点。

封边机是用刨切单板、浸渍纸层压条或塑料薄膜（PVC）等封边材料将板式家具部件边缘封贴起来的加工设备。有时也可以用薄板条、各种染色薄木（单板）、塑料条、浸渍纸封边条，以及金属封边条等材料封边。其基本功能部分有板件和封边材料进给、封边条预切断、涂胶、压合、前后锯切齐头、上下铣边等机构，这些机构可以自动完成封边的最基本工序（图 5-6）。该机床的后部有一个长度为 550mm 的空间，在这个位置上可以配置布轮抛光、精细修边、带式砂光、刮光和多用铣刀等不同选配（图 5-7），用户可以根据产品类型及其加工工艺要求任意选择其中一种。

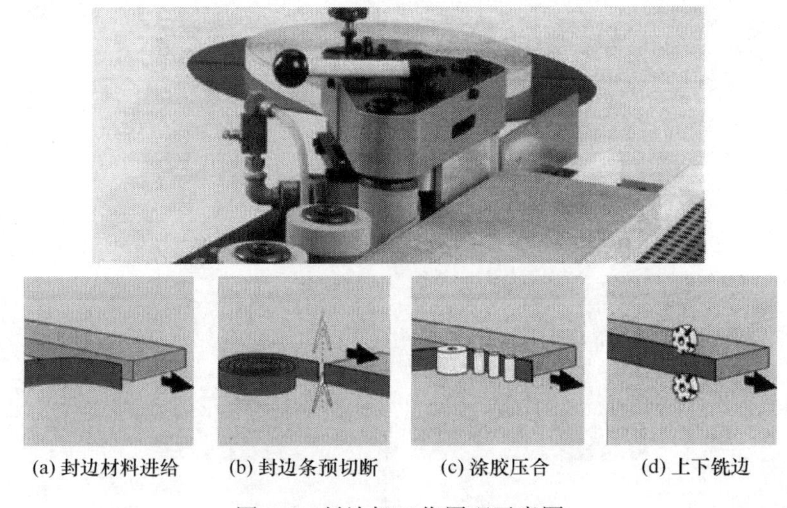

(a) 封边材料进给　(b) 封边条预切断　(c) 涂胶压合　(d) 上下铣边

图 5-6　封边机工作原理示意图

随着木材综合利用水平的提高和家具市场需求量的不断增加，板件封边技术也在不断地改进，封边设备也有了很大的发展。封边设备分为周期式封边机和连续式封边机（图 5-8）。前者结构简单，投资少，手工操作多，生产率低，主要适用于中小型家具生产企业，封边部件的装卸和封边后的修整作业均采用手工操作。

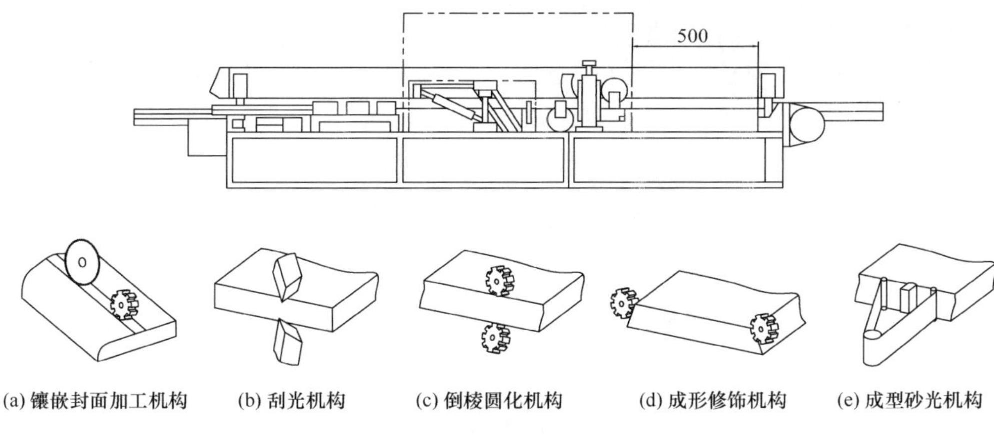

(a) 镶嵌封面加工机构　(b) 刮光机构　(c) 倒棱圆化机构　(d) 成形修饰机构　(e) 成型砂光机构

图 5-7　封边机选配功能示意图

图 5-8　连续式封边机

后者采用机械化、自动化、连续化封边技术，采用多工位联合机床，并可排入部件加工自动线，是目前国内外广泛采用的封边设备。

5.2　木 工 钻 床

木制品上的孔按工艺要求分为圆孔和槽孔，槽孔又分圆弧槽底的槽孔和平槽底的槽孔。这些孔主要用于与相应的木制品上的榫头结合，所以应具有一定的精度和表面质量的要求。木制品上各种孔是在不同类型的钻床上加工的（图 5-9）。

5.2.1　常用木工钻床类型

常用加工圆孔及圆长孔的木工钻床有以下几种类型：单轴圆孔钻床［图 5-9（a）］，多轴圆孔钻床［图 5-9（b）］，手动进给立式圆孔及圆长孔钻床［图 5-9（c）］，手动进给卧式圆孔及圆长孔钻床［图 5-9（d）］，手动去节补孔钻床［图 5-9（e）］，自动去节补孔钻床［图 5-9（f）］。

常用的方孔打眼机有如下几种类型：单轴链式打眼机［图 5-9（g）］，多轴链式打眼机［图 5-9（h）］，钻凿打眼机［图 5-9（i）］。随着木工机械科学技术水平的不断提高，国内外研制了一种新型圆榫榫槽机［图 5-9（j）］。

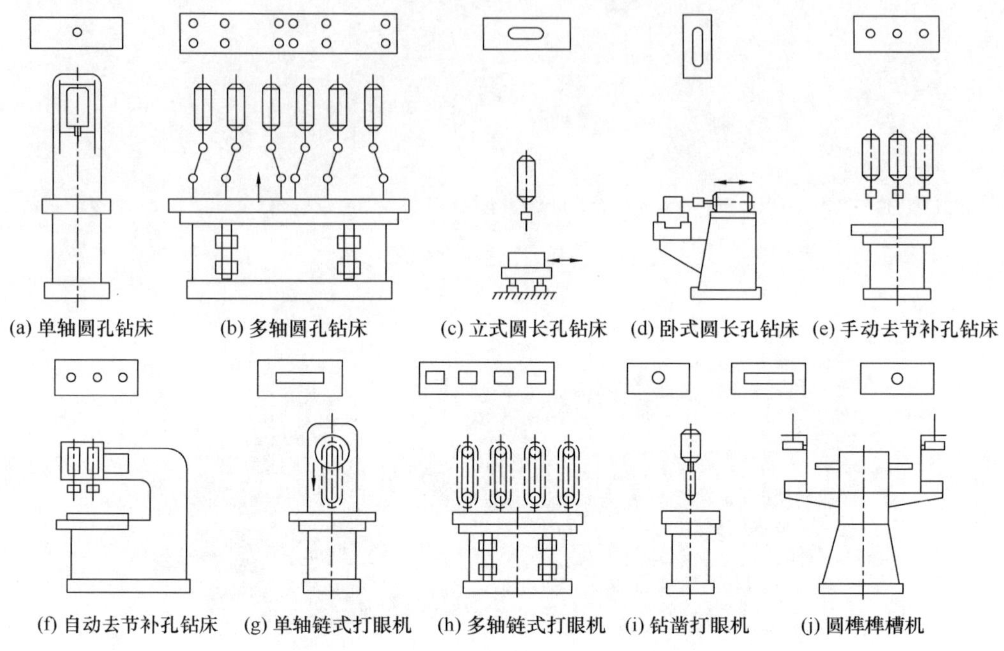

图 5-9 常用木工钻床类型示意图

木工钻床的种类通常按轴数（单轴、双轴、多轴）、排数（单排、双排、多排）、钻轴位置（立式、卧式，可倾斜式）、控制方式（手动、半自动、自动、数控等）、具体加工对象（通用型、专用型）以及钻孔深度等分类。典型木工钻床如图 5-10~图 5-13 所示。

5.2.2 典型木工钻床

用来钻圆孔的木工钻床中，手动或脚踏进给立式单轴杠钻床应用最普遍（图 5-10）。在这种机床上，主轴朝向放在工作台上的工件移动，以实现进给；但也有相反的情况，即钻头的支架不动，工作台带动工件向钻头移动。

工作台有不同的结构，包括固定的、可倾斜的、可升降的、可水平移动的。由于工作台运动的多种变化，扩大了钻床的功用，既可实现钻圆孔，又可根据工艺需要，实现钻头与工件的纵向水平运动，进行长孔加工。工件相对于刀具的定位方法是按照工件的画线找正，用定程挡块或用钻模定位。

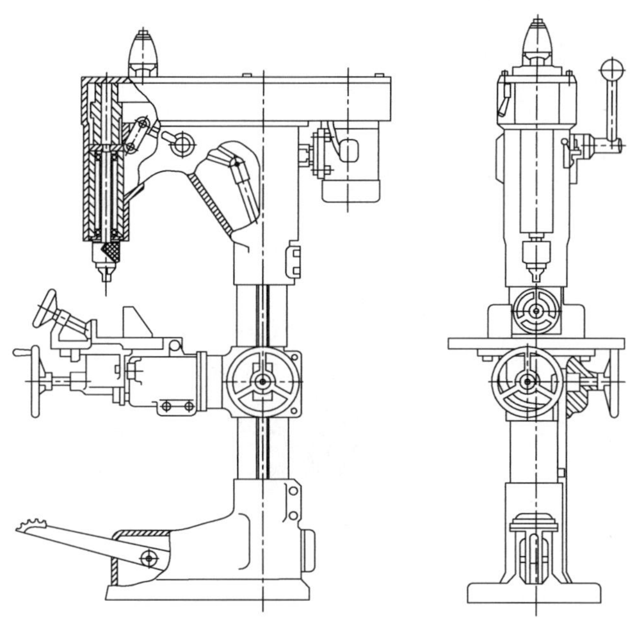

图 5-10　MZ515 型立式单轴木工钻床

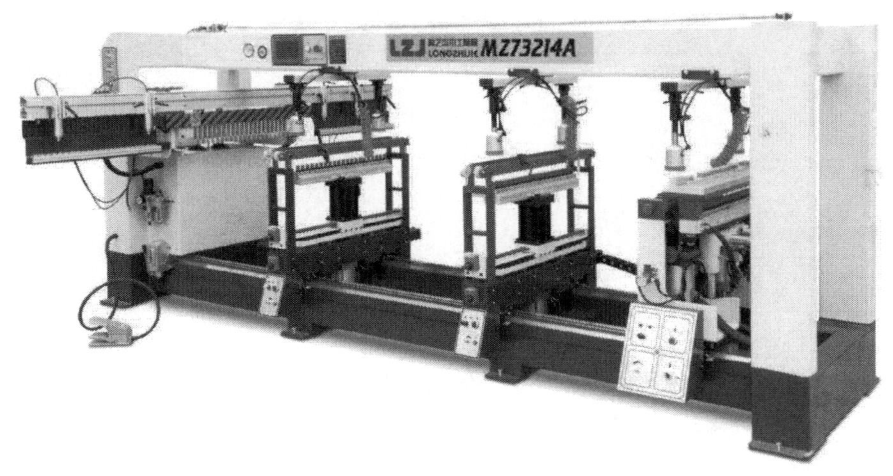

图 5-11　全自动多轴木工钻床

主轴可用皮带由装在床身上的电动机带动，或者用与主轴装在同一轴线上的电动机直接带动。为了提高钻床主轴转速，也可采用带大变速比升速机构的电动机直接带动。常用的电动机配三角带传动的方案，可以保证结构紧凑、传动可靠，但主轴转速不能根据加工的不同情况及所选用的钻头直径随时进行变换。另外，

图 5-12　木工榫槽机

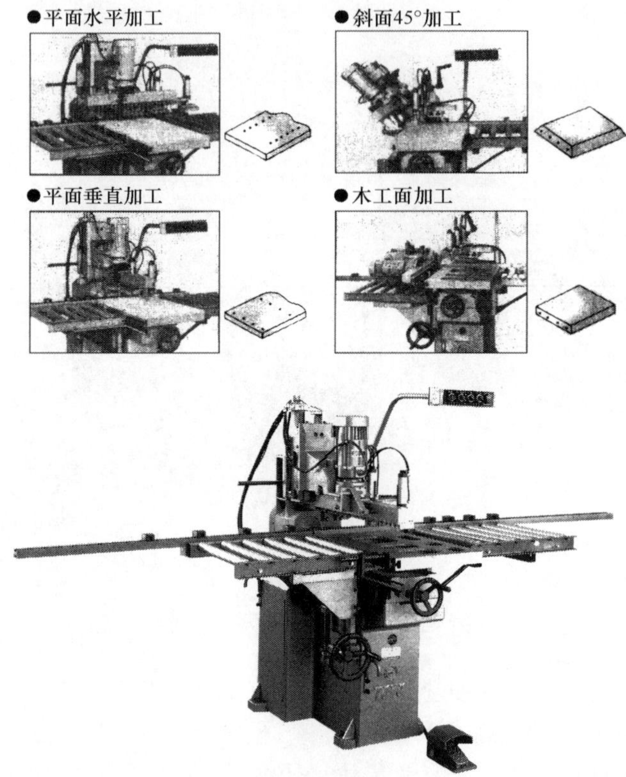

图 5-13　木工专用钻床

移动带电动机的刀架与只移动一个主轴相比所需的操纵力大，为了平衡主轴，可采用重锤装置或弹簧装置。

在大批生产中，为了在工件上按所需的排列顺序同时钻出几个孔，可采用多轴钻床（图 5-11）。多轴钻床主轴数目多达 30 根以上，通常是立式的，也有卧式的和组合式的。对于立式的，工件固定在垂直移动的工作台上，并向钻头进给，工作台的移动可用机械传动或液压传动来实现；液压传动能更好地调节进给速度，并可以进行自动化控制，提高加工的生产率。多轴钻床的主轴可根据工件的要求，钻削水平、倾斜，以及它们的组合布局的各类孔，各主轴的间距可做相应的调整。现代化多轴钻床的主轴大多数装在主轴箱内，主轴箱可垂直、水平或倾斜地相对工件移动（图 5-13）。

5.3　木工车床

木制品中的旋转体，如圆柱表面、异形表面以及端面，都是通过旋转运动和直线运动合成的，而车床和圆棒机就是根据表面成形运动的原理工作的。在车床上，工件旋转，车刀做直线纵、横向移动。在圆棒机上，工件直线纵向移动，刀具旋转。车床能车削工件的外圆表面和端面［图 5-14（a）］，而圆棒机只能铣削圆棒［图 5-14（b）］，不能完成其他加工。

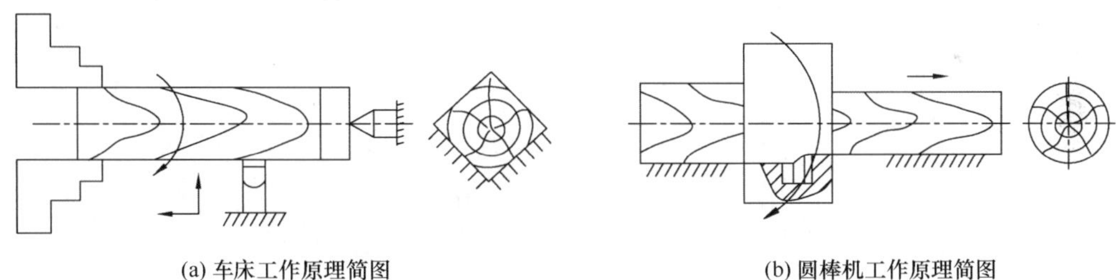

(a) 车床工作原理简图　　(b) 圆棒机工作原理简图

图 5-14　旋转表面零件加工原理示意图

车床根据用途不同可分为：中心车床［图 5-15（a）、（b）］、万能车床［5-15（c）、（d）］和端面车床［图 5-15（e）］，另外还有多刀木工车床、木工仿形车床等。

中心车床适用于加工柱形表面的工件，工件的两端固定在床头和尾架的两个顶尖上，车刀抵在托架［图 5-15（a）］或固定于刀架［图 5-15（b）］上，由手动控制车削的尺寸及形状。

万能车床在床头箱上安装有卡盘，不仅可加工柱形表面工件，还可加工各类盘形工件，根据操作机械化的程度可分为简易万能车床［图 5-15（c）］和普通万能车床[图 5-15(d)]。它们的区别在于普通万能车床带有夹紧刀具的复式刀架(保证刀具的纵向和横向移动)和溜板箱，从而实现车削的机动进给。为了加工大尺寸的盘形工件，在车床的床身上铸出一个凹槽，即可在床头上安装大尺寸的卡盘。为了增加机床的万能性，也可将床头箱制成双伸轴式。一端固定的大卡盘和落地式刀架可以加工大尺寸的盘形工件。端面车床专门用于加工各种尺寸的盘形工件。

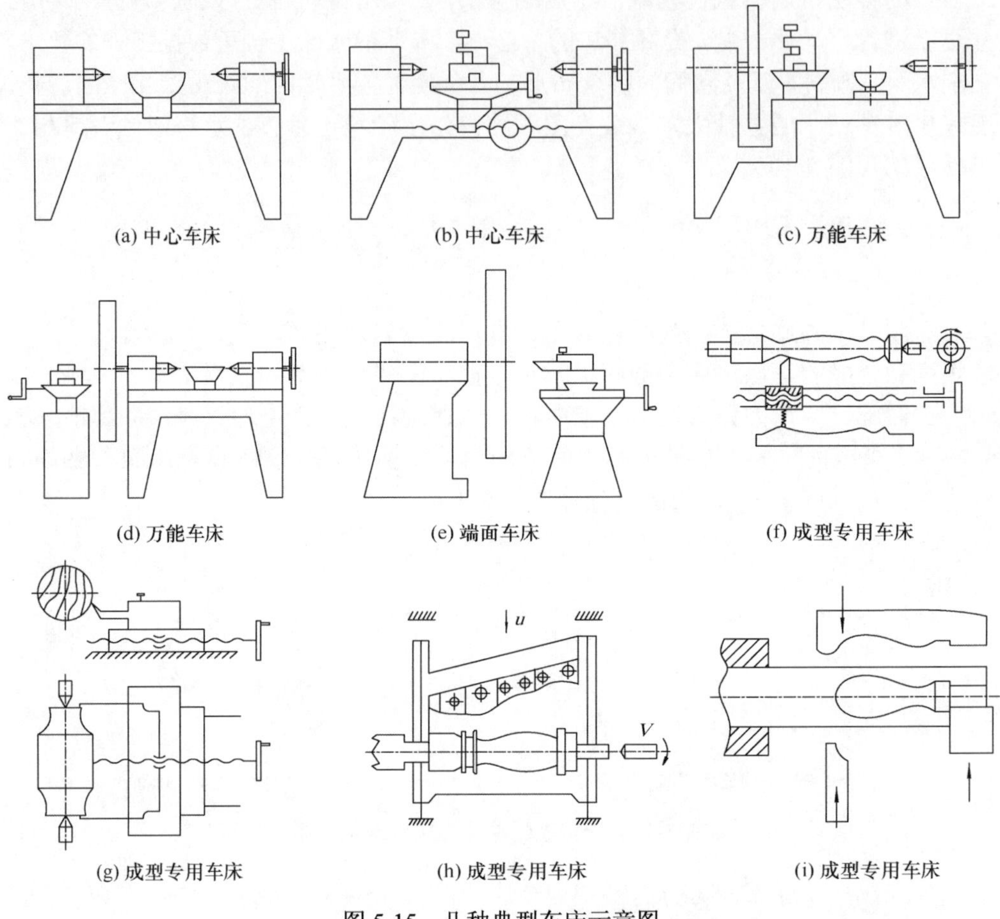

(a) 中心车床　(b) 中心车床　(c) 万能车床
(d) 万能车床　(e) 端面车床　(f) 成型专用车床
(g) 成型专用车床　(h) 成型专用车床　(i) 成型专用车床

图 5-15　几种典型车床示意图

根据加工要求，木工车床的主运动系统可按工件的直径、材质进行适当的变速。变速方法有塔形皮带轮有级变速和机械式皮带无级调速。主轴的变速范围较大，一般为 50~1300 r/min。若在车削加工时（如车削木质的螺纹）需主轴反向旋转，一般通过电机正反向实现，从而简化了机构设计。

简易的木工车床采用手动进给；功能较全的车床采用机动进给，机动进给的动力可以从主运动系统引出，也可由单独电动机带动。一般有内联系要求的，主运动与进给运动采用一个动力源，否则单独传动。在车削外圆时，刀架纵向进给速率为 0.25~1.3m/min；车削端面时，刀架横向进给速率为 0.07~0.40m/min。

工件在木工车床上的装夹与定位由床头上的卡盘和尾架上的顶尖来实现。为保证工件可靠地装夹，顶尖的前端部做的较锋利。卡盘的形式较多，常见的有三爪卡盘、拨盘等。为了提高细长木质工件加工时的刚度，现代化木工车床还配有中心支架。

适用于现代木工车削加工的木工车床配有可快速装卸的卡盘、可以纵横移动的刀架、进给机构、溜板箱、床头箱，还有加工大尺寸盘形工件的落地式刀架。这种机床的工艺性较好，加工范围宽，可加工直径 600mm 的盘形工件，或长度为 1750mm、直径为 200~300mm 的柱形工件。

近几年国外出现的万能木工车床，为了扩大机床的工艺范围，在普通车床的基础上，做了改进，将床头制成可以旋转 360°。这样即能加工外圆，又能加工端面。在车削端面时，可另加一个移动的床身。

此外，还有种类很多的专用木工车床，如靠模木工车床。这类车床有立式和卧式的，可以加工复杂的外形表面，如椅子腿、步枪枪托等不规则形状的产品。图 5-16 所示为全自动背刀仿形木工车床，图 5-17 所示为木工专用车床，图 5-18 所示为木工圆棒机。

图 5-16　全自动背刀仿形木工车床

图 5-17　木工专用车床

图 5-18　木工圆棒机

5.4　木工砂光机

木工砂光机（也称木工磨光机）是利用被覆磨料（砂纸或砂带）对各类木制品（如各类板材、木制品零件）的表面进行精加工的木工设备，用以提高制品的尺寸精度或表面光洁度，这其中也包括对油漆面的加工和为板材的二次加工（板材贴面）提供良好的基面。木工砂光机是现代木材加工工业中应用极为广泛的设备之一。

根据磨削机构的结构形式和加工方法不同，可以把砂光机分为以下四类：带式砂光机、盘式砂光机、辊式砂光机和刷式砂光机。由于加工制品和工艺要求不同，各类砂光机的结构、机械化、自动化程度也不同，并派生出许多同类型不同型号的砂光机。

5.4.1　带式砂光机

带式砂光机的磨削机构是将无端的砂带套在由 1 个主动辊和 1~3 个张紧辊或导向辊组成的传动装置上，主动辊的转动带动砂带连续回转，对木制品进行磨削加工。带式砂光机既可以加工板材或零件的平面，又可以加工成形表面或曲面，所以其结构形式也较多。

带式砂光机可以分为窄带式和宽带式两种，砂带宽度在 400mm 以内的称为窄带式，砂带宽度在 400mm 以上的称为宽带式。

窄带式砂光机的结构简单，其示意图如图 5-19 所示，它分为固定工作台式[图 5-19（a）、（b）] 和移动工作台式 [图 5-19（c）]，固定工作台式的窄带砂光机用于小平面的磨削，移动工作台式的用于大平面的磨削。根据加工工艺的要求，砂带的安装方式可以为水平配置、垂直配置 [图 5-19（e）]、倾斜配置 [图 5-19（d）] 以及呈松弛状态的配置，从而适应各种形状零件的加工。

用窄带式砂光机加工木制品时多采用手动进给，即手持木制品零件，用砂带砂削零件的被加工面，这样可以方便的加工零件的边、角，但生产效率较低。立式窄带木工砂光机如图 5-20 所示。

宽带式砂光机是功能最多、应用最广泛的一类砂光机，一般为机械进给的多砂架形式，并且根据功能的不同，其种类和结构也是不同的。图 5-21 为三砂架宽带式木工砂光机。

5.4.2　盘式砂光机

盘式砂光机的磨削机构是一个回转的圆盘，圆盘端面粘贴有砂纸。盘式砂光机主要用于小平面的砂光，如小木框和箱体的平面、侧面磨光，也可磨削棱边成弧形。

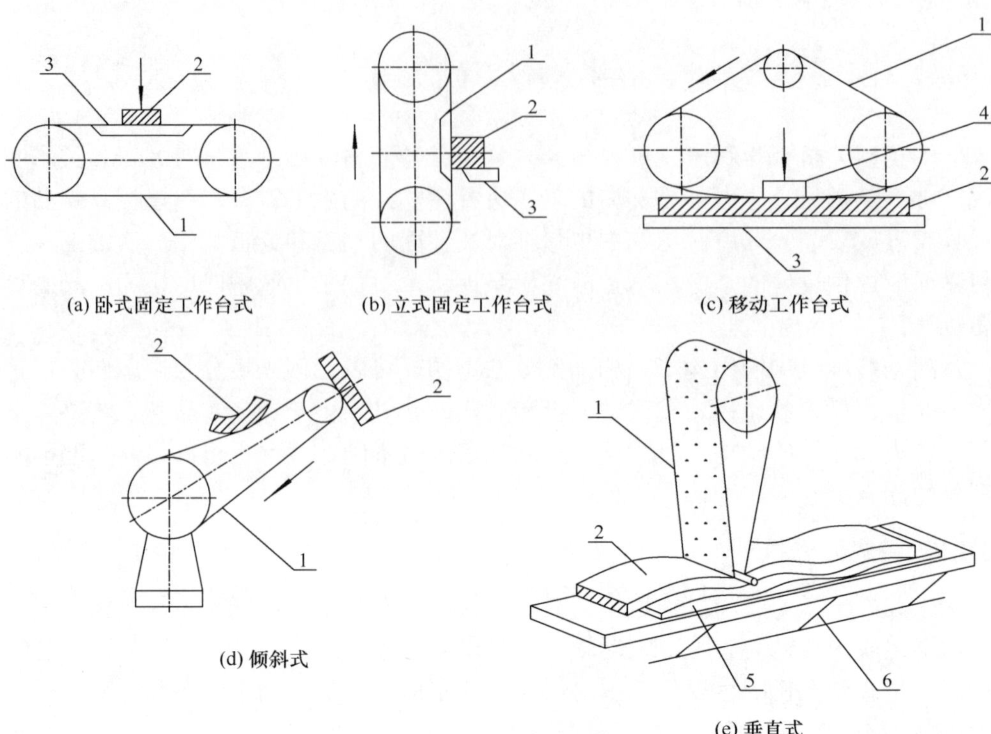

图 5-19　窄带式砂光机示意图

1. 砂带；2. 工件；3. 工作台；4. 压带器；5. 仿形样板；6. 浮动装置

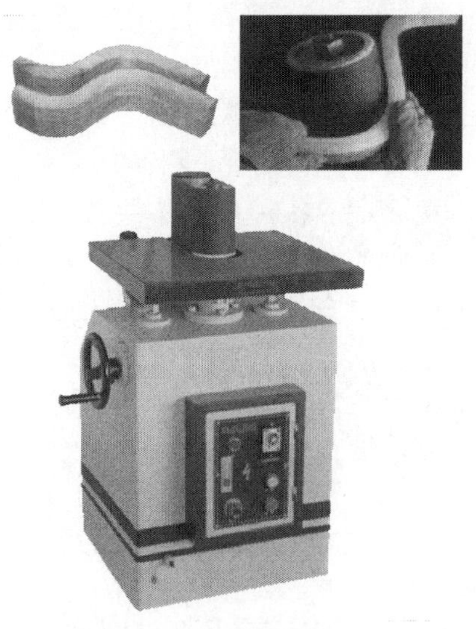

图 5-20　立式窄带木工砂光机

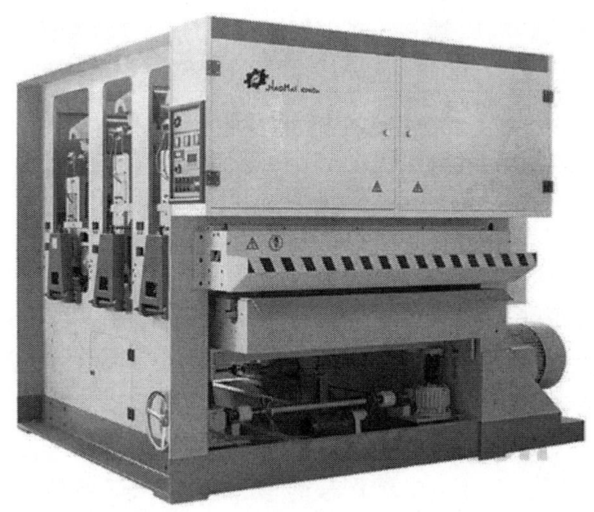

图 5-21　三砂架宽带式木工砂光机

盘式砂光机可分为单盘式和双盘式，或者立式和卧式（图 5-22）。双盘砂光机的磨盘通常垂直配置，其中一个用作粗砂，另一个用作精砂。砂盘在磨削时，沿砂盘径向各点的磨削速度是不同的，越靠近砂盘中心，其线速度越低，因此工件

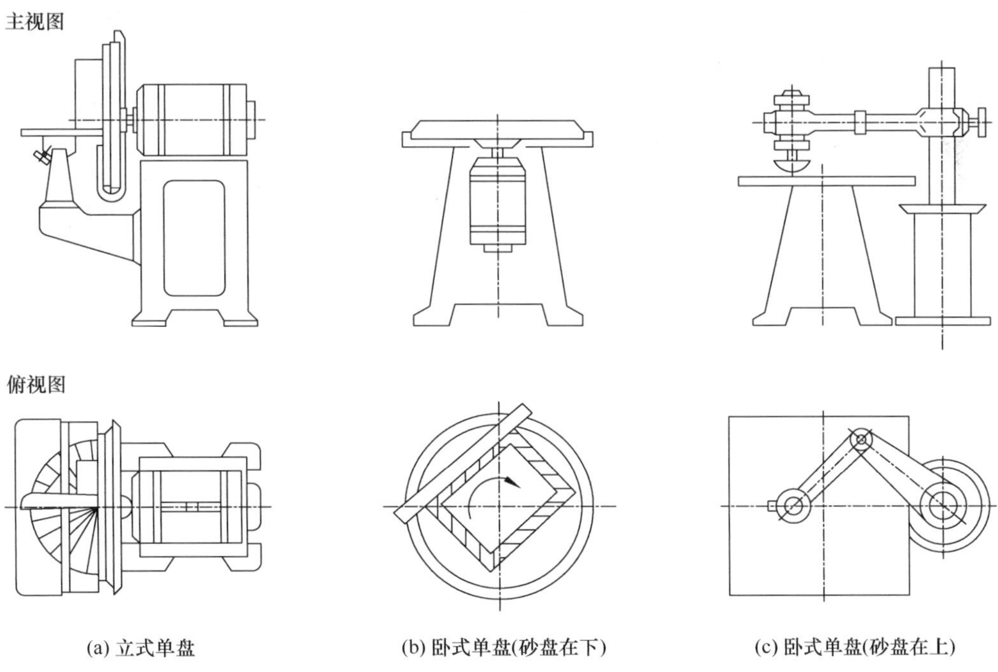

图 5-22　盘式砂光机

表面上会产生不同的磨削质量。生产中通常只利用砂盘直径的 30%左右，中心部分不作为磨削区。另外，磨削时必须使工件的纤维方向与砂盘线速度间的磨削角 Φ 尽量等于零，当 $\Phi = 90°$时，工件表面的磨削质量最差。

5.4.3　辊式及刷式砂光机

1）辊式砂光机

辊式砂光机是在辊筒的圆周面上包覆或卷绕砂布，砂辊在做回转运动的同时做轴向移动，工件通过手工或机械方式进给实现磨削加工。辊式砂光机可分为单辊和多辊两种类型。单辊砂光机主要用于板式制品、拼板、框架等木质构件的定厚砂光和表面砂光，用于大批量磨削宽幅面（一般为 800~2000mm）人造板的多辊砂光机已被宽带式砂光机所取代。

单辊砂光机是辊式砂光机中结构最简单的形式，按砂辊安装的位置分卧式和立式两种。单辊卧式砂光机主要用于磨削最大宽度为 400mm 的方材、拼板组件的表面。单辊立式砂光机主要用于磨削宽度和曲率半径不大的表面。

这种砂光机结构简单，制造容易，更换砂带方便，但砂带包紧程度不够均匀，砂带在磨削过程中还会自由伸长，使包紧程度逐渐放松，影响磨削质量。

2）刷式砂光机

刷式砂光机（图 5-23）是将若干的刷子和砂纸交错地安装在圆筒的圆周上，砂纸的另一端卷绕在套筒上。当圆筒高速回转时，砂纸利用本身的离心力和刷子的弹力压向工件表面进行抛光。当砂纸用钝时，可以从卷轴上抽出一段砂纸，将用钝的部分剪去即可继续使用。

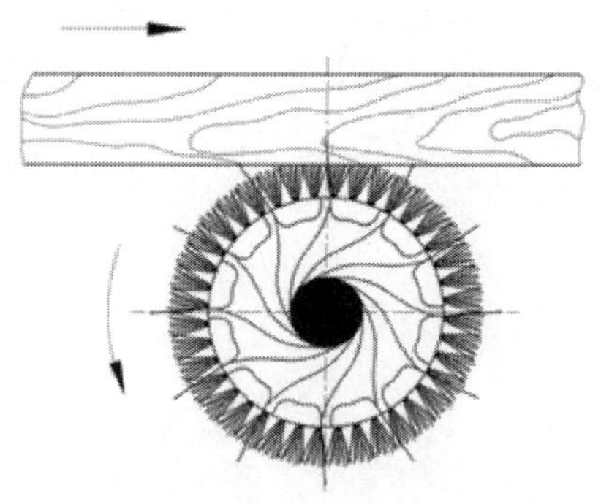

图 5-23　刷式砂光机工作示意图

这种砂光机适用于磨削成型表面和一些短小的木制品构件的修整砂光。为均匀地磨削成型表面，砂纸的工作端需剪成窄条形式。

除了上述几种主要类型砂光机以外，根据被加工零件的形状和要求不同，还有其他类型的砂光机，如成型砂光机、仿形砂光机、万能砂光机、专用砂光机和联合式砂光机等，适用于加工复杂形状和特殊形状的零件。

5.4.4　其他类型砂光机

1）自动仿形砂光机

OR-93 型自动仿形砂光机外形图如图 5-24 所示，它适用于桌椅的板面侧面的砂光。

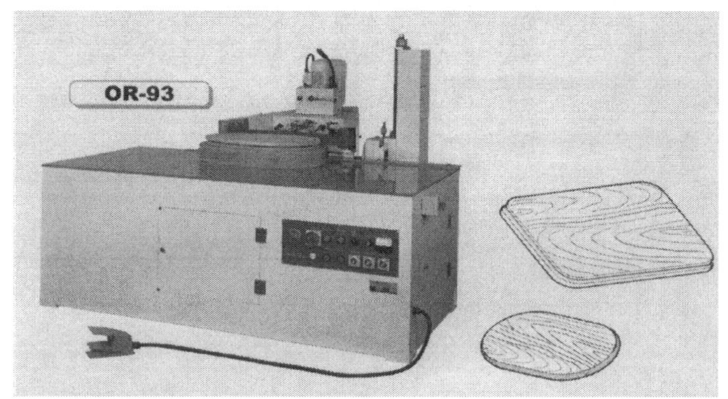

图 5-24　自动仿形砂光机

2）联合砂光机

联合砂光机（图 5-25）是将各种不同类型的砂光机，如窄带式、辊式、刷式砂光机组合在一起实现联合砂光的木工设备。联合砂光机主要用于特定形状工件（主要是具有曲面的板类零件）的砂光，其功能为各种砂光机功能的组合，可以一次砂削工件的各个被砂光表面（平面、曲面），减少工件的砂光工序。

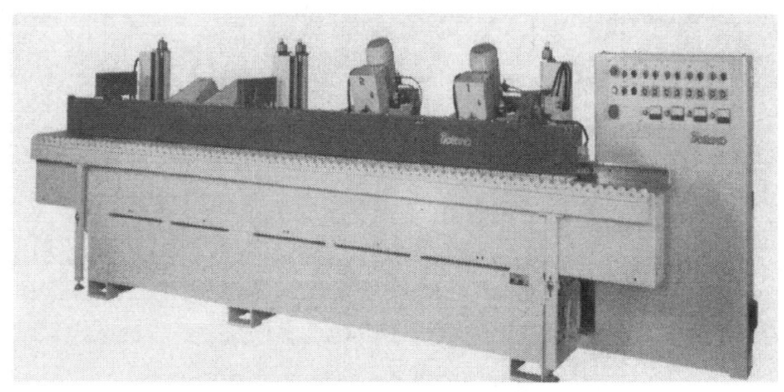

图 5-25　联合砂光机

3）移动式单盘砂光机

GOLIA43 型移动式单盘砂光机如图 5-26 所示，它主要用于砂光、润饰、擦净、修整木质地板和水泥地面，服务于地板铺装、住宅建筑、室内装饰等行业。

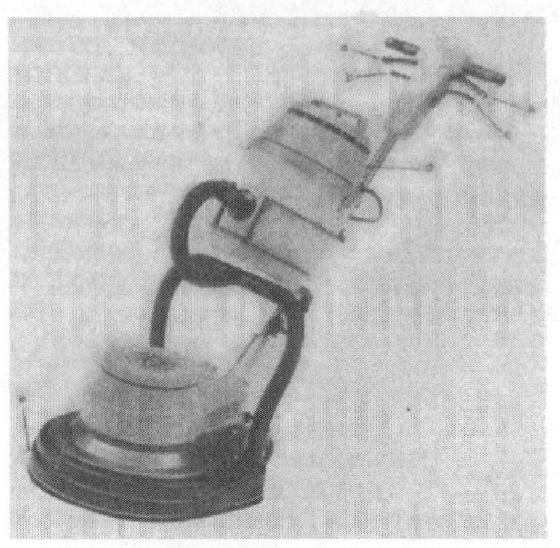

图 5-26　GOLIA43 型移动式单盘砂光机

4）宽带式刨砂机

宽带式刨砂机（图 5-27）是在宽带式砂光机的基础上加以改进而成，主要应用于砂削深度较大的工况。宽带式刨砂机是将刨刀刀轴安置在宽带式砂光机的进料端，其他结构与宽带式砂光机没有大区别，可以将其看成是刨床（压刨）与宽带式砂光机的组合，因而称为宽带式刨砂机。

图 5-27　宽带式刨砂机

复习题及作业题

1. 结合木榫结构说明木工开榫机的类型和特点。
2. 简述木工封边机的工作原理和辅助功能配置。
3. 结合图 5-10 分析 MZ515 型立式单轴木工钻床的结构组成及工作原理。
4. 简述木工车床和木工圆棒机的工作特点。
5. 分析木工带式砂光机的类型和特点。

下篇　人造板机械

第 6 章　人造板机械概述

人造板泛指利用原木或木材采伐剩余物、制材剩余物、加工剩余物（简称“三剩物”），以及竹材、农作物秸秆等生产的各类木质或非木质人造板材。种类上主要包括胶合板、刨花板、纤维板，以及利用上述材料进行二次加工生产的各类板材。

人造板机械是生产各类人造板所使用的机械设备。根据人造板种类的不同，人造板机械可分为胶合板机械、刨花板机械、纤维板机械，以及人造板表面装饰机械等。

6.1　人造板机械的特点

人造板机械与木工机床虽然同属木工机械，但两者之间还是存在着很大的差异的。一般各种实木或木材制品的制造主要以单件或小批量生产为主，因而木工机床总体上呈现为各类功能相对单一的小型或中型机械设备。对于特定种类的实木或木材制品生产，只需按其生产工艺需求配套选用几种所需的设备即可。但人造板生产更多的呈现为规模化的大批量生产，其设备构成总是以生产线形式存在的，虽然线上某一设备的功能也是单一的，但需要根据人造板的生产工艺要求、线上设备的整体功能要求，以及产品的质量与产量要求等严格配套选用。而且，人造板机械不乏大型或重型设备。因此，总体上人造板机械设备具有如下几个特点。

1）人造板机械的种类繁多，涉及的专业面广

人造板机械包括生产胶合板、纤维板和刨花板等各种人造板及其表面装饰加工（又称二次加工）等的机械设备。人造板的种类很多，使用的原料、采用的工艺方法不尽相同，导致人造板机械的种类繁多。这些设备中，有些是属于切削加工设备，如旋切机、削片机、砂光机等；有些是属于压力加工设备，如各种人造板预压机和热压机；有些是属于清洗、干燥设备，如木片清洗机，单板、刨花、纤维干燥机等；其他的机械设备种类还包括铺装类、运输类、分选类、计量类、容器类、后处理类设备等。

各种人造板机械由于用途、性能、工作原理和工作条件各不相同，它们的基

础理论、结构和技术要求也不同，涉及的专业知识相当广泛。除了与机械学科紧密关联外，有些设备还与其他学科门类的知识有关，例如，气流分选和气流铺装成型设备的基础理论与流体力学、空气动力学相关；而气流干燥设备除了和这两者相关外，还与传热和热力学相关。

2）人造板机械的工艺性和专用性强

性能优异的设备首先应该满足生产工艺的要求，人造板机械也是如此，而且工艺性更强。例如，热磨机的结构与热磨法制浆工艺有着密切的关系；单板干燥机的结构与单板干燥工艺有着密切的关系。生产胶合板、纤维板和刨花板使用的各种压机，因不同板种所要求的热压温度、板面压力、闭合时间等工艺要求不同，其结构上也体现出比较显著的差异。

人造板机械多为特定的工艺服务，这也导致其专用性很强，功能比较单一。例如，定心机仅能用来对旋切前的木段定心，旋切机仅能用来将木段旋切成单板，削片机仅能将木材原料切削成木片，环式刨片机仅能将木片切削成刨花等。

3）人造板机械的机械化和自动化程度高

由于人造板机械的专用性强、功能单一，在结构设计中只需考虑其核心功能，因而比较易于实现机械化和自动化。此外，目前除胶合板生产外，其他各类人造板生产均属于流水线生产，这也要求人造板机械应具有较高的机械化和自动化程度。为此，很多人造板机械综合运用了机械、液压、气动、真空、电子和自动控制等技术，已经实现了全线生产的连续化、机械化和自动化。

4）人造板机械的配套性、可靠性、维修性和安全性等性能要求高

由于人造板生产是连续化生产，为了能够充分发挥设备的综合生产能力，收到良好的经济效益，在选择和设计人造板机械时，需要充分考虑设备的配套性，即各种设备在规格、精度和生产能力等方面要相互配套，做到单机配套、机组配套和项目配套。人造板生产线中的成套设备，只要有一台设备发生故障，往往导致全线停产，因此要求人造板机械的可靠性要高，可维修性要好。很多人造板机械，特别是一些大型的、结构复杂、自动化程度高的设备，发生故障的可能性增多，设备事故造成的损失和破坏性也较大，这就要求人造板设备更应具有较高的安全性。

6.2 人造板生产工艺与主要设备

人造板机械的功能、作用与人造板生产工艺密切相关，且每种人造板生产工艺通常又包括多个具有不同原理、机制的工序。因此，各种人造板机械的构成原理必然会受到工艺过程的影响并且能够满足工艺过程的需求。这就要求在学习

人造板机械的结构、功能与工作原理之前，必须首先对人造板生产工艺有一定的了解。

在此，本书对人造板中胶合板、刨花板和纤维板的生产工艺作一个简要的介绍；本书后续内容涉及的人造板机械也选自于这三种人造板生产中使用的典型设备。

6.2.1　胶合板生产工艺和主要设备

胶合板生产的工艺流程按顺序主要包括以下几部分。

（1）木段准备：包括将原木锯截解成木段，进行水热处理和剥皮等工序；使用的设备主要是（原木）剥皮机。

（2）木段旋切：将木段定心、旋切成单板；使用的设备主要是木段定心机和旋切机。

（3）单板干燥：对单板进行干燥；使用的设备主要是单板干燥机。

（4）涂胶组坯：单板剪切、修补后，对其涂胶、制成板坯；使用的设备主要是单板涂胶机。

（5）板坯热压：对制成的板坯进行预压和热压、制成胶合板；使用的设备主要是胶合板压机。

（6）板材加工：对制成的胶合板进行齐边锯切和表面砂光；使用的设备主要是纵横裁边锯和砂光机。

6.2.2　刨花板生产工艺和主要设备

刨花板生产的工艺流程按顺序主要包括以下几部分。

（1）刨花制造：将木材原料削片、刨切成刨花、进行筛选；使用的设备主要是削片机、刨片机和振动筛。

（2）刨花干燥：对刨花进行干燥；使用的设备主要是刨花干燥机。

（3）刨花施胶：制胶，刨花拌胶；使用的设备主要是拌胶机。

（4）刨花铺装：将拌胶的刨花铺装成板坯；使用的设备主要是刨花铺装机。

（5）压制板材：对板坯进行预压和热压，制成刨花板；使用的设备主要是预压机和热压机。

（6）板材后处理：对压制的刨花板予以冷却、裁边、砂光和检验；使用的设备主要是纵横裁边锯和砂光机。

6.2.3　纤维板生产工艺和主要设备

纤维板生产的工艺流程按顺序主要包括以下几部分。

（1）原料准备：将木材原料削片、筛选和清洗；使用的设备主要是削片机、振动筛及木片清洗装置。

（2）纤维制备：对木片进行蒸煮和研磨解纤；使用的设备主要是热磨机。

（3）施胶干燥：对分离的纤维（浆料）进行施胶、施蜡，再干燥；使用的设备主要是纤维干燥机。

（4）纤维铺装：将纤维铺装成型为纤维板坯；使用的设备主要是纤维成型机。

（5）板材压制：对板坯进行预压和热压，制成纤维板；使用的设备主要是预压机和热压机。

（6）板材后处理：对压制的纤维板予以冷却、裁边、砂光和检验；使用的设备主要是纵横裁边锯和砂光机。

6.3　我国人造板机械的型号编制方法

6.3.1　型号编制方法

我国生产的人造板机械，其型号编制是按照国标《人造板机械设备型号编制方法》（GB/T 18003—1999）进行的。与木工机床的型号编制方法类似，人造板机械的型号也是由汉语拼音字母及阿拉伯数字组成，用以表示人造板机械设备的名称、类、组、型（系）代号，以及主要参数等，其型号表示方法如图 6-1 所示。

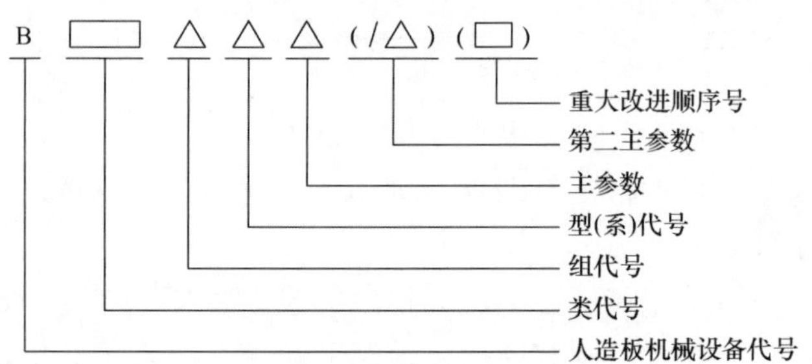

图 6-1　人造板机械的型号表示方法

图 6-1 中，“□”为大写的汉语拼音字母，“△”为阿拉伯数字，“()”为代号或数字。当“()”内无内容时，“()”省去不表示；若“()”内有内容时，应不带括号。图中各代号所表示的意义如下。

（1）人造板机械设备的代号，用汉语拼音字母 B 表示，以区别于其他种类的机械设备。

（2）人造板机械设备的类代号，用一个或两个汉语拼音字母表示，位于人造板机械代号之后。人造板机械设备共分 39 类，类代号见表 6-1。

表 6-1　人造板机械设备的类代号

序号	类别	代号	序号	类别	代号	序号	类别	代号
1	削片	X	14	刨切机	B	27	料仓	LC
2	铺装成型机	P	15	剪板机	J	28	分离机	FL
3	干燥机	G	16	挖孔补节机	K	29	电磁振动器	ZD
4	压机	Y	17	拼缝机	PF	30	磁选装置	CX
5	裁边机	C	18	组坯机	ZP	31	升降台	SJ
6	砂光机	SG	19	磨浆机	M	32	堆拆垛机	DD
7	施胶机	S	20	后处理设备	H	33	计量秤	JL
8	专用运输机	ZY	21	横截机	HJ	34	浸渍干燥机	JG
9	分选机	F	22	装卸机	ZX	35	磨刀机	MD
10	剥皮机	BP	23	分板机	FB	36	容器	R
11	定心机	D	24	冷却翻板机	LF	37	浓度调节器	TJ
12	旋切机	XQ	25	垫板处理设备	CL	38	拼接板机	PB
13	卷板机	JB	26	木片清洗机	QX	39	其他	QT

（3）人造板机械设备的组代号，用一位阿拉伯数字表示。

（4）人造板机械设备的型（系）代号，用一位阿拉伯数字表示。

（5）人造板机械设备的主参数，用折算值表示，由一位或两位阿拉伯数字组成，位于组、型（系）代号之后。当折算值大于 1 时，取整数，前面不加“0”；当折算值小于 1 时，则取小数点后第一位数，并在前面加“0”。以幅面值为主参数的设备，其幅面值以宽×长表示。

人造板机械通常以其工作尺寸（如最大工作宽度、最大加工宽度、最大加工长度、加工幅面等）或主要工作部件的尺寸（如直径、宽度、有效容积等）作为主参数，也有的以生产能力、总压力、振动次数或最大载荷为主参数的。

（6）人造板机械设备的第二主参数，用一位或两位阿拉伯数字表示。

人造板机械的第二主参数通常也以设备的工作尺寸或主要工作部件尺寸来表示。当人造板机械只用主参数还不足以说明设备的主要性能或规格时，才会选取第二主参数，相反，则不需要第二主参数。

（7）人造板机械设备的重大改进顺序号。当设备的性能及结构布局有重大改进，并按新产品重新试制和鉴定时，才能在原型号之后按汉语拼音字母 A、B、C 等顺序选用，加于主参数之后，以区别原型号，但 I、O 两个字母不允许选用。

人造板机械设备类、组、型（系）的划分、以及型号中主参数、第二主参数折算系数可查阅国标 GB/T 18003—1999。

6.3.2 人造板机械型号示例

例1 刀盘直径为2200mm，安装12片飞刀的多刀盘式削片机的型号为BX1122/12。

例2 鼓轮直径为1200mm的双鼓轮环式刨片机的型号为BX4612。

例3 旋切木段最长度为2700mm、最大直径为1300mm的液压双卡轴旋切机的型号为BXQ1627/13。

例4 经一次重大改进的、旋切木段最大长度为1320mm的无卡轴旋切机的型号为BXQ1813A。

例5 磨盘直径为915mm、主轴转速为1500r/min的热磨机的型号为BM119/15。

例6 经过第一次重大改进的、最大工作宽度为2600mm（网带宽度2750mm）的三层喷气网带式单板干燥机的型号为BG183A。

例7 铺装宽度2490mm的移动式气流铺装机的型号为BP3725。

例8 成型宽度1460mm的机械式干板坯铺装成型机的型号为BP2115。

例9 压制人造板幅面为1220mm×2440mm，总压力为500kN的框架式多层热压机其型号为BY114×8/5（型号中幅面尺寸单位由毫米转化为英尺）。

例10 最大加工宽度1300mm的四砂架宽带式砂光机的型号为BSG2713。

人造板机械设备的型号不仅是一个代号，而且还能表示出设备的名称、主要规格、性能和结构特征等，这给人造板机械的设计、制造、使用、经销和管理等方面带来了很大的方便。

复习题及作业题

1. 简述人造板机械具有的特点，及形成各个特点的原因。
2. 简述胶合板生产的工艺流程，及生产中所使用的主要设备。
3. 简述刨花板生产的工艺流程，及生产中所使用的主要设备。
4. 简述纤维板生产的工艺流程，及生产中所使用的主要设备。
5. 简述人造板机械设备的型号编制方法。
6. 人造板机械设备的主参数和第二主参数一般使用哪些参数？

第 7 章　旋　切　机

7.1　概　　述

7.1.1　单板旋切的基本原理

旋切机是胶合板生产中的主要设备之一，用来将木段旋切成单板。单板旋切的基本原理可由下图 7-1 表示。左、右卡轴夹紧木段 1 的两端并带动其旋转，安装在刀床上的旋刀 3 平行于卡轴轴线并沿其垂直方向作进给运动，沿木段年轮方向旋切出等厚的单板。压尺 2 的作用是给单板施加一定的压榨率，防止单板在旋切过程中大量折断。

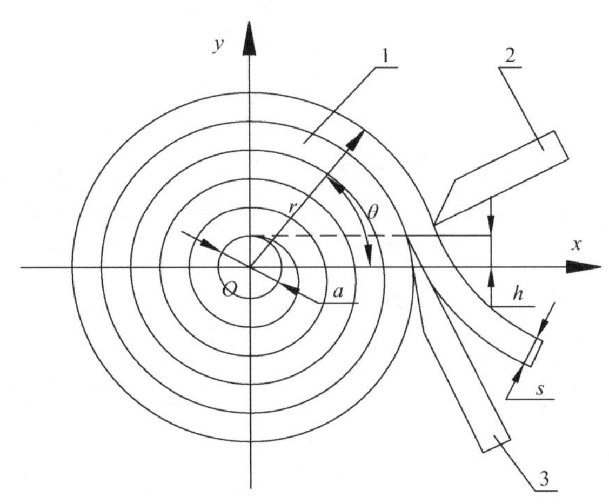

图 7-1　单板旋切原理示意图

1. 木段；2. 压尺；3. 旋刀

按卡轴带动木段旋转的转速是否可调，旋切过程可分为恒转速旋切和恒线速旋切。恒转速旋切指卡轴带动木段旋转的角速度恒定，这样旋切时随着木段直径的减小，单位时间内产出的单板量随之减少，生产效率降低。恒线速旋切指卡轴带动木段旋转的角速度逐渐增大，旋切时旋刀刀刃与木段接触点的线速度保持恒定，单位时间内产出的单板量也恒定，从而保证生产效率不降低。

无论是恒转速旋切，还是恒线速旋切，为了获得一定厚度的单板，都应使卡轴每旋转一周，刀床的进给量保持不变，其进给量大小等于单板的名义厚度。改变这个进给量，就可以获得不同厚度的单板。

旋切过程中，旋刀刀刃在木段横断面上所走过的轨迹称为旋切曲线（图 7-1），其运动方程为

$$r^2 = a^2\theta^2 + h^2 \tag{7-1}$$

式中：r——木段的瞬时半径；

s——旋切单板的厚度；

a——阿基米德螺旋线的分割圆半径或渐开线的基圆半径，$a = s/(2\pi)$；

θ——极角，由 Ox 方向算起；

h——装刀高度，即旋刀刀刃距卡轴轴线水平面的距离。

当 $h = 0$ 时，旋切曲线为阿基米德螺旋线；当 $h > 0$ 时，旋切曲线类似于阿基米德螺旋线。当 $h = -a$ 时，旋切曲线为圆的渐开线；当 $h < -a$ 或 $h > -a$ 时，旋切曲线分别为伸长了或缩短了的渐开线。

7.1.2　旋切机的分类和组成

1）旋切机的分类

旋切机按木段是否绕自身轴线旋转可分同心旋切机和偏心旋切机两类，同心旋切机又分为有卡轴旋切机和无卡轴旋切机两种。

有卡轴旋切机按卡轴对木段的夹紧方法，可分为机械夹紧和液压夹紧；按木段每端的卡轴数又可分为单卡轴和双卡轴。机械夹紧的卡轴均为单卡轴；液压夹紧的卡轴有单卡轴和双卡轴之分。无卡轴旋切机工作中木段是由摩擦辊定心并驱动的。偏心旋切机夹紧木段可由卡轴或卡梁夹紧。偏心旋切的单板可获得美观的径向花纹，但生产效率比同心旋切的低。

旋切机按旋切木段的尺寸可分为大型、中型和小型。大型旋切机可旋切的木段最大长度在 2m 以上，木段最大直径可达 ϕ1.6m；中型旋切机旋切木段的长度为 1~2m；小型旋切机旋切木段的最大长度一般在 1m 以下，直径在 ϕ0.5m 以下。

2）旋切机的组成

如图 7-2 所示，有卡轴旋切机主要由卡轴箱 1、进给箱 2、机座 3、左卡轴 4 和右卡轴 8、刀床 5、压尺架 6、防弯压辊 7、操纵装置 9 和驱动装置 10 等组成。卡轴箱分左、右两部分，用来夹持并带动木段旋转。刀床和压尺架分别用来安装旋刀和压尺，并根据旋切的单板厚度来调节压尺位置，以保证所需的压榨率。刀床进给机构由进给箱和进刀座两部分组成。进给箱用来改变单板的旋切厚度，进刀座把进给箱输出轴的旋转运动变为刀床的直线进给运动。大型旋切机还设有防止木段受力弯曲的防弯压辊装置。以上部件都装在机座上；机座用型钢焊接或用

铸铁铸成箱形结构，具有良好的强度、刚度和抗振性能。为了排除木芯，有的旋切机机座上设有排料口，在地基上设有地沟，用链式或带式运输机把木芯运走。

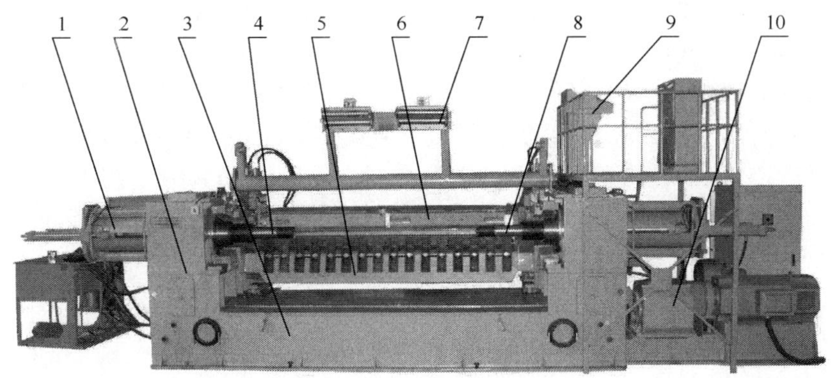

图 7-2　有卡轴旋切机的组成

1. 卡轴箱；2. 进给箱；3. 机座；4. 左卡轴；5. 刀床；6. 压尺架；7. 防弯压辊；8. 右卡轴；9. 操纵装置；10. 驱动装置

7.1.3　旋切机的主要技术参数

旋切机的主要技术参数包括旋切木段的最大长度、旋切木段的最大直径、旋切单板的厚度、卡轴和卡爪的直径、卡轴转速和主电机功率等。

1）旋切木段的最大长度

旋切木段的最大长度是旋切机的主参数，它主要取决于胶合板成品的幅面尺寸，并考虑热压后锯边的加工余量及原木截断的长度公差和截断面的偏斜误差。一般情况下，旋切木段的最大长度等于成品的幅面尺寸加上 100~300mm。

旋切机旋切木段的最大长度取决于左、右卡轴顶尖之间的最大距离，该距离通常为旋切木段的最大长度加上 100mm 左右，以保证卡轴的顶尖与木段端面之间有足够的装卸间隙。左、右卡轴顶尖距离的变化范围决定了卡轴的最大伸出量。考虑到左、右卡轴夹紧木段时，木段的轴向位置与旋刀的偏差，旋刀的长度要比旋切木段的最大长度大 150~200mm。

2）旋切木段的最大直径

旋切木段的最大直径是旋切机的第二主参数，并与旋切木段的最大长度相适应。旋切木段的最大直径确定后，旋切机卡轴轴线距机座的高度，以及刀床距卡轴轴线的最大距离也就确定了。通常卡轴轴线距离机座的高度比旋切木段的最大半径大 100mm 左右。

3）旋切单板的厚度

旋切机旋切单板的厚度范围一般为 0.25~5.5mm。特殊用途旋切机旋切单板的厚度，最厚可达 12mm，最薄可达 0.05mm。根据旋切机的用途，一般可选择 30 至 50 余种不同规格的旋切厚度。旋切单板的厚度范围及其规格数量基本上决定了旋切机进给箱的结构和尺寸，它是设计旋切机进给箱的主要依据。

4）卡轴和卡爪的直径

旋切机卡轴和卡爪的直径不仅决定着本身强度和所能传递的最大扭矩，同时影响着木芯的直径，因此必须选择合理。卡轴直径主要由旋切木段的最大长度和最大直径决定，单卡轴旋切机的卡轴直径一般取 ϕ70~130mm；对于双卡轴旋切机，内卡轴的直径取 ϕ75~120mm，外卡轴直径取 ϕ150~220mm。旋切机旋切木段的最大长度和直径较大时，卡轴和卡爪的直径取大值；反之则取小值。

单卡轴旋切机通常配有一组不同直径的卡爪，以传递不同的扭矩、减小木芯的直径，但在旋切中更换卡爪很不方便，且影响生产效率。双卡轴旋切机小卡爪的外径与内卡轴直径相同，大卡爪直径大于外卡轴直径，这样既能保证最大的出材率，又能满足传递最大扭矩的要求。

5）卡轴转速与主电机功率

卡轴转速既决定旋切机的生产效率，也影响旋切单板的质量。旋切机卡轴常用的最高转速为 180~240r/min，旋切速度约为 3m/s。

旋切机主电机功率与多种因素有关，如旋切木段的树种、蒸煮状态、旋切长度和速度、旋刀的研磨角和后角、压尺的形式和压榨率等。旋切机常用的主电机功率为 30~55kW。

7.2 旋切机的传动系统

7.2.1 旋切机传动系统的组成

旋切机的传动系统包括主传动系统、刀床工作进给和快速进退传动系统，以及卡轴轴向伸缩传动系统。

主传动系统是指从主电机到卡轴的传动链，主传动把动力传递给卡轴，使卡轴按一定的转速带动木段旋转。恒转速型旋切机的卡轴转速是恒定的，即木段旋转的转速恒定；恒线速型旋切机的卡轴转速随木段直径的减小而增大，能够保证单板旋切的生产效率，因而旋切机大多采用恒线速旋切的形式。

刀床工作进给传动系统是指从卡轴到刀床的传动链，它主要实现对刀床进给速度的调节，从而调整旋切单板的厚度。刀床工作进给传动系统必须采用刚性传动，如齿轮传动和链传动，以保证速比的准确性和单板的厚度均匀。

刀床的快速进退一般采用单独的电机驱动齿轮传动链实现，其目的是为了减少辅助时间，使刀床在旋切前快速接近木段，旋切后快速退回。卡轴的轴向移动可采用单独的电机或通过丝杠螺母机构实现，也可采用液压传动实现，其作用是驱动卡轴夹紧木段。

为保证运动件的安全，刀床的工作进给和快速进退必须互锁，刀床和卡轴运动的前后极限位置应设置限位开关。

7.2.2　旋切机传动系统的结构

1. 典型旋切机的传动系统结构

1）BQ1127/13 型旋切机的传动系统

BQ1127/13 型旋切机主要采取手动操作进行上木、木段卡紧、单板旋切等过程，其传动系统的结构虽然比较复杂，但传动链路清晰，非常便于理解。BQ1127/13 型旋切机的传动系统如图 7-3 所示。

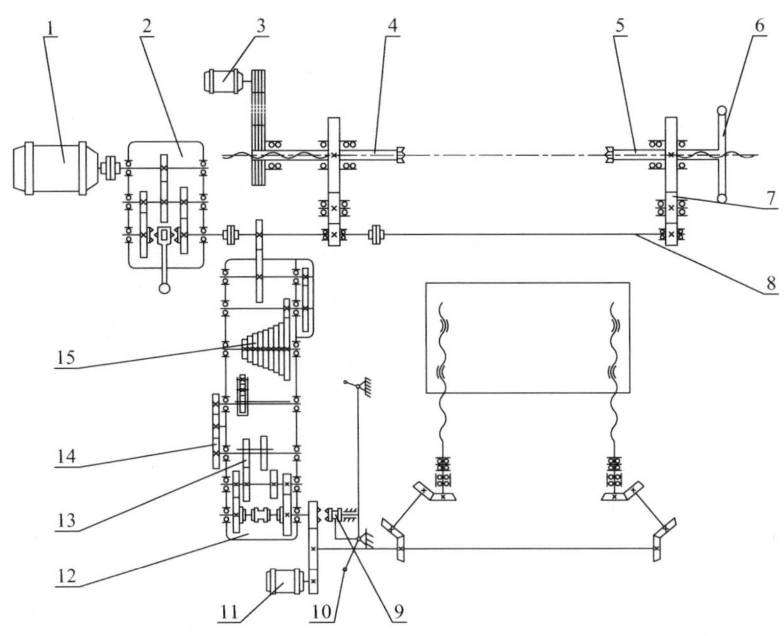

图 7-3　BQ1127/13 型旋切机传动系统

1. 直流电动机（主电机）；2. 变速箱；3、11. 电动机；4、5. 卡轴；6. 手轮；7. 齿轮传动副；8. 传动轴；9. 离合器；10. 离合器操纵手柄；12. 进给箱；13. 滑移齿轮；14. 交换齿轮；15. 塔轮

卡轴的旋转由功率为 38kW、转速为 350~1400r/min 的直流调速电动机 1 经变速箱 2、传动轴 8 等带动齿轮传动副 7 实现。其中，变速箱 2 可以输出两种转速，并与直流电动机配合，使卡轴转速在 16~96r/min 范围内可调。

木段采用机械夹紧的方法，当要获得足够的夹紧力或进一步夹紧木段时，需振动带闸，这时靠主电机驱动，并通过卡轴 4 的位移来实现。卡轴 4 的快速移动由 5.5kW 的电动机 3 带动，通过带传动和丝杠螺母机构驱动卡轴轴向移动，移动速度为 1.32m/min。卡轴 5 为支持卡轴，通过手轮 6 调整其轴向位移量。

进给箱 12 采用塔轮 15、交换齿轮 14、滑移齿轮 13 及离合器进行变速。传动时，传动轴 8 的转动通过齿轮首先传递到塔轮传动组，再经交换齿轮传递到滑移齿轮传动组，配合离合器对齿轮传动链的选择，使刀床按不同的进给速度运动，从而改变旋切单板的厚度。

刀床的快速运动由 3kW 的电动机 11 驱动齿轮传动副实现，移动速度为 1.74 m/min。手动离合器 9 用来接通或切断进给箱 12 输出轴与刀床传动轴的连接，从而保证刀床工作进给传动和快速进退传动之间的互锁。

2）V26-AB 型旋切机的传动系统

日本 V26-AB 型旋切机传动系统的结构与 BQ1127/13 型旋切机差别不大，进给箱也采用塔轮、交换齿轮、滑移齿轮及离合器进行变速。其主要差别在于该机的塔轮传动组有两条传动链路，从而成倍增加了刀床进给传动的级数，使可旋切单板厚度规格更多。此外，该机在卡轴轴向移动以及对木段夹紧时采用了液压驱动的方式。V26-AB 型旋切机的传动系统如图 7-4 所示。

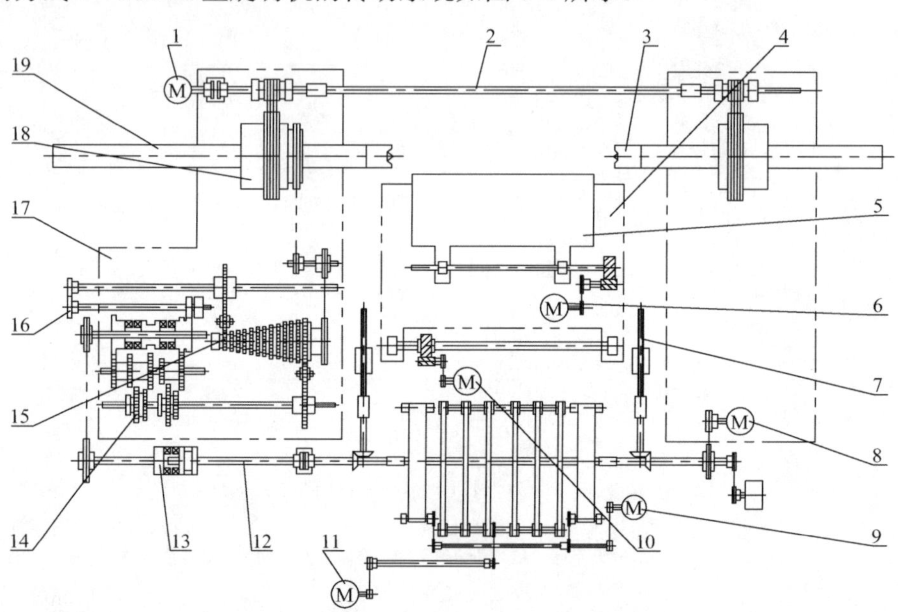

图 7-4　V26-AB 型旋切机传动系统

1. 主电机（110kW）；2. 主传动轴；3. 右卡轴；4. 刀架；5. 压尺架；6. 压尺调整电机（0.4kW）；7. 进给丝杠；8. 刀床快速进退电机（7.5kW）；9. 两侧单板边条的输送带电机（0.75kW）；10. 旋刀初始后角调整电机（0.75kW）；11. 单板输送电机（5.5kW）；12. 刀床传送轴；13. 离合器；14. 滑移齿轮；15. 塔轮；16. 交换齿轮；17. 进给箱；18. 大链轮；19. 左卡轴

V26-AB 型旋切机旋切木段的最大长度为 2780mm，最大直径为 1650mm；主轴最大转速为 200r/min，旋切单板的厚度可在 0.5~5.5mm 范围内选择 54 种规格。该机的自动化程度较高，旋切单板时对运动件的调整均由电机来实现。图 7-4 中附注给出了 V26-AB 型旋切机使用的电机数量及功率。

7.2.3 主传动系统常用的调速方法

旋切机旋切单板的速度由卡轴转速和木段直径决定，其中，卡轴转速是决定生产效率和影响单板质量的重要参数。为了获得优质单板及提高生产效率，旋切速度应保持恒定。但是，如果卡轴转速不变，旋切过程中随着木段直径的变小，旋切速度会越来越低。因此，旋切机的主传动系统一般都采用变速传动。主传动系统的变速方案主要有以下几种。

1）异步电动机和齿轮变速箱组合

齿轮变速箱的调速范围较大，可达 8∶1 以上。转速级数可以设计得较密，可以利用恒功率输出的电机，电机效率和功率因数均较高。齿轮变速箱坚固耐用、维修方便。但调速范围大、变速级数多的齿轮箱结构复杂，变速操纵不方便，变速过程缓慢，变速时容易使单板拉断，故限制了它的应用。

2）多速异步电动机

异步电动机的转速与电网频率呈正比，与磁极对数成反比，改变磁极的对数就可以改变转速。常用的多速异步电动机有双速、三速和四速三种，其调速范围为（3∶1）~（8∶1）。但电机极对数越多体积越大，故四速以上很少采用。由于旋切机的负载在切削速度一定时是恒功率的，而阻力矩随着木段直径变小而减小，故在旋切机上应采用恒功率的多速异步电动机。

3）直流电动机

通过改变直流电动机外加直流电压或励磁电流均可改变电动机的转速，实现平滑的无级调速。前者为恒转矩调速，后者为恒功率调速。由于恒线速旋切时旋切机的负载是恒功率的，所以应尽可能利用改变励磁电流方法进行调速。但它的调速范围不大，一般为 4∶1，特殊的可达 6∶1~8∶1，故还需配合改变外加直流电压进行调速，其调速范围可达 10∶1。

7.3 旋切机的卡轴箱

卡轴箱的作用是使卡轴做轴向移动，夹紧或放松木段，并带动木段做旋转运动，克服旋切中的各种阻力矩。旋切机有左、右两个卡轴箱，箱体用螺栓及定位销固定在整体的机座上。按驱动卡轴作轴向运动方式的不同，可分为机械夹紧卡轴箱和液压夹紧卡轴箱两种。

7.3.1 机械夹紧卡轴箱

图 7-5 为 BQ1127/13 型旋切机的卡轴箱结构图。

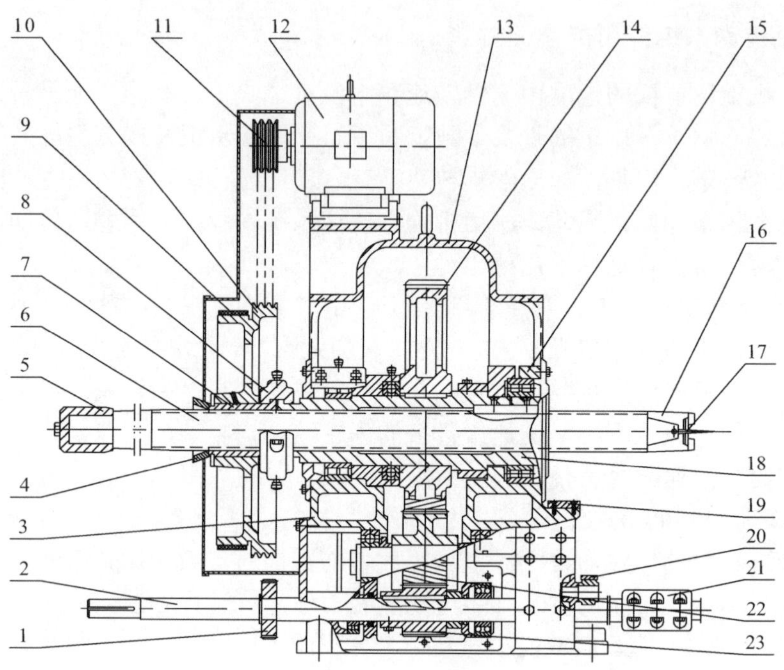

图 7-5 BQ1127/13 型旋切机机械夹紧卡轴箱

1. 直齿轮；2. 主传动轴；3. 箱体；4. 限位套；5. 套筒；6.卡轴；7. 螺母；8. 对开滑动轴承圈；9. 制动钢带；10. 大皮带轮；11. 皮带轮；12. 电机；13. 箱盖；14. 大斜齿轮；15. 轴承座盖；16. 卡爪；17. 钉针；18. 轴套；19. 主滑道；20. 副滑道；21. 联轴器；22. 中间斜齿轮；23. 小斜齿轮

卡轴 6 装在轴套 18 内，用滑键联结。轴套与大斜齿轮 14 用平键联结，并通过二个双列向心短圆柱辊子轴承安装在箱体 3 的轴承座内。轴承座是剖分式的，其座盖 15 可打开、便于安装轴承。主传动轴 2 由主电机经变速箱驱动。主传动轴经小斜齿轮 23、中间斜齿轮 22、大斜齿轮 14 以及轴套 18 带动卡轴旋转。直齿轮 1 把主传动轴的动力传给进给箱。

卡轴的快速移动及初步夹紧木段是由电机 12 通过皮带传动使螺母 7 旋转实现的。大皮带轮 10 用平键与螺母联结，并用锥端紧定螺钉固定。螺母用对开滑动轴承圈 8 与轴套相连，其轴向位置是固定的。当螺母旋转时，与它螺纹配合的卡轴便做轴向移动，并初步夹紧木段。卡轴进一步夹紧木段需要较大的轴向力，因而由主电机来驱动。此时，用制动钢带 9 刹住大皮带轮的凸缘，限制螺母的转动，当主电机驱动卡轴旋转时，卡轴慢速轴向运动，以较大的轴向力夹紧木段。

为了承受木段作用于卡轴上的轴向力，在后轴承座上设有单向推力球轴承。在卡轴尾端固定有一个带外锥面的套筒 5，在大皮带轮上固定有一个带内锥面的限位套 4，用来防止卡轴从螺母 7 中脱出。

卡轴箱的箱体 3 由铸铁铸成，上部设有箱盖 13，用螺栓连接。在卡轴箱的内侧有主滑道 19 和副滑道 20。主滑道用来支承刀床的主滑座并对刀架的水平进给起导向作用。副滑道的一端用销轴与卡轴箱箱体连接，另一端搁置在螺钉上。调节螺钉高度即可改变副滑道的倾斜度，以改变旋刀在旋切过程中后角的变化率。

主传动轴 2 通过两个双列向心球面辊子轴承安装在轴承座内。联轴器 21 用来把运动传递给另一个卡轴箱，使左右卡轴同步旋转传递扭矩。

机械卡轴箱的卡轴是依靠螺母及卡轴螺纹的相对运动来实现轴向位移的，这种结构虽然较简单，但劳动强度大，费时费力，而且夹紧力不易控制。如果夹紧力太小，引起卡头打滑不能传递旋切时所需的足够扭矩；如果夹紧力太大，容易损伤木材，还可能引起木段弯曲。因此，新型的旋切机都采用液压夹紧的卡轴箱。

7.3.2 液压夹紧卡轴箱

液压夹紧卡轴箱分单卡轴和双卡轴两种结构形式。液压夹紧卡轴箱卡轴旋转运动的传动方式与机械夹紧卡轴箱相似，由主电机经主传动轴、齿轮（或链轮）带动轴套和卡轴旋转，卡轴的轴向移动则由液压缸带动。

1）液压夹紧单卡轴箱

图 7-6 为卡轴和活塞杆做成整体的液压单卡轴结构。卡轴尾部通过两个圆锥辊子轴承与液压缸活塞相连，这样既可将液压油作用于活塞的轴向力传递给卡轴，

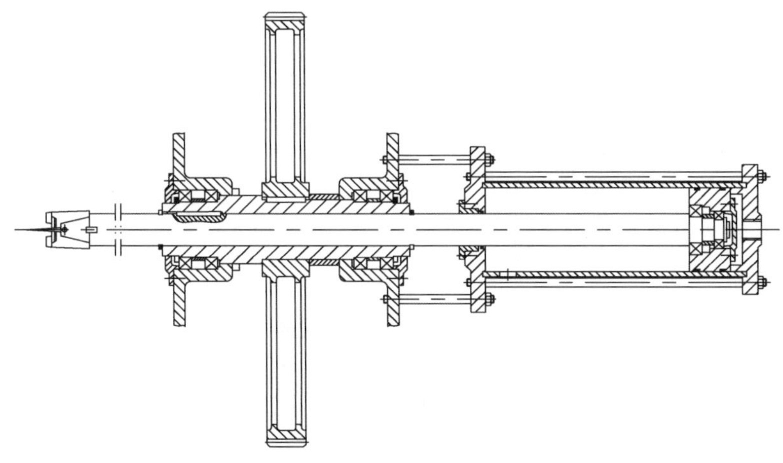

图 7-6 卡轴和活塞杆整体式液压单卡轴结构

实现夹紧或放松木段，又可防止活塞同卡轴一起旋转，提高了活塞密封圈的使用寿命。该结构的缺点是旋切时活塞杆与油缸端盖密封圈经常处于摩擦状态，密封圈磨损后易引起漏油；卡轴直接在轴套中滑动，磨损后修理或更换均较麻烦、且费用高；另外，卡轴较长，加工困难。

图 7-7 为卡轴和活塞杆做成分段式的结构。卡轴 5 的尾部装有轴承座 6，活塞杆 10 的前端用双向推力球轴承装在轴承座内。由于采用了分段结构，在修理卡轴等零件和更换密封件时拆装方便，卡轴和活塞杆可采用不同材料制造。为了防止因轴承座自重引起对油缸密封件及导向套的单边磨损，在活塞杆端部装有可沿导杆 7 滑动的支承块 8。为防止卡轴与轴套直接摩擦，采用了花键衬套 1 和衬套 4 作导向件。花键衬套还起传递扭矩的作用，它的外表面用键与轴套相连。衬套采用青铜等材质，使用寿命长，修理更换方便，可保持卡轴的旋转精度。该结构的缺点是轴向尺寸大，制造精度要求高。

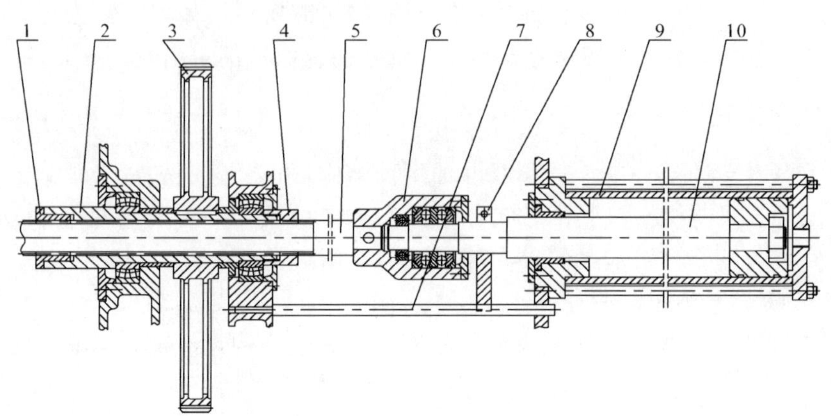

图 7-7　卡轴和活塞杆两段式液压单卡轴结构

1. 花键衬套；2. 轴套；3. 大齿轮；4. 衬套；5. 卡轴；6. 轴承座；7. 导杆；8. 支承块；9. 油缸缸体；10. 活塞杆

2）液压夹紧双卡轴箱

液压夹紧双卡轴箱由内、外卡轴组成，内、外卡轴由各自的油缸驱动做轴向移动。当开始旋切大直径木段时，内、外卡轴同时夹紧木段，以传递大的扭矩。当木段被旋切接近至大卡头外径时，外卡轴与大卡头缩回，内卡轴仍夹紧木段继续旋切到接近内卡头外径为止。由于使用内卡轴进行旋切时，木段直径已较小，所需扭矩不大，故液压双卡轴的内卡轴直径比单卡轴箱的卡轴直径小，剩下的木芯直径也小。根据卡轴油缸的排列方式可分为串联油缸式和并联油缸式液压夹紧卡轴箱。

串联油缸式液压夹紧双卡轴箱的结构如图 7-8 所示。大链轮 3 通过阶梯键 4

同时带动轴套5和外卡轴6旋转。外卡轴又通过两个阶梯键2带动内卡轴1旋转。内、外卡轴分别与两个油缸的活塞杆为整体，卡轴末端用两个圆锥辊子轴承与油缸活塞7、8相连；活塞的缸体同轴排列。这种结构的缺点是内、外卡轴和大、小油缸的同心度要求高；因活塞杆转动，油缸的密封较困难；因卡轴长度大，致使其加工困难。

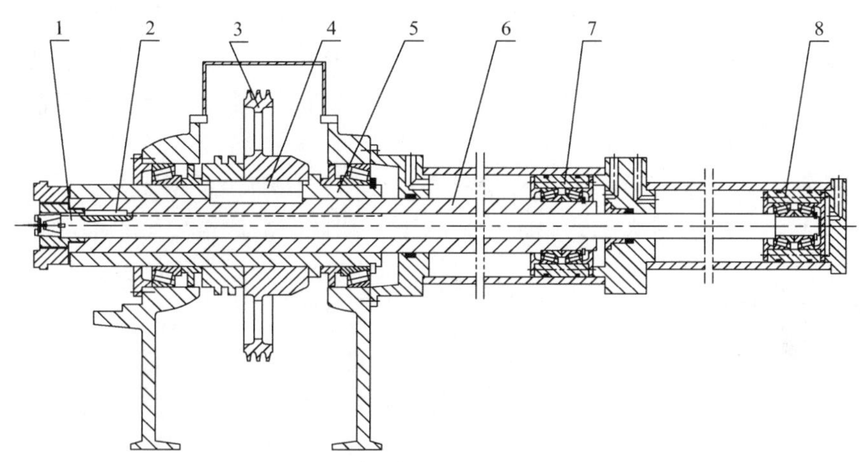

图7-8　串联油缸式液压夹紧双卡轴箱

1. 内卡轴；2、4. 阶梯键；3. 大链轮；5. 轴套；6. 外卡轴；7、8. 油缸活塞

根据油缸数目，并联油缸式液压夹紧卡轴箱可分为双缸并联式和三缸并联式两种。图7-9为双缸并联式卡轴箱的外形图。内、外卡轴的轴向移动分别由油缸2和3实现。油缸2的活塞杆直接与内卡轴同轴连接，通过缸体的进油控制内卡轴的移动。油缸3铰接在箱体上，其活塞杆前端铰接在杠杆1的下端，杠杆的中间部分通过销轴和滑块与外卡轴连接，当油缸3的活塞杆移动时，即可通过杠杆带动外卡轴运动。

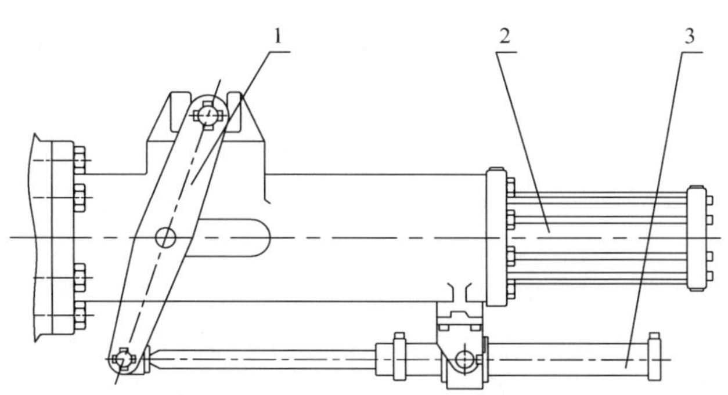

图7-9　双缸并联式液压夹紧双卡轴箱

1. 杠杆；2. 内卡轴油缸；3. 外卡轴油缸

7.3.3　卡轴的传动形式

旋切机的卡轴常采用斜齿轮传动（图 7-5）或链传动（图 7-8）。采用斜齿轮传动的特点是：结构紧凑，传动平稳、使用寿命长，能传递较大的扭矩；可以抵消一部分木段传给卡轴的轴向力，减轻轴承的负荷；但对孔系的中心距精度要求较高。采用链传动时，根据传递功率大小可采用双排或多排套筒辊子链。其特点是：轴间距较大时，传动轴易布置；轴孔中心距的精度要求不高，便于加工制造，且有可能把中间传动轴安置在机座内；但对传动链的制造精度和耐用度要求较高。

卡轴箱上的主滑道对刀床起支承和导向作用。切削力及压榨力在垂直方向上的分力以及刀床的重量大部分由主滑道承受，因此主滑道需要有足够的刚度及耐磨性。主滑道通常与卡轴箱铸成一体以增加其刚度。为了提高耐磨性，主滑道表面上装有耐磨的导轨板。

7.4　旋切机的刀床

刀床是旋切机的重要部件。旋切单板的质量，如厚度精度、裂纹度、表面粗糙度、松紧边和波浪形（跳刀）等与刀床部件的结构形式、精度、刚度和调整状况有着直接、密切的关系，其对单板质量的影响远比卡轴箱显著。

刀床由刀架和压尺架两大部分组成。其中，刀架是刀床的主体，由刀梁、旋刀及夹紧装置、旋刀后角调整机构等组成。压尺架由压尺梁、压尺及压尺操纵机构等组成。

7.4.1　BQ1127/13 型旋切机的刀床结构

1）刀床结构及旋切过程中旋刀后角的变化

图 7-10 为 BQ1127/13 型旋切机的刀床结构。刀梁 6 的两侧壁 2 上各有一个 C 形凸耳 1。凸耳分别安装在左、右主滑座滑动轴承的铜质衬套内。C 形凸耳及铜套前部开有缺口，能使旋切剩下的木芯直径小些。整个刀床可绕滑动轴承的轴线旋转以改变旋切后角。刀梁尾部经偏心轴 13 及与偏心轴铰接的副滑座 14 搁置在可调倾斜度的副滑道上。

一般旋切机采用的副滑道表面为平面，这种滑道结构简单，但在木段直径较小时，单板的旋切质量较差。为了改善单板质量，要求旋刀与木段的接触面积在整个旋切过程中保持不变，这就需要旋切后角在旋切过程的后期有较大的变化率，为此副滑道的末端可设计成曲面。

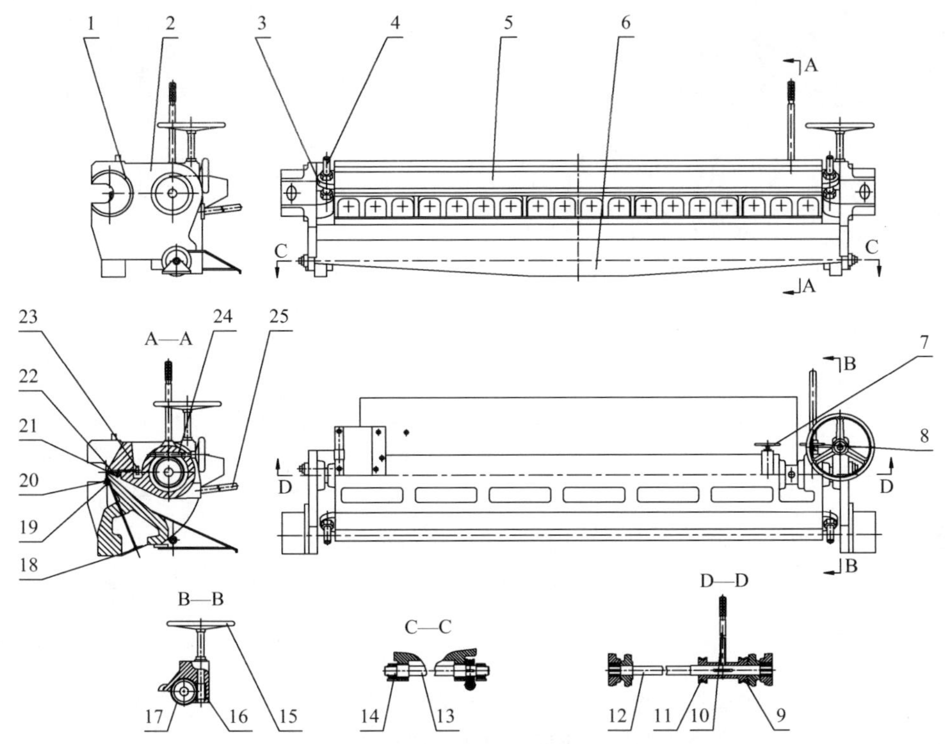

图 7-10 BQ1127/13 型旋切机的刀床结构

1. C 形凸耳；2. 刀梁侧壁；3. 凸台；4. 螺钉；5. 压尺梁；6. 刀梁；7、8. 手轮；9、11、17. 蜗轮；10. 扳手；12、13. 偏心轴；14. 副滑座；15. 手轮；16、24. 蜗杆；18. 旋刀调节螺杆；19. 旋刀压板；20. 旋刀；21. 压尺压板；22. 压尺；23. 压尺调节螺钉；25. 手柄

2）旋切初始后角的调整

图 7-11 表示了刀床运动时旋切后角的变化过程。整个刀床 7 可绕主滑座 4 的滑动轴承 3 转动。旋刀 2 的刀刃位于刀床的旋转轴线上，防止刀床转动时引起刀刃位置的变化而影响单板的旋切厚度。如果副滑道具有倾角 ϕ，则副滑座的位置将由 B'移到 B''，后角的变化量为$\Delta\phi$。副滑道的倾斜角越大，后角的变化也越大。一般副滑道的倾斜角为 1°30′~2°。后角的变化量为 1°~4°，随木段的最大直径不同而不同。

旋切过程中每一时刻的旋切后角由其初始值和变化量所决定。旋切初始后角是通过刀梁尾部的偏心轴来调节的，其调整机构分手动和机动两种。

BQ1127/13 型旋切机采用了手工调整旋切初始后角的机构（图 7-10）。利用手轮 15 通过蜗杆 16 和 17 使偏心轴 13 转动。偏心轴上的副滑座 14 因刀床重量紧贴在副滑道上，因此偏心轴的转动只能带动刀梁尾部作升降运动，使刀架绕凸耳轴线转动，从而改变旋切后角的初始值。

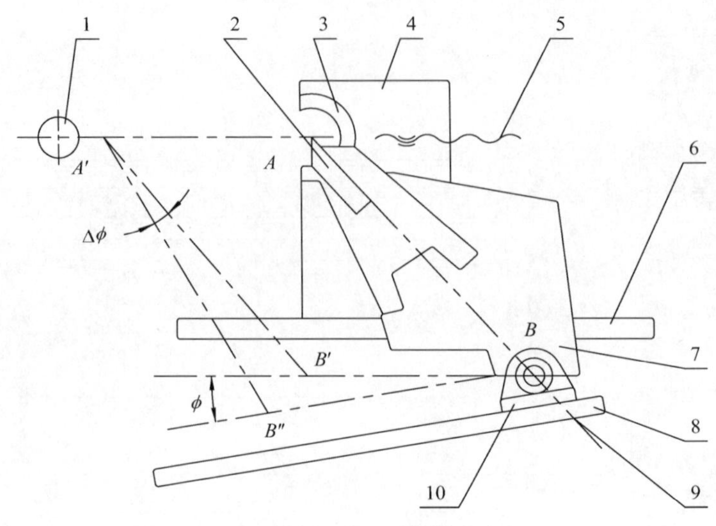

图 7-11　刀床运动示意图

1. 卡轴；2. 旋刀；3. 滑动轴承；4. 主滑座；5. 丝杠螺母机构；6. 主滑道；7. 刀床；8. 副滑道；9. 偏心轴；10. 副滑座

3）旋刀装刀高度的调整及固定

旋刀安装在刀梁上，其刀刃应与卡轴轴线平行。旋刀的调整方法有机上调整和机外调整两种，旋刀的固定有螺栓固定和液压固定两种方法。

BQ1127/13 型旋切机的旋刀采用机上调整和螺栓固定的方法。旋刀的装刀高度用顶刀螺杆 18 来调节，用等高器或高度测定器来检查。当旋刀 20 位置调整好后用双头螺柱、螺母及旋刀压板 19 固定在刀梁的装刀平面上。

4）压尺架和刀门的调整

压尺架用来固定压尺及其调整机构，调整刀门的目的是给单板一定的压榨力。这项调整因调整装置小、且要求精确故称为微调，多用偏心轴来实现。压尺架按前端与刀架的连接方式可分为搁置式和滑道式，刀门的调整方式有手动和机动两种。

BQ1127/13 型旋切机为手工操纵压尺架的刀床结构。压尺架前端用螺钉 4 搁置在刀梁侧壁 2 的凸台 3 上，后端通过偏心轴 12（由轴及偏心套组成）安装在刀梁侧壁的圆孔中。刀门的微调用扳手 10 来实现。扳手 10 用平键固定在偏心轴上，扳手中心杆的下部有离合键插在蜗轮 9 和 11 中，实现定位和锁紧。转动手轮 7 和 8，通过蜗杆 24 及空套在轴上的蜗轮 9 和 11 以及离合键，带动偏心轴 12 旋转来实现微调。蜗轮副有自锁性，因而可锁住刀门。当需要清理刀门时，压下扳手顶部端盖，使中心杆克服弹簧力下移，离合键脱离蜗轮定位面进入环槽，即可自由地启闭刀门。凸台 3 与水平面呈 15° 夹角，微调时可减小压榨力偏离刀尖的方向。旋刀和压尺间的垂直高度可用螺钉 4 来调整。

5）压尺架的翻转

旋切机压尺架的翻转通常是为了清理刀门处的单板碎屑或者是更换旋刀，这时需要把刀门开大，或者把压尺架翻转。

BQ1127/13 型旋切机的压尺架翻转有手动（图 7-10）和机动两种形式。压尺架的手动翻转用手柄 25 实现，压下手柄，压尺架便可绕偏心轴 12 旋转。旋转后要用垫块搁住，以防发生事故。BQ1127/13 型旋切机的压尺架机动翻转机构采用了电机、蜗轮蜗杆、丝杆组合的方式，如图 7-12 所示。该机构用螺钉 2 固定在压尺架 1 的平台上。链条 3 下端的孔套装在销轴 10 上，销轴固定在刀梁侧壁的凸缘 9 上，销轴的端部装有限位开关 4，链条 3 的上端同丝杆 8 的末端连接，丝杆只能沿固定在蜗轮壳体上的滑键做相对移动。当电机 5 工作时带动蜗杆 6、蜗轮 7 旋转，由于蜗轮内孔的螺纹与丝杆啮合，所以蜗轮沿丝杆移动并带动压尺架翻转，直到压住限位开关 4 为止。压尺架的复位是利用电机的反转以及压尺架的自重实现的。

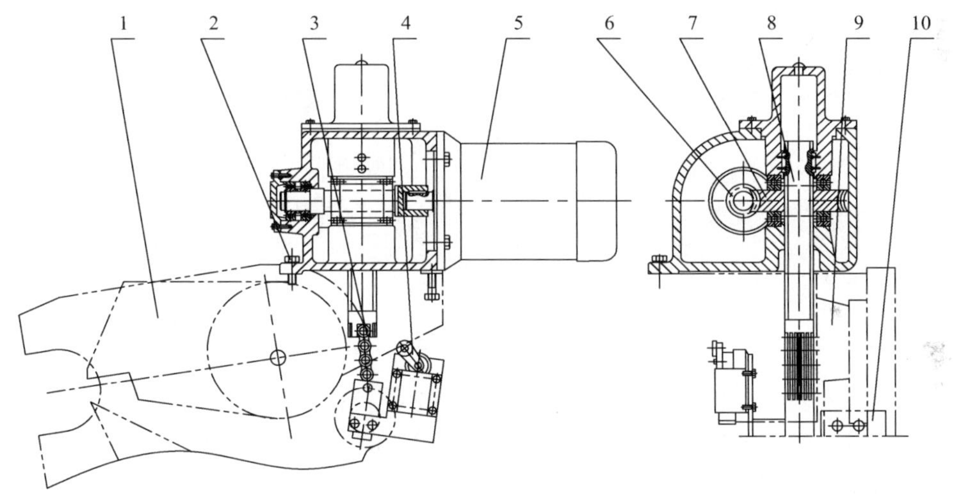

图 7-12　压尺架机动翻转机构

1. 压尺架；2. 螺钉；3. 链条；4. 限位开关；5. 电机；6. 蜗杆；7. 蜗轮；8. 丝杆；9. 凸缘；10. 销轴

7.4.2　BQ1626/13 型旋切机的刀床结构

BQ1626/13 型旋切机的刀床结构与 BQ1127/13 型旋切机类似，因此刀床的调整方式也类似。但 BQ1626/13 型旋切机的卡轴驱动由于采用了液压夹紧双卡轴结构，因此在压尺架翻转和刀门微调机构上延续采用了液压调整的方式。

BQ1626/13 型旋切机压尺架液压翻转机构如图 7-13 所示。在压尺架 3 的左右各设置一个压尺架翻转油缸 8，它的缸体与刀架 7 铰接，活塞杆端部与压尺架 3 铰接，当油缸的活塞杆缩回时，压尺架即可绕轴翻转。压尺 1 安装在压尺架的压尺安装面上，压尺的伸出量由其后部的一排调节螺钉 4 调整，并用螺钉和压尺压板 2 固定。压尺架中的 T 形槽用于固定三把割刀（图中未示出），它们的位置可沿槽移动。割刀的作用是保证单板具有一定的宽度，两侧的割刀用来齐边，中间割刀在改变单板宽度时才使用。

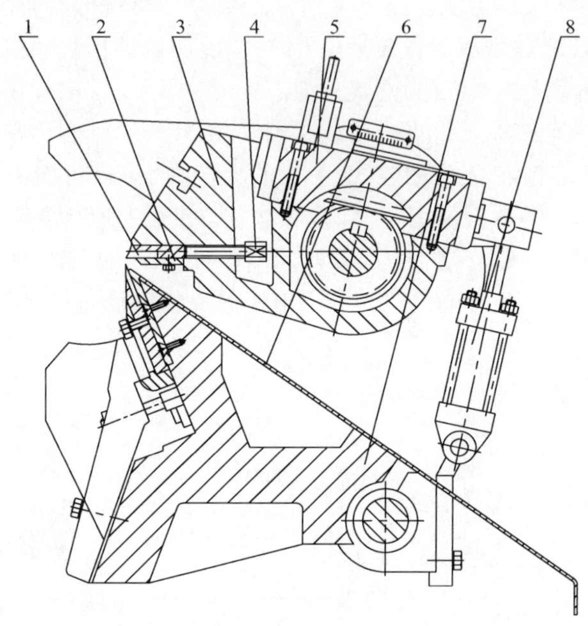

图 7-13　BQ1626/13 型旋切机的压尺架液压翻转机构

1. 压尺；2. 压尺压板；3. 压尺架；4. 压尺调节螺钉；5. 刀门微调油缸；6. 出料板；7. 刀架；8. 油缸

BQ1626/13 型旋切机采用微调油缸和调节螺钉微调刀门，刀门微调油缸的结构如图 7-14 所示。微调油缸的活塞由三部分组成，两端为活塞 7，中间一段为齿条 5，它与偏心轴上的齿轮 6 啮合，齿条上部固定一个碰块 4，碰块 4 中的螺钉伸出长度可调。油缸两腔分别通压力油时，活塞推动齿条左右移动，齿条通过齿轮带动偏心轴转动，从而改变刀门大小。定位螺钉 2 和 3 控制偏心轴的转角，也就是控制刀门的大小。旋切前根据单板的两种旋切厚度调整定位螺钉的伸出量，调好后用螺母 1 锁紧。旋切中要改变单板厚度时，只要给油缸油流换向，转动转盘的手柄，改变两个定位螺钉的位置即可。

7.4.3　滑道式压尺架结构及刀门的调整

BQ1127/13 型旋切机的压尺架为搁置式结构，由于搁置式压尺架前端用螺钉搁置在刀梁侧壁的凸台上，而非固定，因此在旋切中易引起振动，且在改变偏心轴转角调整刀门时，压尺压榨线的位置略有变化，这都对旋切单板的质量有不利影响。为了克服这些缺点，某些旋切机，如 V26-AB 型旋切机采用了滑道式压尺架及液压固定装置，如图 7-15 所示。

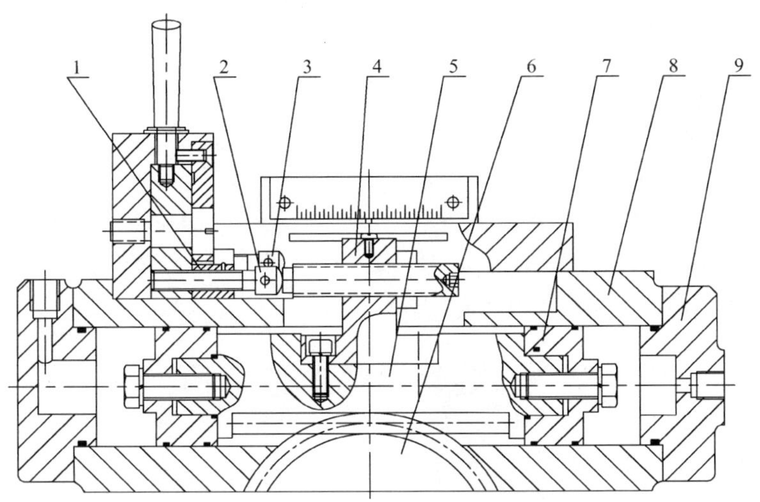

图 7-14 刀门微调油缸

1. 锁紧螺母；2、3. 定位螺钉；4. 碰块；5. 齿条；6. 齿轮；7. 活塞；8. 缸体；9. 缸盖

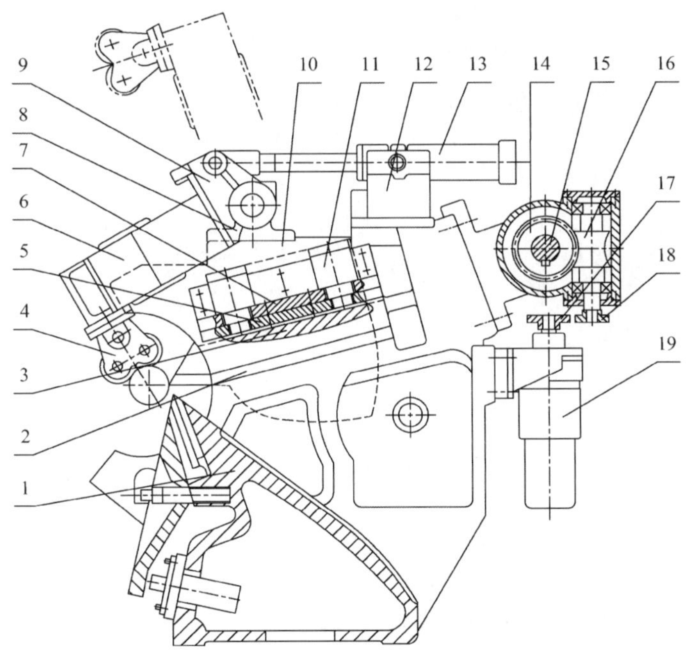

图 7-15 V26-AB 型旋切机的刀床结构

1. 刀架；2、7. 导轨；3. 矩形凸台；4. 压辊；5. 衬板；6. 梁；8、9. 支座；10. 压尺架；11. 柱塞油缸；12. 油缸座；13. 油缸；14. 蜗轮；15. 微调轴；16. 蜗杆；17、18. 链轮；19. 减速电机

V26-AB 型旋切机在压尺架 10 的两侧设有矩形凸台 3，在刀架的两侧由导轨 2 和 7 组成滑槽，凸台装配在滑槽中并可沿导轨移动。导轨 7 的上方装有两个柱塞油缸 11，当压尺架位置调整好之后，柱塞油缸的柱塞经衬板 5 紧压在凸台上，把压尺架 10 与刀架 1 连成一体，这样就有效地防止了因间隙引起的振动，使压尺稳定可靠地工作。

由于采用了滑槽，压尺架只能移动不能翻转，因此 V26-AB 型旋切机采用由大、小偏心轴及连杆等组成的压尺架操纵机构来实现刀门的微调及快速启闭。微调刀门时，由减速电机 19 经链轮 17、18 及蜗杆 16、蜗轮 14 带动微调轴（小偏心轴）15 转动，微调刀门的大小。刀门的快速启闭则是由安装于压尺架上的两个油缸驱动大偏心轴转动实现的（图中未示出）。

7.5　旋切机的其他机构

7.5.1　进给箱及其变速机构

旋切机的进给传动机构用来实现刀床的工作进给及快速运动，主要由进给箱及进刀座两部分组成。进给传动系统应具有足够的传动精度，以保证旋切单板的厚度精度。

1）旋切机进给箱的变速机构

旋切机的进给箱把卡轴的转动经过变速后传给进刀座。进给箱中包括下列部分：定比传动副、变速机构、操纵机构、润滑装置和箱体等。从卡轴到进给箱的定比传动多采用链传动，较少采用齿轮传动。

进给箱中常用的变速机构有塔轮、交换齿轮、滑移齿轮和离合器等多种结构。由于要求旋切单板厚度范围大、规格多，因此进给箱多由不同形式的变速机构组合而成，达到变速范围大和变速级数多的目的。进给箱中一般用塔轮变速机构作为基本传动组，用其他类型变速机构作为扩大传动组。

塔轮变速机构由塔轮及摆移齿轮架组成，如图 7-3、图 7-4 所示。塔轮是按直径的大小把 6~13 个齿轮紧密地连接、装于同一轴上的齿轮组，齿轮的齿数为 20~60 齿。摆移齿轮架可以绕轴摆动和沿轴移动，以便与每个齿轮啮合。塔轮变速机构的特点是：变速范围小，一般不超过 4，但其按等差级数排列，变速级数较多；齿轮数量少，进给箱的结构紧凑；主动轴和被动轴上的齿轮齿数之和不需要是常数，齿轮齿数的选择比较容易；没有空转啮合的齿轮，操纵手柄少，便于调整。因此，这种变速机构在旋切机的进给箱中得到比较广泛的应用。但是，由于摆移齿轮架是靠较弱的定位销固定于相应位置上的，因此刚度不好；为了移动操纵手柄需在箱壁上开长孔，使进给箱的强度削弱，并且给密封与防尘带来困难。有些旋切机在操纵机构的结构上作了改进，用两个手轮通过齿轮、齿条或摆杆等分别操纵齿轮架的摆动和移动，避免了在箱体上开设长孔，但增加了结构的复杂性。

交换齿轮变速机构通常是在两根轴上用更换不同齿数比的齿轮来改变传动比的。通常调换同一对齿轮就可以得到两种传动比，这两种传动比互为倒数，因而可以充分利用交换齿轮。如 BQ1113/8 型旋切机的进给箱采用 11 种不同齿数的交换齿轮，可以获得 30 种不同的进给速度，对应 30 种不同的旋切厚度。

2）旋切机的进给箱结构

BQ1127/13 型旋切机的进给箱采用了塔轮和滑移齿轮组合的变速机构，如图 7-3 所示。进给箱的箱体为铸铁材质，用螺栓和销固定在左端的机架上。卡轴经齿轮和联轴器与进给箱的输入轴相连，输出轴经啮合式离合器与进刀座的传动轴相连。进给箱的两个双联滑移齿轮及塔轮的摆移齿轮架分别由三个手柄操纵。塔轮由九个齿轮组成，它与滑移齿轮组合，在 0.50~5.42mm 范围内可获得 36 种不同的单板旋切厚度。

V26-AB 型旋切机采用了塔轮、交换齿轮、离合器和滑移齿轮四种变速机构组合，并且能预选两种单板厚度。其进给箱的结构如图 7-16 所示，同时参考传动

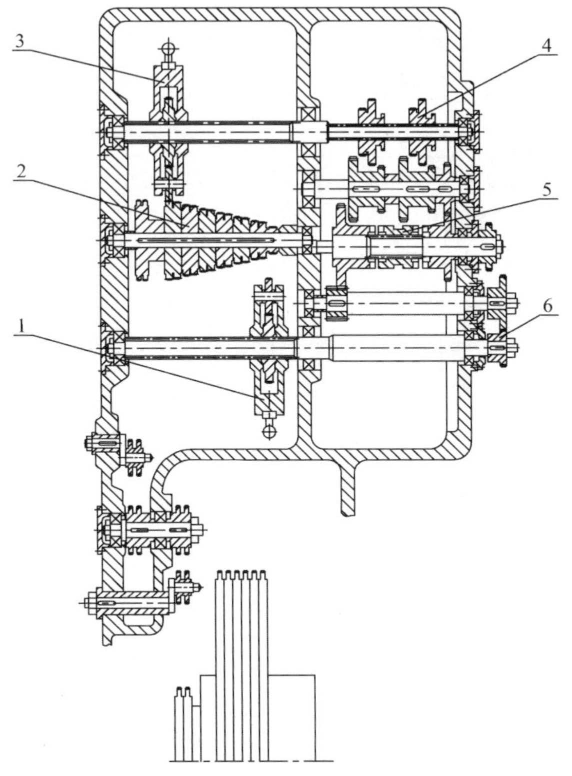

图 7-16 V26-AB 型旋切机进给箱展开图

1、3. 摆移齿轮架；2. 塔轮；4. 滑移齿轮；5. 离合器；6. 交换齿轮

系统图 7-4。

进给箱的动力采用链传动，从卡轴经进给箱输入轴传递给塔轮轴。塔轮 2 两侧各有一个摆移齿轮架 1、3 与它啮合，每个齿轮架可选择 13 种转速。下摆移齿轮架经交换齿轮 6（共两对）把运动传给空套在离合器 5 轴左边的齿轮，可以在 0.5~2.2mm 内选择 24 种表板厚度（26 种中有 2 种是重复的）；上摆移齿轮架经两个双联滑移齿轮 4 把运动传给空套在离合器轴右边的齿轮，可以在 1.0~5.5mm 范围内选择 43 种芯板厚度。旋切前要调整好表板和芯板传动链的传动比。旋切过程中，根据旋切木段的材质状况用液压缸操纵离合器的位置，就可得到相应的单板厚度。

旋切腐心木段时卡爪在木材中容易打滑，不能带动木段旋转，若继续进刀就会产生过载。因此，有些旋切机在进给传动中的链条内装有保险销，过载时保险销折断，起到防护作用。

7.5.2　防弯压辊

单板旋切时，木段直径的减小会使其刚度越来越差，在切削力及卡轴夹紧力的作用下容易弯曲变形，使单板厚度不均。采用防弯压辊后可以提高单板的旋切质量，但会增加旋切时的阻力矩。因此，当木段直径减小到一定值时才使其自动下落到木段表面，当旋切结束后防弯压辊自动升起。

根据其行程能否控制可以分为不带行程控制装置和带行程控制装置的防弯压辊。V26-AB 型旋切机采用了不带行程控制装置的防弯压辊，其结构见图 7-15。

该机的四个压辊 4 分两组成对地安装在支架上，能自由地绕轴转动。支架用螺栓固定在梁 6 上，能绕轴转动实现自动定位，保证各压辊以相同的力压在木段表面上。梁 6 的两端各有一个转动臂，梁和转臂是用型钢和钢板焊接成的整体，在每个转臂的末端固定有一个支座 9，支座 9 又通过轴安装在刀梁侧壁的支座 8 内。支座 8 底部用螺栓与压尺架 10 固定连接。油缸 13 的缸筒通过轴孔与油缸座 12 连接，其活塞杆末端通过接头与支座 9 上方的轴连接。当油缸 13 的活塞杆伸出时，梁 6 会绕支座 8 的轴下摆，防弯压辊 4 即可实现对旋切木段的压紧，起到矫正木段弯曲变形的作用。当活塞杆缩回时，防弯压辊则向上翻起（图 7-15 中用双点画线示出了防弯压辊上翻时的状态），脱离木段。

带行程控制装置的防弯压辊在单板旋切过程中，能够根据木段直径的逐渐变小自动跟踪其表面位置，达到始终处于与木段刚接触的状态。只有当木段出现弯曲变形时，压辊才有力作用于木段上。其优点是既能防止因切削力引起的木段弯曲变形，又能防止压辊压力过大引起的变形，因此可以获得厚度均匀的单板。防弯压辊的自动跟踪可用液压或机械方法来实现。

图 7-17 为苏联 JIV-14 型旋切机防弯压辊的液压系统原理图。防弯压辊转臂 2 的一端可绕固定轴 1 转动，另一端的压辊靠油缸 3 压在木段表面上。当木段直径旋切到 155mm 时，防弯压辊开始工作，换向阀 6 换向使液压油进入油缸 3 的上腔，使压辊迅速下降。当压辊接触木段时，刀床推动同步油缸 4 活塞杆上的挡块 5，使活塞随刀床一起运动。此时换向阀 6 处于中位，使加压油缸 3 和同步油缸 4 间的管道构成一封闭油路，油缸 4 上腔的油被压入油缸 3 的上腔，推动油缸 3 的活塞杆带动压辊移动。由于两个同步油缸 4 有杆腔的面积之和等于加压油缸 3 无杆腔的面积，因而它们的活塞杆能同步移动。又因为木段直径的变化量等于刀床（旋刀）的位移量，所以压辊的位移量与木段直径的变化量相同，即压辊随木段直径的减小做同步运动。若木段不发生弯曲，则压辊也不会有力作用于木段；仅当木段发生弯曲时，压辊才有力作用于木段，矫正其弯曲变形。

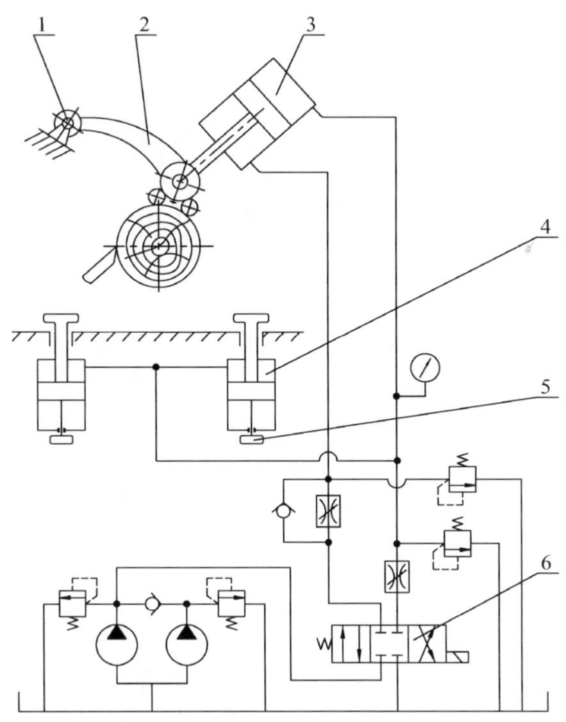

图 7-17　JIV-14 型旋切机防弯压辊的液压系统

1. 轴；2. 转臂；3. 加压油缸；4. 同步油缸；5. 挡块；6. 换向阀

7.6 无卡轴旋切机

7.6.1 工作原理

无卡轴旋切机的结构与有卡轴旋切机有很大不同，它没有用于夹紧木段并驱动其旋转的卡轴，木段的旋转是由摩擦辊驱动的。

无卡轴旋切机旋切机构的结构简图如图 7-18 所示。旋切过程中，木段 3 被三角形布置的三个辊筒抱住，其中的两个摩擦辊 4 用于驱动木段旋转并带动其向旋刀 1 进给；另一个固定的压尺辊 2 起压尺和支承作用。两个摩擦辊沿压尺辊和木段的中心连线对称布置，工作中可以同步摆动。在旋切终了时，两个摩擦辊可以靠得很近，旋切后剩余的木芯直径可以很小，一般不大于 50mm，因而提高了木材的利用率。

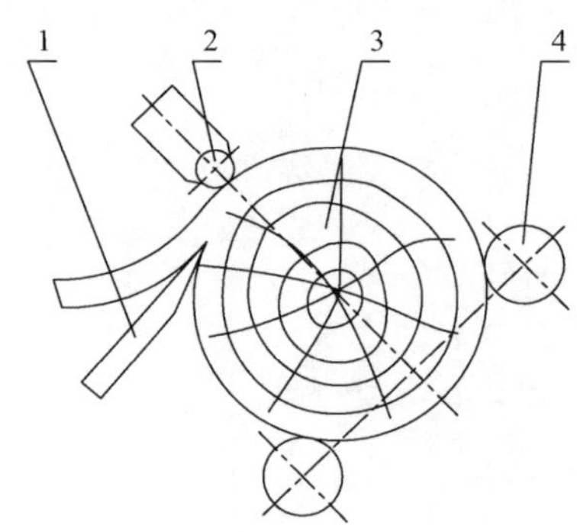

图 7-18 无卡轴旋切机旋切机构结构简图

1. 旋刀；2. 压尺辊；3. 木段；4. 摩擦辊

无卡轴旋切机旋切的单板厚度取决于旋刀与压尺辊的间隙（即刀门小大)，所以不需要复杂的刀床进给机构与压尺调节机构。由于木段的旋转是靠压在其表面上的摩擦辊驱动的，所以无需调速电动机及电控装置就可以实现恒线速旋切。这种旋切机还可以旋切腐心材、空心材及环裂材等，扩大了对劣质材的利用范围。

无卡轴旋切机旋切单板时需先将木段旋圆，所以一般不能单独使用，通常是在胶合板生产线上作为木芯（木芯是有卡轴旋切机旋切木段的剩余部分）的再旋设备，也可以与旋圆机相配套作为小径材的旋切设备。这种旋切机旋切单板的厚度精度一般为 0.2mm，没有有卡轴旋切机的旋切精度高。

7.6.2 无卡轴旋切机的结构

无卡轴旋切机在结构上主要由机架、摩擦辊、刀床、压尺架以及传动系统和液压系统等组成，部分结构与有卡轴旋切机近似。近年来，由于国内木材资源短缺，大径木材减少，可用作生产胶合板的原料多数为速生杨木，其径级基本在500mm以下。因此，国内的很多生产厂家对原有的无卡轴旋切机结构做了较大的改进，其中很多机型还采用了检测装置与数控装置对木段的直径、摩擦辊的转速与刀床的进给速度等进行检测和控制，出现了数控型无卡轴旋切机。图7-19为某型号采用了数控装置的无卡轴旋切机外观结构。

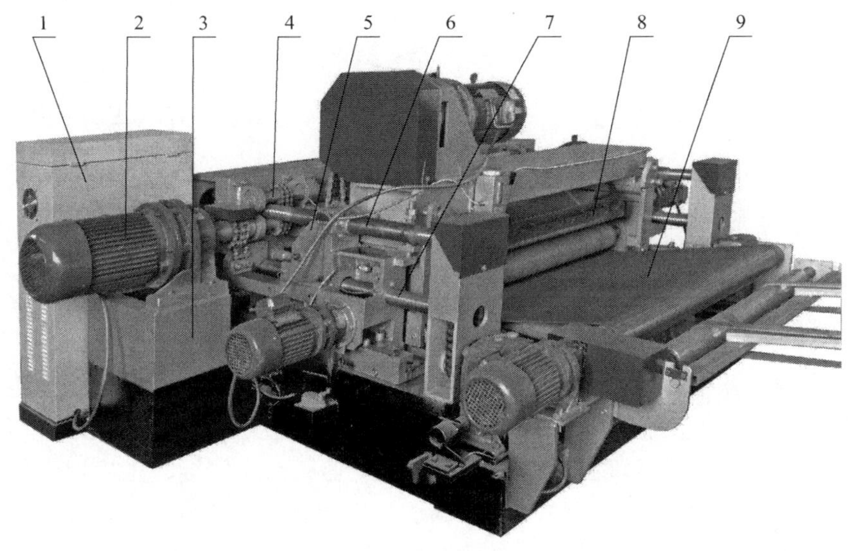

图7-19 数控型无卡轴旋切机的外观结构

1. 控制柜；2. 驱动电机；3. 床身；4. 摩擦辊轴；5. 刀床；6. 进给丝杠；7. 圆柱导轨；8. 切刀；9. 单板输送带

该机的床身3采用钢板焊接而成，用于安装、支承旋切机的其他部件。摩擦辊轴4及其上的链传动装置用于带动两个摩擦辊转动。刀床5的进给运动通过传动丝杠6实现，丝杠由电机经减速装置（通常采用蜗轮蜗杆减速器）带动旋转，并由圆柱导轨7对刀床的运动进行导向。单板输送带9用于输送旋切后的单板。以上这些装置分别由多台驱动电机2带动运转，其中调速电机的类型多选择变频调速电机或步进电机。该机在单板输送皮带的上方还设置了切刀8，用于将连续的单板按规格长度切断。控制柜1用于安装数控装置及整机的电控装置。

数控无卡轴旋切机的控制系统结构如图7-20所示。它主要由数控装置8、摩擦辊驱动电机2、摩擦辊15、丝杠驱动电机10、减速装置11、丝杠螺母机构12及编码器9和17组成。两个摩擦辊安装于床身16后部的支架上，位置固定不动，作为木段直径测量的基准。编码器9和17分别用于检测摩擦辊和丝杠的转速，检测的目的是控制摩擦辊的转速与刀床的进给速度。

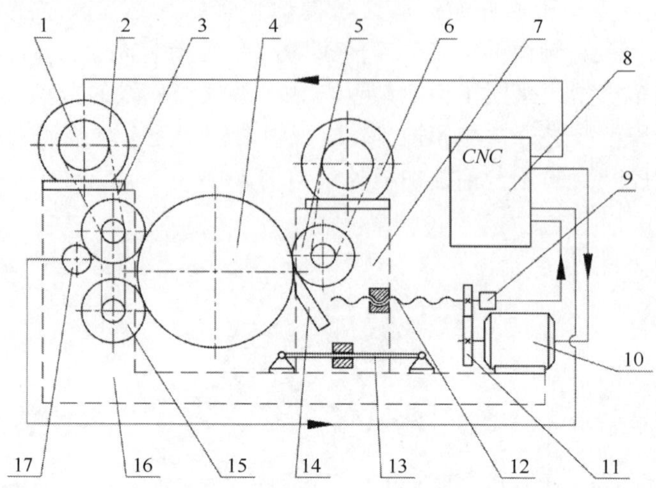

图 7-20　数控无卡轴旋切机的控制系统结构

1.链轮；2.摩擦辊驱动电机；3.传动链；4.木段；5.压尺辊；6.压尺辊驱动电机；7.刀床；8.数控装置；9、17.编码器；10.丝杠驱动电机；11.减速装置；12.丝杠螺母机构；13.导向机构；14.旋刀；15.摩擦辊；16.床身

木段旋切开始前，需首先通过数控装置设定旋切单板的厚度，并调整好旋刀14的位置，即调整刀门的大小。经预先旋圆的木段被送入旋切机后，启动各驱动电机，使摩擦辊、压尺辊旋转（数控无卡轴旋切机的摩擦辊、压尺辊均是有动力的），丝杠螺母机构驱动刀床7进给；当压尺辊接触并夹紧木段时，数控装置通过读取、转化编码器9的信号，即可获知木段的直径尺寸（编码器9可以检测出丝杠的转角，结合丝杠的螺距，数控装置能够计算出刀床的移动距离，再根据压尺辊的位置即可得出木段的直径。另外，有些型号的旋切机还设有专门的木段直径检测装置）。之后，根据预先设定的旋切单板厚度、摩擦辊的转速以及木段直径等信息，数控装置会根据预先编制的程序确定刀床的进给速度及加速度（无卡轴旋切机采用的是恒线速旋切方式旋切单板，因而刀床的进给速度必须随木段直径的减小而增大），并在其后的旋切过程中按照这些参数对木段进行旋切。同时，通过不断读取编码器信号，数控装置还可以对摩擦辊的转速及刀床的进给速度以及出现的偏差进行实时调整和修正，从而保证单板旋切的质量与厚度精度。当刀床运动至由数控装置设定的极限位置时，电机反转驱动刀床退回初始位置，完成一次旋切过程。

当前，某些厂家生产的数控无卡轴旋切机还带有木段旋圆功能，可以省去旋圆机，直接对木段先进行旋圆、再进行旋切。百圣源集团更是设计并生产了一种集有卡轴和无卡轴为一体的新型旋切机，该机在木段直径较大时采用有卡轴方式旋切单板；当木段直径减小到一定尺寸时则自动转换到无卡轴方式旋切单板。

复习题及作业题

1. 单板旋切的基本原理是怎样的，有卡轴旋切机旋切单板的方式有那两种？
2. 旋切机的结构组成与主要技术参数包括那些？
3. 旋切机的传动系统包括哪几个部分，主传动系统常采用那些调速方法？
4. 旋切机的进给传动系统常采用那些齿轮变速装置，采用塔轮传动有何优点？
5. 旋切机的卡轴箱有哪几种形式，各种形式的卡轴箱在结构与工作原理上有何不同？
6. 旋切机的刀床结构分为哪几部分，刀床运动过程中旋切后角是如何调整的？
7. 旋切机防弯压辊的作用是什么，其结构形式有哪几种？
8. 无卡轴旋切机的旋切机构与有卡轴旋切机的有何不同，其特点有哪些？
9. 数控无卡轴旋切机的结构组成是怎样的，它是如何控制单板旋切过程的？

第 8 章　削片机和刨片机

削片机、刨片机是纤维板与刨花板生产中的主要设备，它们的结构、性能和制造质量直接影响到生产原料和成品板材的质量、动力消耗和生产成本。因此，它们虽属于备料设备，但对纤维板和刨花板生产也是十分重要的。

8.1　削　片　机

8.1.1　概述

削片机是将原木采伐、制材与加工剩余物（如板皮、板条、碎单板、木芯等）以及木材抚育剩余物（如枝丫、梢头木、树根、小径木等）加工成一定规格长度木片的设备。其切削特征为纵端向切削，主要参数为切削木片的长度。

对削片机的主要工艺要求是削出的木片长度应均匀一致，合格率在允许的范围内，且厚度均匀，切口大而平滑，产生的碎料少，削出的木片的尺寸规格依使用要求而定。通常生产纤维板所用的木片长度为 20~25mm，生产刨花板所用的木片长度一般为 30~40mm。削片机按切削机构的形状可分为鼓式削片机［图 8-1（a）］和盘式削片机［图 8-1（b）］。

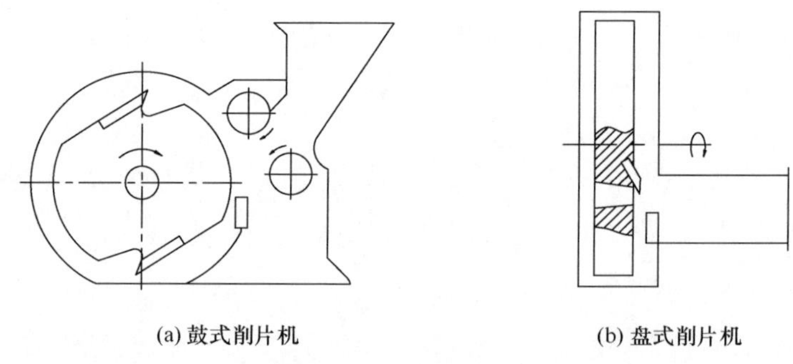

(a) 鼓式削片机　　(b) 盘式削片机

图 8-1　削片机的形式

按刀鼓的形状，鼓式削片机分为圆柱形和圆锥形鼓式削片机。其中，圆柱形鼓式削片机又分为轴型和筒型。按刀盘工作端面的形状，盘式削片机分为平盘式和螺旋面式；按在刀盘上安装飞刀的数量和切削过程是否连续，又分为少刀和多刀连续式盘式削片机。鼓式削片机的刀鼓大多数为卧式布置的；盘式削片机的刀盘大多数是立式布置的，也有的采用倾斜布置式或卧式布置。

另外，削片机按其进料的方法分为强制进料［图 8-1（a）］和自由进料［图 8-1（b）］；按其进料槽的布置分为倾斜进料［图 8-1（a）］和水平进料［图 8-1（b）］；按其安装方式分为固定式和移动式。盘式削片机大多采用自由进料。鼓式削片机大多采用强制进料。水平进料的削片机适宜加工较长的原料，而加工较短的原料通常采用倾斜进料的削片机。

削片机的结构形式主要取决于原料的特征和对削片质量及生产效率的要求。一般，盘式削片机切削木片的质量比鼓式削片机的好，适宜加工原木、木芯、较厚的板皮和成捆的枝丫材。鼓式削片机的进料槽沿刀鼓方向为长方形，适合加工板皮、板条、碎单板、小径木、枝丫材等厚度较小、径级不大的木料和竹材。

8.1.2　鼓式削片机

1. 鼓式削片机的结构

图 8-2 为 BX2116 型鼓式削片机外形，其主要由机座 1、切削机构 2、底刀座 3、进料机构（上进料辊部件 5 和下进料辊部件 4）和液压装置 6 等组成。

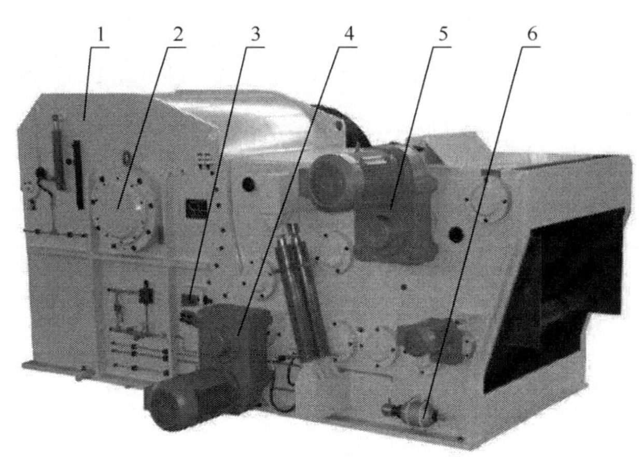

图 8-2　BX2116 型鼓式削片机

1. 机座；2. 切削机构；3. 底刀座；4. 下进料辊部件；5. 上进料辊部件；6.液压装置

1）机座

机座 1 用于支承削片机的各个部件，并承受削片过程中的切削力、冲击和振动。机座由高强度钢板焊接而成，并设有加强筋，具有很高的强度和刚度。切削机构主轴的轴承座用螺栓紧固在机座上。底刀座 3 的支承与机座焊接成一体。底刀座可以从机座侧壁上的孔抽出，以便更换底刀。机座的底部开口，木片通过筛网筛选后排出。

2）切削机构

如图 8-3 所示，切削机构主要由装有飞刀的刀鼓 1 和装有底刀的底刀座 11 组成。刀鼓通过主电机、强力窄形三角带驱动旋转。刀鼓由低合金钢板焊接而成，经过消除内应力处理和动平衡。刀鼓上装有两把飞刀 4，借压刀板 2、用螺栓 3 紧固在刀鼓的装刀槽内。每把飞刀前面均有排料槽，削下的木片从料槽排出。底刀 9 用高强度螺栓 8 通过压板 10 固定在底刀座 11 上。底刀的四个刃口均可以使用，刃磨一次可连续使用一个月左右。由飞刀和底刀切下的木片，经筛网 5 排出，从机座的底口落下。过大的木片留在里面，由碎料杆 6 再次粉碎。

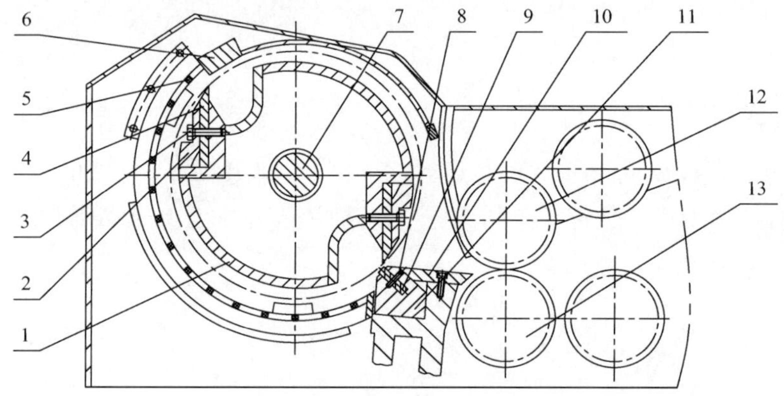

图 8-3 切削机构

1. 刀鼓；2. 压刀板；3. 飞刀固定螺栓；4. 飞刀；5. 筛网；6. 碎料杆；7.主轴；8. 底刀固定螺栓；9. 底刀；10. 底刀压板；11. 底刀座；12. 上进料辊；13. 下进料辊

刀片材料采用 65Nb（或 50Nb）基体钢，牌号为 65Cr4W3Mo2VNb（或 50Cr4W3Mo2VNb)，具有韧性高、加工性好和热处理工艺范围宽等优点。飞刀的刃磨角为 32°，后角为 8°。

3）进料装置

如图 8-3 所示，进料装置主要由上进料辊 12 和下进料辊 13 组成，其中上进料辊安装在可绕销轴摆动的转臂上。由带减速器的电机直接带动一个上进料辊转动，另一个上进料辊通过链传动带动同向转动。上进料辊的转臂由油缸支承，可随原料的厚度或直径不同而作上下摆动。由于蓄能器的作用，支承两转臂的油缸内的油液始终保持一定的油压，从而平衡上进料辊部件的重量，使之上下摆动。下进料辊的结构和传动方式基本与上进料辊相同，它的轴承座直接安装在机座上。上、下进料辊采用较大直径，表面具有粗齿和沟槽结构，有利原料的压紧和进给，保证木片的长度均匀。

4）安全保护装置

削片机各电机线路上均设有热保护装置，当过载运转时能自动切断电路。主电机发生瞬时过载时，警报器发出警报，此时进料机构停止送料并倒转，减少进料量后再启动进料机构继续供料。在机座的罩盖上有限位开关，罩盖打开时主电机不能启动。在上进料辊的转臂上也设有限位开关，当进料高度超过 180mm 时，进料电机的电路被切断，停止进料。

2. 鼓式削片机的削片原理

1）自由进料原理

鼓式削片机的自由进料是指在切削过程中，飞刀对木材原料的切削分力中存在促使其进给的拉力，即在没有进料机构的情况下，该拉力也可以使原料不断地向进料方向运动。

如图 8-4 所示，切削过程中，飞刀在接触弧上任意一点 m 对木料的切削力 P 可以分解为两个分力，法向分力 P_n 和切削分力 P_t，P_t 为圆周力，再把两个切削力 P_n 和 P_t 沿进给方向 u 分解为两个分力 P_{u1} 和 P_{u2}。其中，P_{u2} 的方向与进给方向相同，为拉力；P_{u1} 与进给方向相反。显然，当 $P_{u2} > P_{u1}$ 时，进料拉力 P_u 就可以使原料自动进给。

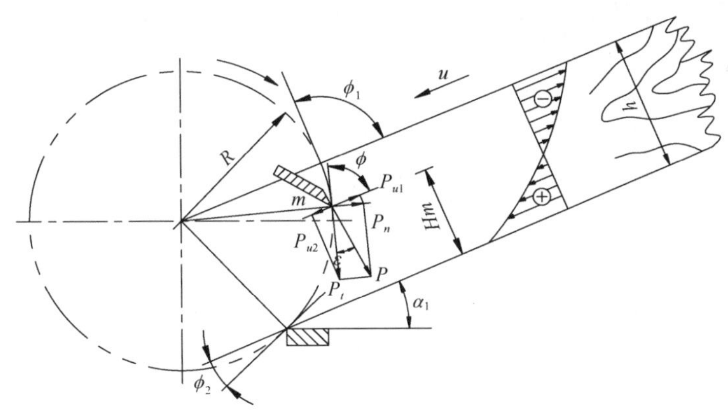

图 8-4　削片时原料的受力原理图

设力 P 与 P_t 之间的夹角为 ε，与 P_n 之间的夹角为 ϕ（称为遇角，是原料进给的速度方向与飞刀切削速度方向之间的夹角），则进给方向的分力 P_u 为

$$P_u = P_{u2} - P_{u1} = P\cos(\phi + \varepsilon) \tag{8-1}$$

由图 8-4 可见，在原料高度为 H 的范围内，切削速度方向是变化的（切削速

度方向是飞刀刀刃形成的切削圆的切向），而原料的进给速度方向不变。因此，遇角 ϕ 是在一定范围内变化的。图中标出的 ϕ_1 是飞刀进入切削位置时的遇角；ϕ_2 是离开切削位置时的遇角，二者的差值是遇角的变化范围。

遇角的变化会对鼓式削片机能否实现自由进料产生影响。由式（8-1）可知，只有当 $\phi+\varepsilon<90^{\circ}$ 时，$P_u>0$，此时 P_u 为拉力，才会牵引木料自动进给，因此又称为牵引力；而当 $\phi+\varepsilon>90^{\circ}$ 时，$P_u<0$，此时 P_u 为向外的推力，会阻止木料进给；当 $\phi+\varepsilon=90^{\circ}$ 时，$P_u=0$，木料不受力。图 8-4 中给出了木料受推力和拉力的范围，其中“–”号区域为推力，“+”号区域为拉力。

2）遇角对削片过程的影响

鼓式削片机在削片过程中，由于遇角在较大范围内变化，原料在进给方向所受的力 P_u 大小和方向是交替变化的，这将使原料沿进给方向振动，造成木片长度不均。此外，遇角变化时，飞刀的切削平面随之变化，这使得在每一切削层的切削过程中，只可能有一点的切削平面通过底刀的刃口，因而不能很好地形成剪切作用，且在刀鼓直径越小，原料径级越大时这种影响也越显著。此时应将飞刀和底刀的间隙调整的大些，但过大的间隙又会使木片质量降低。飞刀和底刀的间隙一般为 0.5~1mm。

因此，鼓式削片机主要用于加工厚度较小或径级不大的原料。结构上，鼓式削片机的进料口沿轴向尺寸制成较大的长方形。为保证木片长度均匀，大多采用强制进料，而且为防止木料跳动，上进料辊对木料要有足够的压紧力。对于采用自由进料的鼓式削片机，进料槽的位置应使木料处于受拉区，要求削片过程中飞刀对木料产生的牵引力足以克服进给阻力。对于强制进料，进料槽的位置也应使木料处于受拉区比较合理。因为木料的上部若处于受推力的位置，如果压紧力不足，飞刀切入木料瞬间产生的冲击力（推力）通常比计算值大很多，会使木料后退，木片的长度减小。而且，这样布置进料槽可减小进给功率和压紧力。

削片过程中，当采用无进给机构的自由进料时，遇角的变化将影响到木片的尺寸和几何形状（切口角）。此时木片的长度 l 为

$$l=\frac{h}{\sin\overline{\phi}} \tag{8-2}$$

式中：h——飞刀的伸出量；

$\overline{\phi}$——平均遇角。

为了获得的木片长度均匀一致，鼓式削片机最好采用强制进料。此时木片的长度 l 为

$$l = \frac{1000\,u}{nZ} \tag{8-3}$$

式中：u——进给速度；

n——刀鼓转速；

Z——刀鼓上安装飞刀的数目。

8.1.3　盘式削片机

1. 盘式削片机的结构

盘式削片机按刀盘的形状分为平盘式和螺旋面式削片机两种。平盘式削片机按刀盘上安装飞刀的数量又分为少刀和多刀（装刀数量在 6 把刀以上）两种，螺旋面式削片机则均为多刀。盘式削片机的结构如图 8-5 所示，主要由切削机构 4、传动装置（包括前轴承座 1、后轴承座 6 及主轴等）、进料槽 2 和排料槽 3、制动器 5、电机 7 及机座 8 等组成。

图 8-5　盘式削片机的结构

1. 前轴承座；2. 进料槽；3. 排料槽；4. 切削机构；5. 制动器；6. 后轴承座；7. 电机；8. 机座

1）切削机构

盘式削片机的切削机构主要包括刀盘、安装在刀盘上的飞刀及底刀等组成。盘式削片机的切削机构如图 8-6 所示。

刀盘 5 套装在主轴 1 上，主轴由两个装在后轴承座 2 和前轴承座 7 中的轴承支承，由电动机通过三角皮带传动，或经联轴器直接驱动。刀盘除作为切削机构切削木料外，还起着飞轮的作用，使飞刀在间断切削时，不致产生的大速度波动，因此要求刀盘有较大质量。大型盘式削片机除刀盘起飞轮作用外，在主轴上还专门装有一个飞轮，并兼作制动轮。

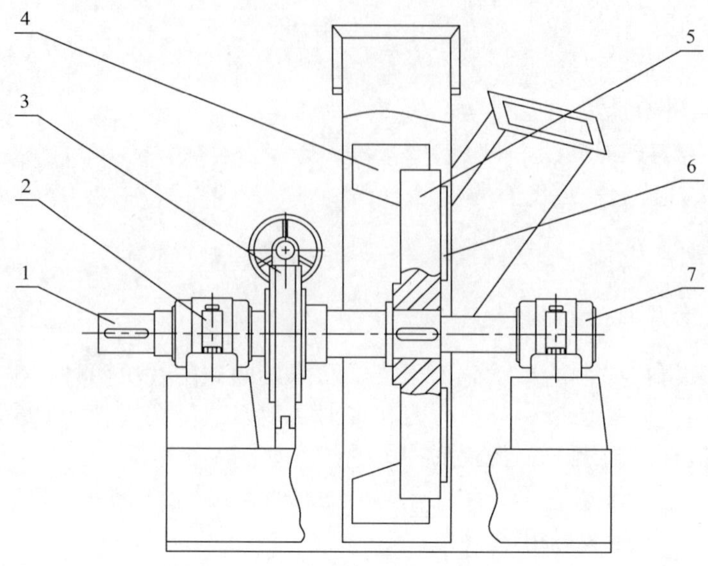

图 8-6　盘式削片机的切削机构

1. 主轴；2. 后轴承座；3. 制动器；4. 叶片；5. 刀盘；6. 飞刀；7. 前轴承座

图 8-7 为平盘式削片机的刀盘结构，其中，图 8-7（a）为飞刀在刀盘上的安装方式，图 8-7（b）为切削机构结构。

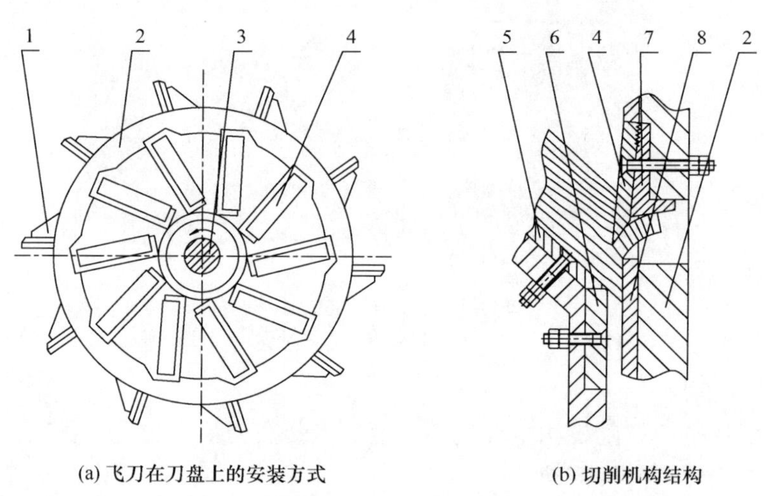

(a) 飞刀在刀盘上的安装方式　　(b) 切削机构结构

图 8-7　刀盘结构

1. 叶片；2. 刀盘；3. 主轴；4. 飞刀；5. 旁底刀；6. 底刀；7. 楔形垫块；8. 护板

飞刀 4 在刀盘 2 上的安装一般使其刀刃相对刀盘半径沿转动方向向前倾斜 8°~15°。在安装每把飞刀下面的刀盘上，沿刃口方向开有宽度为 100mm 左右的长缝［图 8-7（b）］。飞刀和楔形垫块 7 用螺栓固定在刀盘上。垫块的作用是保证飞刀具有一定的后角，一般为 5° 左右。飞刀刃口突出刀盘平面的高度称为刀片的伸出量（又称装刀高度），其大小影响木片的长度，因此刀盘上所有飞刀刃口的伸出量必须相等。飞刀刃磨、更换后，重新安装时必须予以定位，从而保证伸出量不变。图 8-7（b）中飞刀是利用后部的齿定位的，其他的定位方法还有垫块定位（利用厚度不同的硬木垫条）和浇注定位（利用浇铸的铅条）等。

盘式削片机是由安装在刀盘上的飞刀和安装在进料槽上的底刀 6 和旁底刀 5 形成剪切机构的。底刀和旁低刀的刃口一般用硬质合金堆焊而成。为防止因较大的冲击力损坏刃口，底刀的刃磨角较大，一般为 80°~90°，也有的大于 90°。图 8-7（b）所示的是采用 90° 的底刀，四角可轮换使用。飞刀与底刀、旁底刀的间隙一般为 0.3~1.0mm，这取决于削片机的精度和刀盘直径的大小等因素。

2）进料槽

大多数盘式削片机不设强制进料机构，仅有进料槽（又称喂料槽）。进料槽的断面形状有多种（图 8-8 示出了 3 种），以适用于不同的原料形态，但用得最多的为方形进料槽。

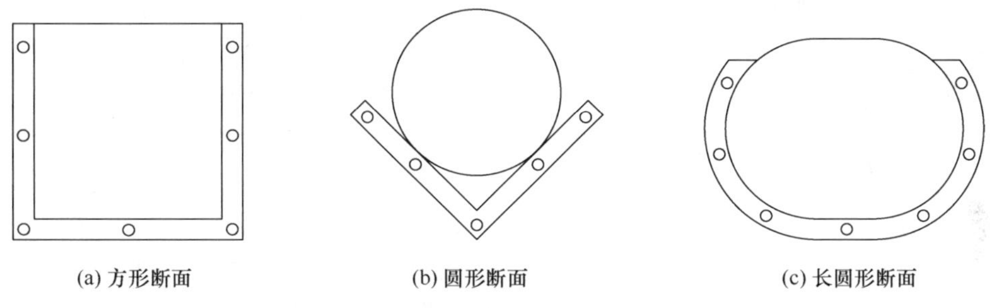

(a) 方形断面　(b) 圆形断面　(c) 长圆形断面

图 8-8　进料槽的断面形状

进料槽相对刀盘平面的安装角度影响自由进料时削出的木片长度。如图 8-9 所示，$A'B'C'D'$为刀盘平面，BD'为进料槽的中心线，DD'平行于刀盘轴线，其值等于飞刀伸出量，则削出木片的长度 l 为

$$l = BD' = \frac{DD'}{\cos\alpha_1} = \frac{CD'}{\cos\alpha_1\cos\alpha_2} = \frac{h}{\cos\alpha_1\cos\alpha_2} \tag{8-4}$$

式中：h——飞刀的伸出量（装刀高度）；

α_1——倾斜角，即进料槽的中心线与水平面之间的夹角；

α_2——偏角，即进料槽的中心线在水平面上的投影与刀盘轴线的夹角。

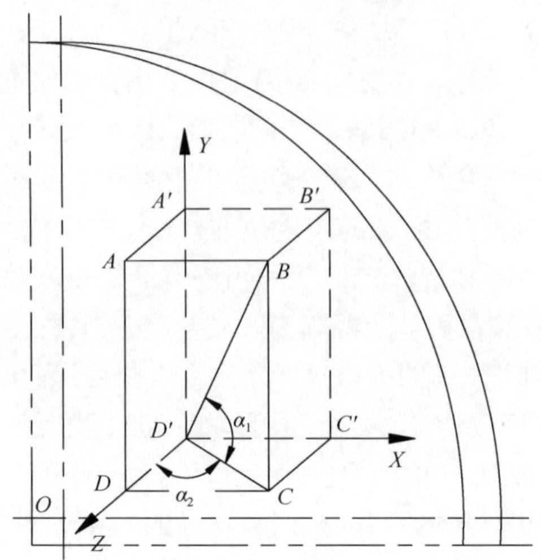

图 8-9　木片长度与进料槽安装角的关系

由于削片时原料尾端在进料槽中抬起，为获得要求的木片长度，实际装刀高度 h 应比计算值小 2mm 左右。进料槽倾斜角 α_1 取 45°~52°，偏角 α_2 取 20°~30°，它们的大小不但影响木片的长度及厚度，而且还影响木片的切口面积、木片质量和削片的动力消耗。倾斜进料的进料槽通常还有转角 α_3，即进料槽底面与水平面的夹角，其作用是使木料在切削时沿槽底滑向刀盘中心，有利于实现连续切削、减小切削的阻力矩。对于水平进料的进料槽，$\alpha_1=\alpha_3=0°$，只有偏角 α_2。由于偏角的作用，使削片机在削片时产生的进给方向分力牵引木料向刀盘作进给运动。

3）排料

盘式削片机的排料分为上排料和下排料两种形式。上排料是在刀盘的外缘安装 6~8 个叶片，它在刀盘转动时产生气流，把削出的木片沿刀盘的切向从上排料口经排料管送到旋风分离器，落入木片料仓。当刀盘的转速较高或直径较大（刀盘线速度较大）时，为防止过度打碎木片，减小削片机的动力消耗，在刀盘上不装叶片，削出的木片由下部开口的机壳直接落到皮带运输机上输出，这称为下排料。

2. 盘式削片机的削片原理

1）切削运动分析

如图 8-10 所示，对于结构参数已定的盘式削片机，在削片过程中，切削速度 v 的方向与进给速度 u 的方向形成的遇角 ϕ 是不变的，且与木料的厚度和径级大小无关，飞刀对木料产生的牵引力的方向不变。因此导出木料被飞刀牵引向前进

给的速度 u 为

$$u = v\frac{\sin\alpha}{\sin(\alpha+\phi)} \tag{8-5}$$

式中：v——飞刀的切削速度；

α——飞刀的安装后角；

ϕ——遇角。

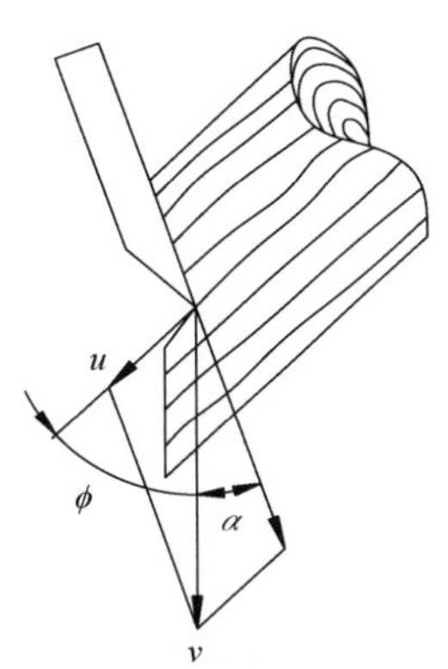

图 8-10　盘式削片机的切削运动分析

盘式削片机削片时，木料沿着进料槽移动，主要是由于飞刀对木料的牵引力（切削力在进给方向的分力）作用所致。牵引力的大小虽与木料的树种、含水率等因素有关，但其大小足以带动木料克服摩擦阻力向刀盘方向进给。因此大多数盘式削片机不采用强制进给机构，并且适宜加工厚度或径级较大的木料。

从上述分析可知，由于盘式削片机的飞刀在切削过程中形成的切削平面是固定不变的，在每一切削层的切削过程中，基本上始终通过底刀刃口，飞刀和底刀可以很好地形成剪切机构。这也使得盘式削片机比鼓式削片机的削片质量好。

木料在飞刀和底刀的剪切作用下，被切下的木块（切屑）经过刀盘的窄缝时，由于受到飞刀前刀面的挤压作用，被分裂成一定厚度的木片。木片的厚度不仅取决于木片的长度和木材的物理机械性能等因素，还与进料槽及飞刀的安装角度以及飞刀的刃磨角等因素有关。当飞刀的刃磨角和安装后角较大时，削出的木片较厚，反之较薄。

2）多刀盘式削片机的连续切削原理

如图 8-11 所示，连续切削是指在切削过程中，木料一直处于由一把或一把以上的飞刀进行切削的状态，也就是第一把飞刀尚未离开木料时，下一把飞刀已经切入木料进行切削。

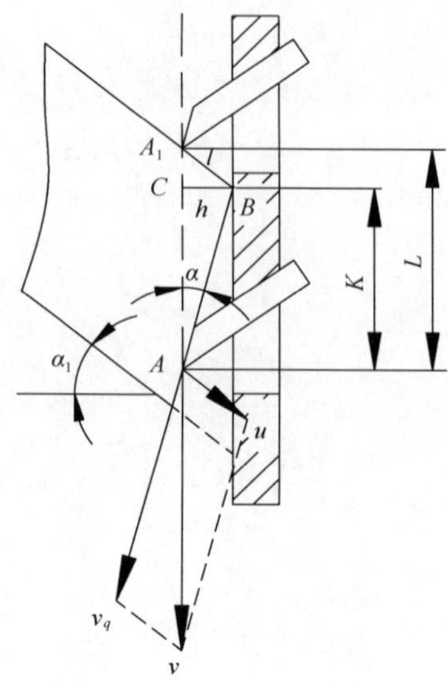

图 8-11　连续切削原理图

平盘式削片机中，少刀盘式削片机由于安装的飞刀数量较少，对木料的切削是间歇进行的。这不仅使木料在削片过程中容易跳动，影响木片质量，而且使削片机的生产效率低，电机的负荷不稳定。为了改善这种状况，可采用多刀盘式削片机进行连续切削，使木料连续不断地受到飞刀牵引力的作用。多刀盘式削片机的切削机构和少刀盘式削片机相似，只是在刀盘上多装一些刀片，一般为 8~12 片，最多达 16 片。

保证多刀盘式削片机连续切削的条件有以下两个。

（1）两把飞刀刃口之间距离应小于或等于木料在切削方向的截面尺寸，即

$$\frac{2\pi R}{Z} \leqslant \frac{d}{\cos \alpha_1} \tag{8-6}$$

式中：R——飞刀刃口中点至刀盘中心的距离；

Z——飞刀数量；

d——木料直径或厚度；

α_1——进料槽的倾斜角。

（2）飞刀的安装后角 α 应符合下述要求。参见图 8-11，削片过程中，木料在牵引力的作用下作进给运动，被切削面紧贴着飞刀的后面作相对滑动，若被切削木料的上端已移到刀盘面 B 点处，相邻的下把飞刀就应开始切削。为此应使

$$\tan \alpha = \frac{h}{L - l \sin \alpha_1} \tag{8-7}$$

式中：h——飞刀的伸出量；

L——相邻两飞刀刃间的平均距离，$L\approx 2\pi R/Z$；

l——木片长度。

满足条件（1）只能保证连续削片，但不能保证木料连续进给；只有同时满足条件（1）和（2）才能实现连续削片，并使木料连续进给。利用多刀盘式削片机切削枝丫或板条时，不易形成连续切削，为充分发挥设备的作用，最好采用成捆进料。

多刀削片机由于飞刀数量的增加，装刀方法若采用少刀盘式削片机那样则无法安装。因此，多刀盘式削片机的飞刀是固定在刀盘的窄缝中的，飞刀的前面与刀盘平面夹角一般为 45°。如图 8-12 所示，飞刀 4 安装于飞刀座 2 上，飞刀座装在刀盘上。飞刀的夹紧是用带有螺栓 1 的刀夹 5 实现的。刀盘正面衬以耐磨的扇形护板 6，用埋头螺钉固定在刀盘上。为了减少换刀和调整的辅助时间，飞刀的调整是在机外进行的。调整时，把每次刃磨后的刀片放入调刀盒内，通过调节装在飞刀后面的定位螺钉 3 来调整飞刀的伸出量。

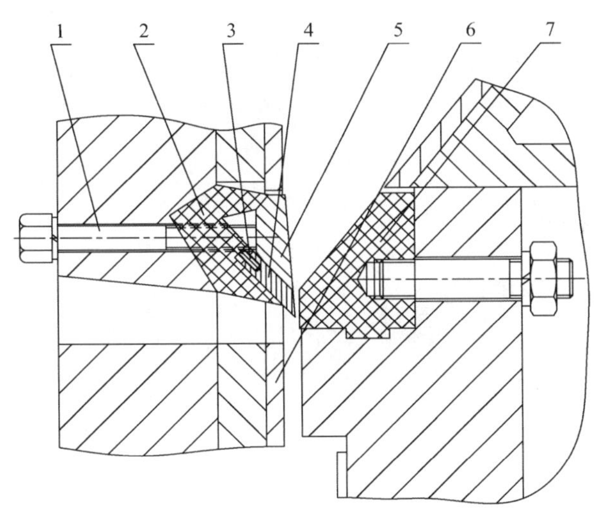

图 8-12　多刀盘式削片机飞刀和底刀的安装

1. 螺栓；2. 飞刀座；3. 定位螺钉；4. 飞刀；5. 刀夹；6. 护板；7. 底刀

多刀盘式削片机与普通盘式削片机比较，其特点是：由于实现了连续切削，减少了木料的跳动，所以削片质量较好；由于飞刀数量增加和刀盘转速的提高，使其生产能力比普通盘式削片机提高 50%~100%；电机的负荷较稳定；刀盘的转速高，能蓄存较多的能量，单位生产能力的装机容量较小，可采用电机直联传动。多刀盘式削片机的刀盘转速高，削出的木片易被击碎，故应采用下排料。

3. 螺旋面盘式削片机

多刀盘式削片机的连续切削条件中，求得的飞刀安装后角 α 是按平均刀距计算的。实际上，刀距 L 在刀盘的不同半径处是不同的，随刀盘半径的增大而增大［可参见图 8-7（a）］。因此，由式（8-7）导出切削木片长度 l 的表达式为

$$l=\frac{L-h/\tan\alpha}{\sin\alpha_1} \tag{8-8}$$

由式（8-8）可知，当飞刀的伸出量 h 和进料槽的倾斜角 α_1 一定时，若飞刀的安装后角 α 不变，则木片的长度 l 随刀距 L 的变化而变化。要使木片的长度 l 不变，就应使飞刀的安装后角 α 随刀距的增大而减小，因此要求飞刀的刃磨角由内至外逐渐增大。为使木料的被切削面紧贴刀盘面滑动，减小接触应力和木料跳动，提高削片质量，应将刀盘面做成刀后面的延伸面，即相邻两把刀之间的扇形刀盘和飞刀后面构成一个端向的螺旋面。

螺旋面盘式削片机的结构除刀盘外基本与普通盘式削片机相同。BX1710 型螺旋面盘式削片机的刀盘结构如图 8-13 所示。飞刀 4 装在垫刀块 5 上，垫刀块用螺钉 9 固定在刀盘上，压刀块 3 压住飞刀。由飞刀后面、压刀块和扇形块 6 组成端向螺旋面。飞刀的刃磨角由内至外从 31°09′ 增大至 36°59′，以保证后角由内至外逐渐减小。

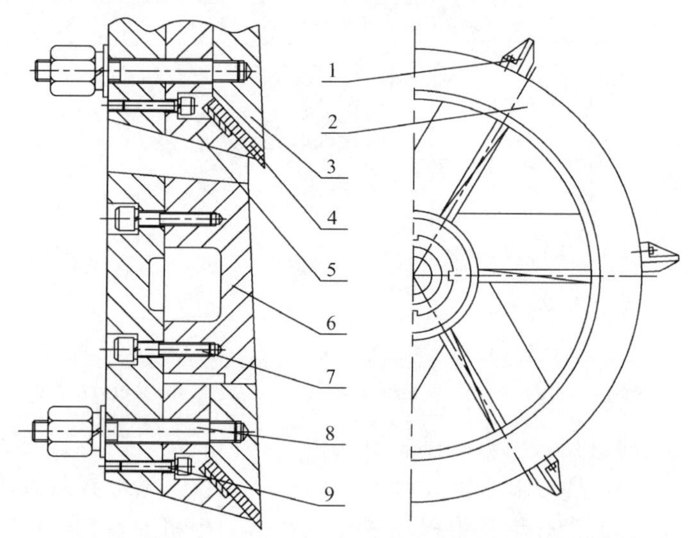

图 8-13　BX1710 型螺旋面盘式削片机的刀盘结构

1. 叶片；2. 刀盘；3. 压刀块；4. 飞刀；5. 垫刀块；6. 扇形块；7、9. 螺钉；8. 螺栓

螺旋面盘式削片机的特点是：削片质量好，木片长度均匀，产生的碎屑少；飞刀对木料的牵引力大，特别适合自由进料；木料的被切削面与刀盘接触面大、比压小，减小了刀盘表面的磨损；运转平稳，动力消耗少。但是，这种削片机改变木片的长度困难，因为改变飞刀伸出量后，压刀块和扇形块均需更换，且压刀块和扇形块表面的加工需专用设备。

8.2　刨　片　机

8.2.1　概述

刨片机是将小径木段、木片及木材碎料等原料加工成一定厚度规格的刨花的设备。其切削特征为横向切削或横纵向切削，最好为无端向切削。对刨片机的主要工艺要求是：加工出的刨花厚度均匀，切削表面光滑平整、裂口浅、数量少，产生的碎屑少。刨花的厚度一般为 0.1~0.8mm，主要用作刨花板的表层和芯层刨花。

刨片机按其切削部分的结构可分为鼓式刨片机、盘式刨片机和环式刨片机等（图 8-14）。

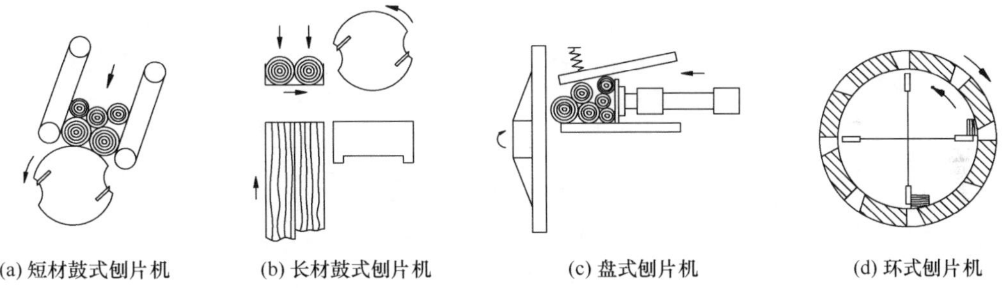

(a) 短材鼓式刨片机　(b) 长材鼓式刨片机　(c) 盘式刨片机　(d) 环式刨片机

图 8-14　刨片机的形式

鼓式刨片机的刀鼓分为轴型和筒型，大多数为轴型。盘式刨片机按其刀盘的布置分为立式和卧式。鼓式和盘式刨片机均采用强制进料，分为连续进给和间歇进给，连续进给的大多采用带齿的链条进料。另外，鼓式和盘式刨片机按其加工的木段原料是否需要截短也分为短材和长材刨片机。

环式刨片机按其刀环的形状分为鼓轮型（圆柱形）和锥轮型（圆锥形）。按刀环是否旋转分为单鼓轮、双鼓轮和双锥轮型。单鼓轮型环式刨片机刀环不转，双鼓轮型和双锥轮型环式刨片机刀环旋转。环式刨片机加工刨花的原料是削片机削出的木片或木材碎料。

早期生产刨花板时使用的盘式刨片机，由于生产效率低、结构尺寸和原料消耗量大等原因，目前大部分已被鼓式刨片机所代替。当前，由于木材质量的下降和林区木片工业的兴起，环式刨片机应用的越来越普遍。但北美一些国家仍采用盘式刨片机加工大片刨花，用于生产大刨花板（华夫板）。

8.2.2　鼓式刨片机

1. 鼓式刨片机的刨片原理

鼓式刨片机与鼓式削片机的切削特征虽然不同，但均属铣削。如图 8-15 所示，得到的刨花厚度 S 为变量

$$S = u_Z \sin\varphi = \frac{1000u}{nZ}\sin\varphi \tag{8-9}$$

式中：u_Z——每刀进给量；

u——进给速度；

n——刀鼓转速；

Z——刨刀数量；

φ——切削遇角，即进给方向与切削方向的夹角，(°)。

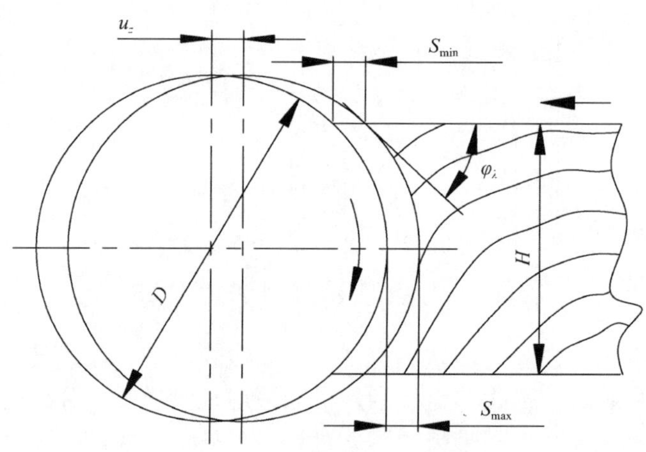

图 8-15　鼓式刨片机刨片原理

由式（8-9）可知，刨花的厚度是随遇角的变化而变化的（遇角定义与削片机相同）。刨刀切入或切出木料时，刨花最薄，其厚度 $S_{min}=u_z\sin\varphi$；$\varphi=90°$时，刨花最厚，其厚度 $S_{max}=u_z$。刨花的厚度按正弦曲线变化，其厚度的均匀性 ε 为

$$\varepsilon = \frac{S_{\min}}{S_{\max}} = \sin\varphi_\lambda = \sqrt{1-(\frac{H}{D})^2} \tag{8-10}$$

式中：H——木料厚度；

D——刀鼓直径；

φ_λ——刨刀切入木料时的遇角。

由式（8-10）可知，刀鼓直径越大，木料厚度越小，刨花厚度的均匀性越好。据试验研究，当$\varepsilon \geqslant 0.71$时就可以满足生产刨花板的工艺要求。

刨花的长度由采用的梳齿刀的刀齿宽度或相邻两割刀间距的大小决定。采用割刀切断纤维的动力消耗是采用梳齿刀的 2~3 倍。刨花的宽度是在切削过程中自然形成的，主要取决于排料槽的深度、形状以及木材的物理机械性能。

刨刀的安装平面与刀鼓的轴线之间的夹角称为倾斜角，用 ω 表示。当 $\omega=0°$ 时，刀刃与刀鼓轴线平行。试验表明，当 $\omega\approx10°$时，可以改善刨花质量，提高切削的平稳性。通常采用的 $\omega=10°$~$15°$。刨刀的切削角度建议采用：切削角 $\delta=45°$~$55°$，后角 $\alpha=6°$~$16°$，此时楔角 $\beta=39°$。

2. 短材鼓式刨片机

BX456 型鼓式刨片机[图(8-16)]属于短材鼓式刨片机，用于将截长为 550mm 的小径材或木段加工成优质刨花。

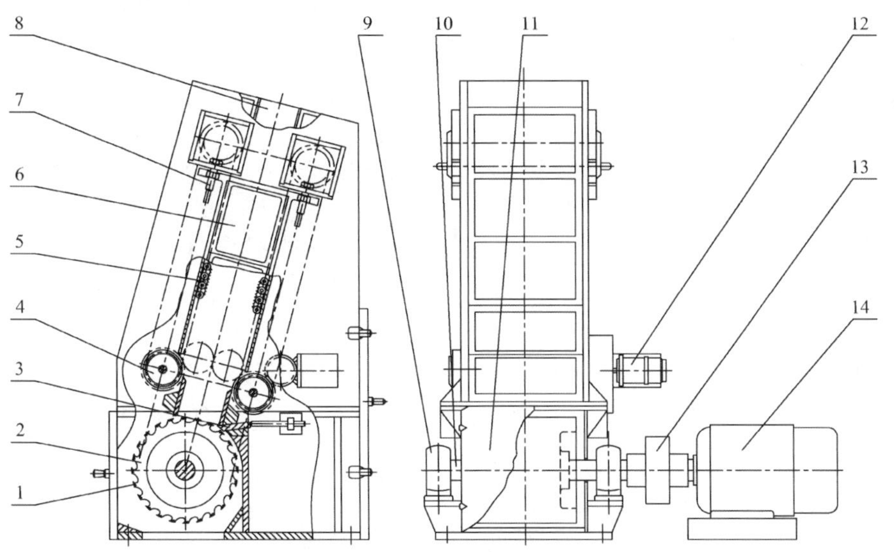

图 8-16　BX456 型鼓式刨片机

1. 刨刀；2. 刀鼓；3. 底刀；4. 进给传动系统；5. 进给链条；6. 进料槽；7.进料链张紧螺杆；8. 进料口；9. 轴承座；10. 主轴；11. 门；12. 液压马达；13. 联轴器；14. 电机

该机的进料槽 6 由钢板焊接而成，其中心线与水平面成 75°夹角。当木段放入进料槽后，由两组带齿的进给链条 5 夹持并向前送进。链条由液压马达 12 通过齿轮、链轮驱动。通过调节液压马达的转速、改变进料速度来调整刨花厚度。

切削机构由刀鼓 2 和底刀 3 等组成。刀鼓用铸钢制成，套装在主轴 10 上，用键和防松螺母固定。电机 14 通过联轴器 13 直接带动主轴旋转。底刀 3 装在底刀座上，刨刀与底刀间隙一般为 0.4~0.5mm，其大小可通过移动底刀进行调节。

该机采用的直装（$\omega=0°$，即刨刀刃口线与刀鼓轴线平行）梳齿形刨刀的刀鼓形式，且在刀鼓外缘沿轴向开有 12 条装刀槽和 12 条排料槽，12 把梳齿形刨刀分别装在装刀槽中。梳齿形刨刀的形状如图 8-17 所示，图中示出的是相邻两把刨刀的结构及尺寸。刨刀的安装方法如图 8-18 所示，每把刨刀片 6 用螺钉 4 固定在刀夹 3 上，刀夹用螺钉 5 固定在刀鼓 1 的装刀槽中。根据刨花厚度的不同，刨刀的伸出量通过更换不同厚度的调整块 2 进行调整。每条排料槽中装有五个起限位作用的支撑块 7，并放在刨刀齿槽前，宽度略小于齿槽宽度。

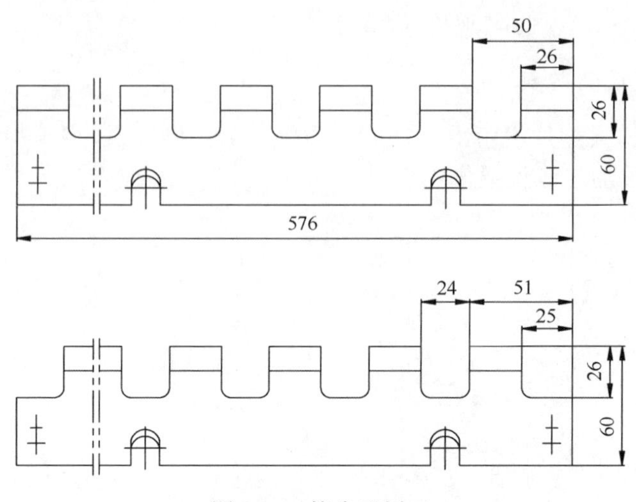

图 8-17　梳齿形刨刀

切削时，木料压在刀鼓的支撑块上，刨刀上的各个刀齿分别切下一片很薄的刨花，下一把刨刀的刀齿又切下前一把刨刀的齿槽部分留下的木材。刨花厚度为每刀进给量的 2 倍。

鼓式刨片机还有以下几种形式的刀鼓。

（1）直装梳齿形刨刀和无齿刀相组合。梳齿形刨刀的伸出量大于无齿刀的伸出量，前一把刀齿为梯形的梳齿形刨刀的各个刀齿从木材上分别切下一层薄刨花，相邻下一把无齿刀把之前梳齿形刨刀齿槽部分留下的木材切下。这种形式产生的

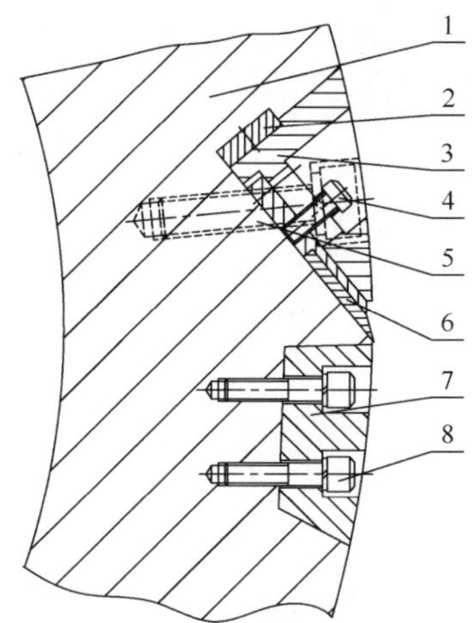

图 8-18 刨刀片在刀鼓上的安装

1. 刀鼓；2. 调整块；3. 刀夹；4、5、8. 螺钉；6. 刨刀；7. 支撑块

碎料少，梳齿形刨刀的刀尖部分强度高，耐磨性好，不易烧焦。

（2）刨刀斜装（ω=10º~15º），割刀切断纤维。这种鼓式刨片机在刀鼓上按一定间距焊接有多把割刀，割刀的伸出量大于刨刀的伸出量。刨切刨花时，割刀先将木材纤维切断，然后刨刀再切下薄片刨花。由于刨刀斜装，刀刃为椭圆曲线，两端刃磨角不同，因此刨刀刃磨困难；但切削平稳，刨花表面质量有所改善，但不适于加工长料。

（3）双曲面刀鼓。刀鼓为分段结构，每段斜装有直刃梳齿形刨刀，刨刀刃旋转形成曲率不大的双曲面。这种形式的刀鼓切削平稳，刨花质量好，刀鼓可以较长，生产能力高。

（4）采用复合刨刀片。在刨刀片的前面焊上或冲压出割刀，简化了刀鼓结构，优点是切削平稳、并降低了杂声。

3. 长材鼓式刨片机

长材鼓式刨片机又称刀轴式刨片机，可以将原木、小径木、圆木芯和枝丫材等原料不经截断加工出大片优质刨花。这种刨花形态好，可提高刨花板的物理机械性能，降低施胶量；不但可以用来生产优质的普通刨花板，还可以用来生产定向刨花板和华夫板。

图 8-19 为 BX446 型长材鼓式刨片机的结构，主要由送料装置、重压装置、侧压装置、刀轴部件、传动装置、换刀装置、室压装置，以及电控、液压系统等部分组成。

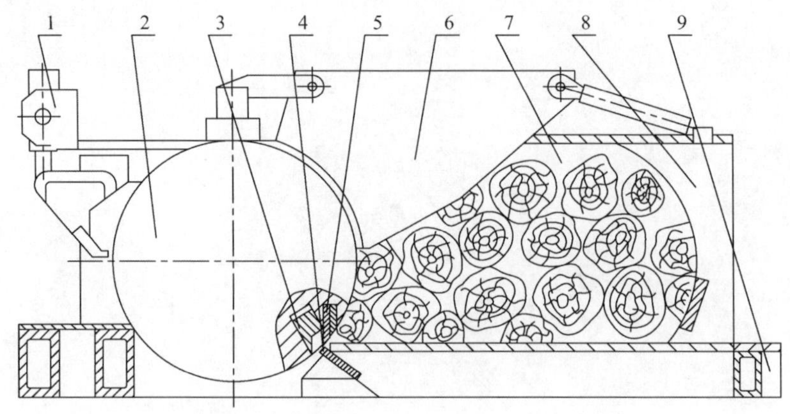

图 8-19　BX446 型长材鼓式刨片机结构

1. 换刀装置；2. 刀轴；3. 楔形块；4. 底刀；5. 刨刀；6. 室压装置；7. 切削室；8. 侧压装置；9. 滑座

该机的重压装置（图中未示出）、室压装置 6 位于切削室 7 的上端。切削刨花时，刀轴 2 位于起始位置，木料通过与刀轴进给方向成 90º的链板式送料装置（图中未示出）进入切削室，进料量由装在送料装置中的计数传感器控制，每次进料长度约等于刀轴的长度。进料到位后，计数传感器给出信号停止进料，重压、室压装置下降，侧压装置 8 水平方向推动木料，原料被夹紧在切削室内固定不动，然后刀轴 2 向木料方向进给、刨切刨花，直至侧压装置为止。刀轴切削到位后，快速退回到起始位置，重压、室压装置抬起，侧压装置后退，送料装置再一次将原料送入切削室，开始下一个切削过程。切下的刨花由滑座 9 下方的运输机送入刨花料仓。该机整个工作过程由 PLC 系统和液压系统共同控制完成，控制方式有手动和全自动两种。

BX446 型长材鼓式刨片机的刀轴的外缘装有 14 把直刃的梳齿形刨刀 5，用离心式楔形块 3 夹紧，刨刀与刀轴轴心线成 14º夹角。刀轴上的刨刀与安装在底刀座的底刀 4 构成切削机构，底刀刃磨成凸形，以便与刀轴旋转时刨刀刃形成的双曲面相适应。主电机通过高强度平皮带带动刀轴旋转，刀轴直径 620mm，转速 1330r/min。由于刀轴转速很高，所以必须经过动平衡。刀轴部件还配有液压制动装置，以确保设备安全运转和换刀定位。

该机的送料装置采用链板式传动结构，能承重载和冲击，并能适应各种原料的输送。链板由液压马达驱动，按要求的节拍向切削室送料。重压装置的作用是将原料压紧，使刀轴切削平稳。送料装置送料前，由两个同步油缸将其顶起，原料被送入切削室后，油缸向下运动，重压装置压紧原料。室压装置和刀轴部件及其传动装置均固定在滑座上。切削过程中，室压装置上的压摆始终浮压在原料上，当一个切削过程结束后，室压装置抬起。室压装置的压摆是通过油缸实现上下运动的。侧压装置的作用是从侧面将原料夹紧和定位。根据原料情况，侧压装置分为固定式和移动式，前者适合较粗原料，后者适合细小或松散的原料。刀轴部件及其传动系统、室压装置和换刀装置均固定在滑座上。滑座由油缸驱动，运动速度根据刨花厚度来调定。

8.2.3　环式刨片机

环式刨片机是用于将削片机削出的木片或木材加工剩余物中的小块碎料加工成刨花的设备。环式刨片机加工出的刨花是针状刨花，质量与鼓式或盘式刨片机相比较差。单鼓轮、双鼓轮和双锥轮三种形式的环式刨片机的刨片原理基本相同，目前生产中应用较为广泛的是双鼓轮刨片机。

1. 环式刨片机的组成与工作原理

图 8-20 为环式刨片机的整机结构，其主要由振动式进料器 1、磁选装置 4、重物分离装置 5、切削装置（即刨片机本体）及液压系统等部分组成。

图 8-20　环式刨片机的组成

1. 振动式进料器；2. 刨片机机座；3. 刀环；4. 磁选装置；5. 重物分离装置

为了保证刨花质量和生产能力，延长环式刨片机各部件的使用寿命，必须保证刨片机进料的均匀性。为此，环式刨片机通常采用振动式进料器 1 供料。振动式进料器的供料槽是弹性安装在机架上的。供料时，料槽底部安装的振动电机旋转（电机轴上安装有偏心块，电机旋转时产生激振），使供料槽振动，木片等原料便均匀地流入下面的磁选装置 4 和重物分离装置 5，并经风送进入环式刨片机的刀环 3 当中。振动式进料器 1 的进料量可以通过调整振动电机偏心块的偏重量进行调节。

振动式进料器除了用于供料外，还可以筛除木片中的细沙、泥土；磁选装置则用来清除混入木片中的铁质杂物；重物分离装置可以将混入木片中的石子、土块和过大的木片等清理出来。只有经过清洁后的木片才会被送入刨片机的刀环当中切削成刨花。因此，振动式进料器、磁选装置和重物分离装置共同起到了保护刨片机的刀片等不受损伤的作用。

2. 环式刨片机的结构

单鼓轮与双鼓轮环式刨片机的结构组成基本一致，主要由进料装置、传动装置、切削装置、动力装置及机座等组成。双鼓轮环式刨片机的各部组成结构如图 8-21 所示。

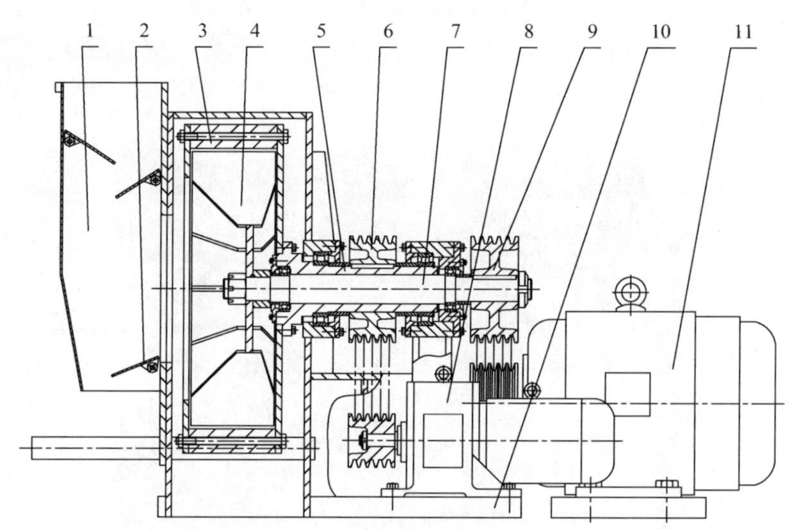

图 8-21　双鼓轮环式刨片机结构

1. 重物分离料斗；2. 挡板；3. 刀环；4. 叶轮；5. 套轴；6、9. 皮带轮；7.主轴；8. 减速电机；10. 机座；11. 主电机

1）进料装置

如图 8-21 所示，环式刨片机通常采用重物分离料斗 1 进料。重物分离料斗的两侧侧壁上安装有挡板 2，其作用是降低经磁选装置分选后的木片的下落速度。磁选装置分选后的木片中虽然不含铁质杂质，但还存在一些未能分离出来的石块或土块等。削片机工作过程中，叶轮 4 旋转时会带动空气高速流动，形成负压。较轻的木片被挡板减速后，在负压作用下会被“吸入”刀环当中，但较重的石块

或土块等杂质却不能。因此，重物分离料斗可以将木片中较重的杂质分离出来，防止其进入刀环损伤刀片。

一些大型的环式刨片机在料斗侧壁上还开有送风口，通过管道与风机相连，从而起到更好的送料和分选作用。

2）传动装置

双鼓轮型（包括双锥轮型）环式刨片机刨切刨花时，叶轮 4 高速旋转，刀环 3 低速反向旋转（若刀环固定即为单鼓轮型），因而需要两套传动装置分别驱动刀环和叶轮转动。其传动装置的结构通常为主轴与套轴结合的形式。如图 8-21 所示，套轴 5 通过间隙配合套装在主轴 7 上，套轴和主轴两端分别用轴承支撑。其中，套轴外侧的两个轴承安装于刨片机机座 10 上的轴承座内，主轴两端的两个轴承安装在套轴内，从而保证套轴和主轴能够同时旋转。

套轴前端的法兰盘与刀环侧壁连接，用螺栓固定。套轴中部安装皮带轮 6，减速电机 8 通过三角带驱动带轮、套轴及刀环旋转。由于刀环转速较低，也可以采用链传动驱动刀环转动。如 BX468 型双鼓轮环式刨片机，即由链传动带动刀环慢速旋转，转速为 50r/min。

主轴的前端与刀环连接，用螺母锁紧。主轴尾端安装有带轮 9，主电机 11 通过窄形强力三角带驱动带轮、主轴及叶轮高速旋转。BX468 型双鼓轮环式刨片机就是采用此种传动方式驱动叶轮旋转的，其叶轮转速为 1500r/min。

3）切削装置

环式刨片机的切削装置主要包括刀环和叶轮，其结构如图 8-22 所示（图中仅示出了刀环和叶轮的一部分）。刨切刨花时，叶轮 7 高速旋转，刀环 1 低速反向旋

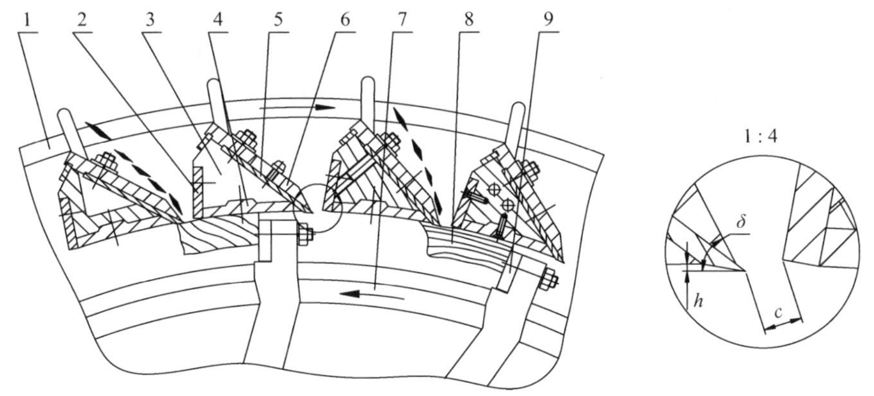

图 8-22　环式刨片机的切削机构

1. 刀环；2. 背压板；3. 支承座（弓形件）；4. 耐磨垫板；5. 刨刀；6. 压刀板；7. 叶轮；8. 木片；9. 叶片挡块；h. 刨刀伸出量；c. 刀隙；δ. 切削角

转，进入刨片机的木片 8 在离心力的作用下，紧贴于刀环的内表面，并被叶轮的叶片挡块 9 推动，压向刀环上的刨刀 5 进行刨切。切出的刨花从刨刀和背压板 2 间的缝隙排出刀环，再经机座下面的孔排出刨片机，用气力输送或机械输送装置送入刨花料仓。

环式刨片机刀环上安装刨刀的数量随刀环直径的大小而变化。如 BX468 型刨片机的刀环上，28 把刨刀分别装在 28 个支承座（弓形件）3 的安装面上，刨刀的伸出量可在 0.3~0.7mm 范围内调整。背压板装在与刨刀相对的另一支承座上，在支承座的内表面有耐磨垫板 4，形成刀环的圆柱形内表面。支承座用螺栓固定在两个法兰盘之间构成刀环。当刨刀磨损后，利用专门的液压缸，可将刀环卸下，换上备用的新刀环，这样可以大大减少换刀的辅助时间，更换刀环的时间仅为 10min 左右。

叶轮直接装在主轴的前端。叶轮上的叶片大部分是直装的，但也有的是斜装的，即叶片的刃部与叶轮的轴线呈一定的倾斜角度。斜装叶片在切削过程中，木片沿着叶片刃部从一个叶片滑向另一个叶片，形成锯齿形运动，延长了木片的运动轨迹，可以提高生产效率，降低切削阻力和动力消耗。叶轮上叶片装的越密，间距愈小，木片沿切削面分布越均匀，效率越高，但叶片的间距过小，会使木片不能顺畅地通往切削区，可能会造成叶轮的阻塞。

环式刨片机刨切刨花的基本条件是叶轮必须有足够的转速，其推动木片产生的离心力要大于切削时刨刀切削木片产生的径向分力（压出力）和木片重力之和。刀环的反向慢速旋转有利于木片进入刀环后在其内表面上均匀分布，可使各片刨刀的负荷均衡，防止堵塞，提高生产能力。此外，环式刨片机刨切刨花时，木片不可能都是横向切削，有的是纵向切削，个别的甚至为端向切削，而且切削时木片受压的一端会产生碎末，因此得到的刨花厚度、宽度不均，产生的碎料多，刨花形态大多数为针状，刨花质量不如鼓式和盘式刨片机的质量好。

3. 影响刨片过程和刨花质量的主要因素

（1）刨刀伸出量 h 和刀隙尺寸 c。如图 8-22 中局部放大图所示，刨刀伸出量 h 是指刨刀刀刃高出刀环内表面的距离。刨切刨花时，随着刨刀伸出量的增大，刨花的平均厚度及其厚度的不均匀性也会增大。刀隙尺寸 c 是指刨刀刀刃与背压板间的缝隙尺寸，它应与刨花厚度及刨刀伸出量相适应。

（2）径向间隙。径向间隙是指刨刀刀刃与叶片上挡块（相当于底刀）刃部之间的间隙。该间隙至少应等于刨刀安装高度的安装误差、刀环内表面的径向跳动、轴向直线度误差和叶轮表面的径向跳动之和。为了保证切削过程中挡块施加给木片足够的压力，最大径向间隙应小于或等于刨花厚度。

（3）刀刃的磨损程度。刨刀刃和叶片挡块刃的磨损程度对刨片过程、刨花质量和动力消耗的影响很大。刨刀刃的磨损会使切削阻力和动力消耗增大，刨花质量下降。若刨刀刃严重磨损，会使木片所受的压出力大于离心力，使刨片机不能正常工作，生产能力严重下降。叶片挡块刃严重磨损时，会使木片不能保证正确的运动方向，易使小木片在刨刀和叶片间隙处塞住并受到挤压，这也使动力消耗增大，产量和质量下降，甚至停车。

（4）原料状况。木片的尺寸规格、均整性、含水率和供料的均匀性均会影响刨片过程和刨花质量。其中，木片的含水率对刨花的质量影响较大，当木片含水率低于 30%时，产生的碎料和粉尘将显著增多。

复习题及作业题

1. 削片机和刨片机在功能和原理上有哪些不同，在分类和结构上又有哪些相同或类似之处？

2. 鼓式削片机和盘式削片机的结构组成包括哪些部分，平盘式和螺旋面式削片机在刀盘结构上有哪些不同？

3. 鼓式削片机能够自由进料的条件是什么，盘式削片机实现连续切削的条件有哪些？

4. 鼓式刨片机和环式刨片机所加工的原料有何不同，两者加工的刨花质量有何差别？

5. 鼓式刨片机和环式刨片机的切削装置结构有何不同，影响环式刨片机刨切刨花质量的主要因素有哪些？

第9章　热　磨　机

9.1　概　　述

将木片或其他植物原料分离成纤维是纤维板生产中的一个关键工序。纤维板质量的优劣很大程度上取决于纤维原料的质量，而纤维质量又直接与纤维分离设备技术性能的好坏有密切的关系。

9.1.1　纤维分离方法与设备

纤维板的物理力学性能一方面取决于单体纤维自身的强度，另一方面与纤维之间的相互结合性能有关，其中，纤维间的结合力是决定纤维板强度的主要因素。纤维分离得越细、比表面积越大、表面上的游离羟基数量越多，可以为提高纤维间的结合力提供有利条件。

纤维分离的目的就是在尽量少受损失纤维的前提下，消耗较少的动力将纤维原料分离成单体纤维或纤维束，使纤维均匀分离达到部分帚化，具有较大的比表面积和较好的交织性能，为纤维之间的重新结合创造必要条件。

1）纤维分离方法

纤维板生产中，将木材等植物原料分离为纤维的方法主要采用机械法，具体分为加热机械法、化学机械法和纯机械法三种。

加热机械法是将木材等原料用热水或饱和蒸汽进行水煮或汽蒸，使木材细胞的胞间层与细胞壁的木质素部分溶解或软化，降低纤维之间的结合强度，然后在常压或高压条件下，经机械外力的作用使其分离成纤维。加热机械法由于对原料进行了预处理，降低了纤维分离时的能耗，得到的纤维形态完整、柔韧性好，纤维得率也比较高，是目前应用最为广泛的纤维分离方法。

化学机械法是将原料预先用化学药剂（酸或碱）处理，使木质素和半纤维素受到一定程度的软化溶解和破坏，削弱纤维间的固有连接，再通过机械外力作用使其分离为纤维。该方法分离纤维会产生大量的废液、废气，造成对环境的危害；对木质素和半纤维素的溶解和破坏也较为严重，影响纤维得率；所得纤维具有酸性或者碱性，增加了纤维处理工艺的复杂性；此外还要考虑设备的防腐等问题。

纯机械法是将纤维原料预先用水浸泡或不经浸泡，仅依靠机械外力的作用使之分离成纤维。纯机械法的纤维分离度高、纤维损伤小，但其生产效率低，动力消耗大，目前已被淘汰。

2）纤维分离设备

上述几种纤维分离方法对原料的处理工艺各不相同，对各种原料的适应性也有差异，因而所用的设备也不相同。根据生产工艺的差别，目前纤维板生产中采用的纤维分离设备有热磨机、精磨机和高速磨浆机等几种。

热磨机适用于加热机械法分离纤维，它是在高温高压的条件下将木片等植物原料分离成纤维的一种连续式纤维分离设备，在纤维板生产中被广泛使用，是纤维分离设备中应用最为普遍的设备。

精磨机主要用于对粗纤维和纤维束进行进一步研磨和精整，以获得比表面积更大的细纤维，从而改善和提高纤维及成品板材的质量。精磨机结构与热磨机的主体部分基本相同，以往通常用于对热磨机制备的纤维进行精整。但目前因热磨机的磨盘尺寸越来越大，纤维分离质量已完全满足纤维板生产的需求，因此精磨机在功能上已经被热磨机所取代。

高速磨浆机又称盘磨机，通常用于化学机械法制备纤维。盘磨机的机械结构与热磨机也比较类似，但在纤维板工业中的应用并不广泛，主要用于造纸纸浆生产。

9.1.2 热磨机的结构

如图9-1所示，热磨机主要由进料装置2、预热蒸煮装置4、研磨装置（包括研磨装置5、传动与控制机构7及主电机8）及排料装置（排料管6）等组成，还包括用于监测、控制和传动的电气检测控制系统、液压传动装置等。

热磨机研磨分离纤维的生产过程为：由削片机切削的木片经筛选、清洗后被送入木片料仓3，料仓中的木片在电磁振动器的作用下，均匀地向进料装置2供料。木片经进料螺旋的压缩，在进料装置前端形成料塞，防止预热蒸煮装置4内的蒸气由进料装置向外喷出（俗称“反喷”）。料塞在进料螺旋进一步推动下，进入预热蒸煮装置。木片在预热蒸煮装置内被高温高压的饱和蒸汽蒸煮，蒸煮时间可以通过控制料位的高度来设定。经过一段时间的蒸煮、软化后，木片由蒸煮罐底部的排料螺旋送入研磨装置5，进入热磨机动、静磨盘的磨片间隙中，经过磨片的研磨将其分离成纤维，再经排料管6排出。

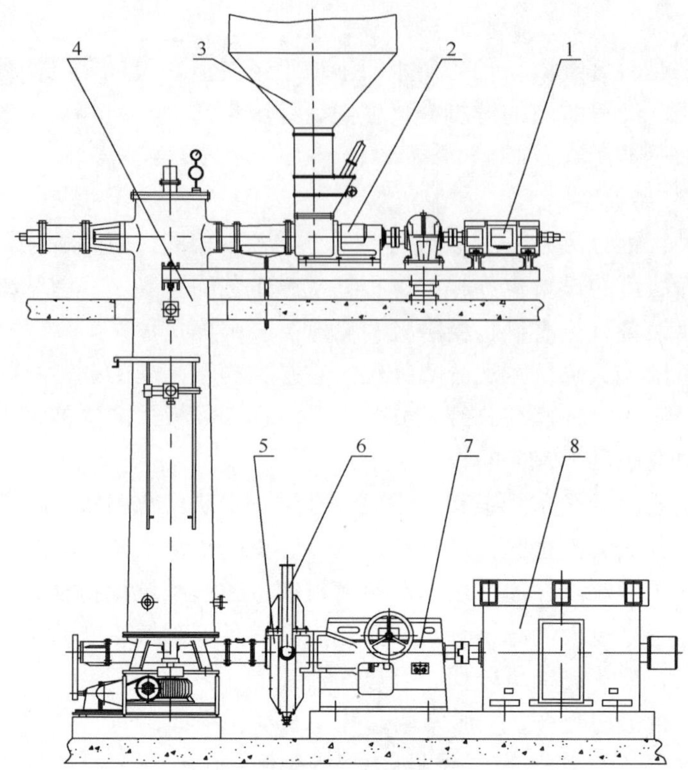

图 9-1　热磨机的结构组成

1. 进料电机；2. 进料装置；3. 料仓；4. 预热蒸煮装置；5. 研磨装置；6. 排料管；7. 传动与控制机构；8. 主电机

9.2　热磨机的进料装置

热磨机进料装置的作用是将来自木片料仓的松散物料（木片）连续、均匀地送入预热蒸煮装置的蒸煮罐中。由于热磨机是在高温、高压条件下工作的，又要适应连续性生产的需要，故进料装置的结构与特性应满足以下基本要求。

（1）能保证连续、均匀地供料，且在工作中可以调节供料量的大小。

（2）必须具有良好的密封性，以便有效地防止蒸煮罐内高压蒸汽的反喷。

（3）材料的要求上应有较好的强度、刚度与耐磨性。

（4）在结构上应与进料中产生的热胀、冷缩变化相适应。

热磨机的进料装置有螺旋式、活塞式和转阀式等三种类型。螺旋式进料装置对加热机械法纤维分离工艺的适应性好，能够连续进料，目前的热磨机基本都采用螺旋式进料装置输送物料；活塞式进料装置为周期性进料，只出现在早期的热磨机当中，目前已被淘汰；转阀式进料装置的结构比较简单，但对纤维分离工艺的适应性差，已极少采用。

9.2.1 木片料仓

连续、均匀地供料对保证热磨机的正常工作有着非常重要的意义。因此，热磨机都配备有木片料仓，它可以看作是进料装置的一部分，用于存储物料、作为纤维分离阶段的缓冲、保证连续生产。木片料仓位于热磨机进料装置的上方，通过下料槽与进料装置的入口相连接。在木片料仓与下料槽上都配有振动器。料仓上的振动器用光电装置控制其开闭，当料仓能正常下料时，振动器不工作，从而保证料仓中的木片不被振实；当料仓中的木片出现“搭桥”现象、不能连续供料时，光电控制装置使振动器打开，产生振动使“桥”破坏。下料槽上的振动器设成常开，可确保木片能够连续、均匀地下料。

9.2.2 螺旋式进料装置

螺旋式进料装置（也称为螺旋进料器）的作用是将木片连续地送入热磨机的预热蒸煮罐中。图 9-2 示出了螺旋式进料装置的结构，它主要由动力与传动机构（由电动机 9、减速器 8、联轴器 7、轴承箱 6 等组成）、螺旋式进料机构（进料螺旋 5、螺旋管 4 和外塞管 3 等组成）以及支座 2 等组成。

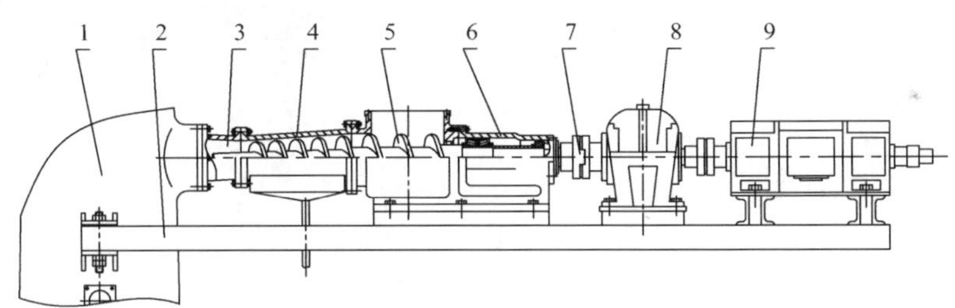

图 9-2 螺旋式进料装置的结构

1. 蒸煮罐；2. 支座；3. 外塞管；4. 螺旋管；5. 进料螺旋；6. 轴承箱；7. 联轴器；8. 减速器；9. 电动机

进料过程中，物料由木片料仓进入螺旋式进料装置的料槽后，由进料螺旋管 5 将其向前推送。进料螺旋的转速可通过直流电动机 9 调节，从而调节进料量。由于进料螺旋均采用变距螺旋，其输入端螺旋槽的容积比输出端大，能起到压缩木片的作用。因此，在物料输送过程中，螺旋不断对木片进行压缩，并在外塞管 3 处形成紧密的木塞，防止蒸煮罐内的高压蒸汽通过木片之间的间隙及进料螺旋逸出。外塞管处的料塞在后部木片的不断推动下，继续向前运动，最后经过内塞管和套管（图中未示出）进入预热蒸煮罐 1 中。

1. 支座

支座 2 用于支承和安装进料装置，它的一端通过两个悬臂搁置在蒸煮罐 1 上部两侧的支承装置上，另一端铰支在平台的基础上，铰支点的位置一般设在进料装置重心附近，使受力均衡。当蒸煮罐出现热胀、冷缩，罐体的垂直尺寸发生自由变化时，整个进料装置就可绕着支座中心作微量摆动。

2. 动力与传动机构

进料螺旋 5 由直流电动机 9 驱动，可以实现无级调速，从而调整进料量，以满足生产工艺的需要。电动机的输出轴通过联轴器与齿轮减速器 8 的高速轴相连接，减速箱的低速轴与轴承箱 6 之间用十字联轴器 7 连接，这样可以保证在传动轴与螺旋轴不能完全对中的情况下也能正常工作。

3. 螺旋进料机构

图 9-3 为某型号的螺旋式进料装置的结构，其主要由螺旋 4、螺旋管 3、集水槽 5、外塞管 1 等组成。

图 9-3　螺旋式进料装置的结构

1. 外塞管；2. 冲洗水管；3. 螺旋管；4. 螺旋；5. 集水槽；6. 轴承箱

1）螺旋

如图 9-4（a）所示，进料螺旋结构上通常采用组合式单头螺旋，整个螺旋分为加料段和压缩段。其中，加料段采用等距（S_1）的圆柱形螺旋，压缩段采用不等距（S_2~S_5）的圆锥形螺旋。螺旋的直径是指螺旋加料段的外径（D_1），它直接关系到进料量以及热磨机的产量。螺旋叶片的断面形状为梯形［图 9-4（b）］，棱面与其侧面之间则具有较大的夹角，并且其根部用较大的圆弧面（R_1、R_2）过渡，这样有利于物料的向前推移，同时又加强了螺纹根部的强度。此外，螺旋表面应光滑，减小摩擦以免造成积料。

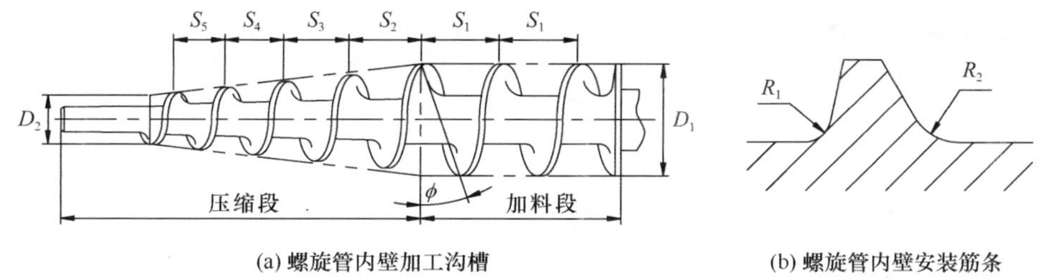

(a) 螺旋管内壁加工沟槽　　(b) 螺旋管内壁安装筋条

图 9-4　进料螺旋的结构

根据螺旋线的展开图可知，螺距 S 与螺旋升角 ϕ 之间的关系可用下式表示，$S=\pi D\tan\phi$。当螺旋的直径 D 为定值时，螺距 S 的变化便决定着螺旋角 ϕ 的大小。一般说来，螺距以小些为好，因为螺旋所产生的轴向力 $T=P/\tan(\phi+\rho)$。其中，P 为圆周力，ρ 为摩擦角。当螺距 S 较小时，螺旋角也较小，上式中的分母 $\tan(\phi+\rho)$ 便较小，从而可使轴向力 T 增大，这就有利于物料的向前推移。据试验，15° 左右的螺旋角最适合于长方形物料（如木片）的顺利进料。

由于螺旋末端是挤压和磨损最为剧烈之处，因此往往将末端最后半圈螺旋叶片逐渐向根部收缩，这就可以使前几级螺旋叶片来分担一部分负荷，从而延长螺旋的使用寿命。螺旋头部通常具有圆柱状的端部伸出轴，这有利于引导物料向前移动，形成密度趋于一致的料塞。

为了有效防止蒸汽反喷，进料螺旋在输送物料的过程中应能逐步将其压实。物料在螺旋管体内被压实的紧密程度，通常采用压缩比来表示。进料螺旋在管体内，起始端螺旋槽和末端螺旋槽的实际容积之比称为压缩比。进料螺旋的压缩比一般为 1.6~2.2。对于木片，宜取较小值，通常为 1.7 左右；对于碎单板及草类原料，则适宜取较大的压缩比。

2）螺旋管

螺旋管与螺旋相配合，用于实现对物料的压缩与输送。为了使物料在进料螺旋的推送下能够顺利地实现前移运动，必须使物料与螺旋管之间以及物料与螺旋之间的摩擦性能彼此保持适当的关系，否则，在一定的条件下，物料会随螺旋一同旋转，从而使物料的前移运动遭到破坏，使物料在螺旋管中“打滑”。

为了防止物料在螺旋进料装置中“打滑”，就必须设法使螺旋与物料之间的摩擦阻力变得越小越好，螺旋管与物料之间的轴向摩擦阻力也越小越好，而螺旋管与物料之间的切向阻力则越大越为有利。根据上述分析，为了增加螺旋管与物料之间的切向阻力，往往采取沿管壁开设纵向沟槽［图 9-5（a）］，或者加上数根纵向筋条［图 9-5（b）］等措施来实现。螺旋管壁及沟槽也应具有较高的表面光洁度。

为了便于制造和检修，螺旋管通常采用剖分式结构，管内的纵向筋条磨损后，必须及时维修或更换。

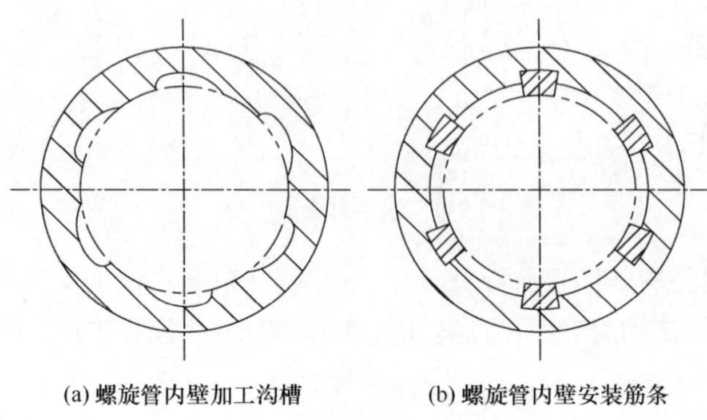

(a) 螺旋管内壁加工沟槽　　(b) 螺旋管内壁安装筋条

图 9-5　螺旋管的结构形式

此外，要求输送物料的含水率也不得超过一定值，以减少其黏附作用，否则就易于引起打滑和反喷。生产实践表明，含水率较高的北方地区冬季的冷冻木片与南方地区夏天的生湿木片，以及螺旋管的滤水孔过小、出现堵塞时，螺旋式进料装置都容易发生打滑和反喷，其基本原因即在于此。故螺旋管下半部需开设的滤水孔，其形状、大小、数量及其分布应保证物料中被挤出来的水分能及时地排出，同时又不会造成原料的流失。

3）外塞管

外塞管紧接于螺旋及螺旋管的末端，以形成密实的料塞，当其紧密度达到物料（即木材等）本身的密度时，就足以对高压蒸气起到密封作用。

外塞管的孔径和形状与料塞的紧密度有关，并且还关系到进料机构的动力消耗。在保证料塞具有适当紧密度的前提下，为了减小进料动力消耗，通常将外塞管的内孔做成出口略大于进口的锥形孔。据有关试验表明，最好是根据不同的原料采用不同形状的内孔。对于木片，除可用锥形孔［图 9-6（a)］外，更合理的是组合形内孔［图 9-6（b)］，这种塞管既密封得较好，又可减少动力消耗；对于草本类原料，则可采用圆柱形内孔的外塞管［图 9-6（c)］。

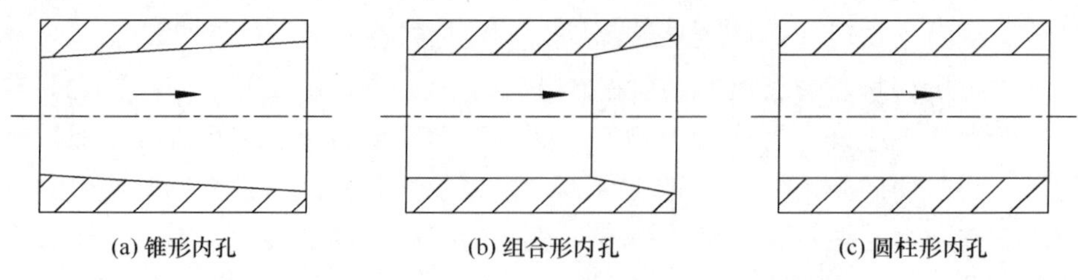

(a) 锥形内孔　　(b) 组合形内孔　　(c) 圆柱形内孔

图 9-6　外塞管的类型

外塞管的长度也关系到设备的工作性能。外塞管过短，料塞的紧密度会不足，其密封作用不良。但外塞管也不宜过长，以免出现过大的摩擦阻力和动力消耗，甚至会造成过于坚硬的料塞，即使能实现进料，也会造成大量木片破碎，影响纤维质量。

9.2.3 回转式进料装置

采用螺旋式进料装置的热磨机，由于木片在输送过程中受到螺旋的剧烈挤压，其中有些纤维会受到损伤，在显微镜观察下，所分离的纤维中往往会发现明显的断裂痕迹。采用回转式进料装置（也称为回转阀）进料，可以避免纤维的损伤，同时在设备生产能力相同的情况下，回转阀所需的动力比螺旋式进料装置低得多，而且回转阀在工作原理上不存在反喷问题，对各种原料具有广泛的适应性。但回转式进料装置由于不能挤出木片中含有的多余水分，通常会给后续的原料蒸煮和纤维干燥环节带来热耗增高的问题，所以在生产中应用的很少。

图 9-7 为回转阀的结构，它主要由转子 2 与阀体 3，以及附属的间隙调整机构 1、冷却水管 4、平衡管 5、排气管 6、进气口 7 及刮刀 8 等构成。转子 2 安装于精密配合的阀体 3 内旋转，转子上有若干个空腔。工作中，当空腔向上时，腔内即可装上物料；当转子回转、这一空腔向下时，腔内所装的物料即会因自重而下落，实现供料。

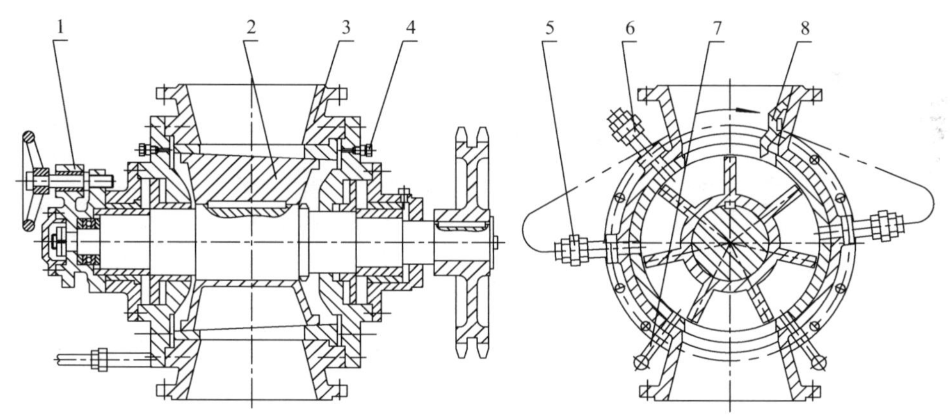

图 9-7 回转阀的结构

1. 间隙调整机构；2. 转子；3. 阀体；4. 冷却水管；5. 平衡管；6. 排气管；7. 进气口；8. 刮刀

回转阀的转速与进料量之间存在着一定的相互关系，进料量应与设备所要求的生产能力相适应。在一定范围内，随着转速的提高，其进料量会相应地增加，但超过一定值后，则随着转速的增加反而会使进料量下降。这是因为转子在高速下运转时，空腔内的物料填充系数会变小。通常回转阀设定的转速为 15~25 r/min。

9.3　热磨机的预热蒸煮装置

9.3.1　预热蒸煮装置的工作原理

热磨机预热蒸煮装置的作用是对原料进行蒸煮，使其充分软化。经过蒸煮软化的原料，纤维的破坏损伤较小，可获得柔韧的纤维，还可大大降低纤维分离时的动力消耗。由于木片等原料是用高温、高压蒸汽进行连续处理的，因此预热蒸煮装置的结构除了必须与热磨机的产量相适应外，还应满足对饱和蒸汽压力、温度加以检测，对蒸煮时间加以控制等工艺要求，此外还需考虑设备的强度、耐腐蚀性及耐磨性等。

目前的热磨机都采用立式预热蒸煮装置，它主要由立式蒸煮罐 4（预热罐）、止回阀 1、料位控制器 5、排料机构 7 等组成（图 9-8）。

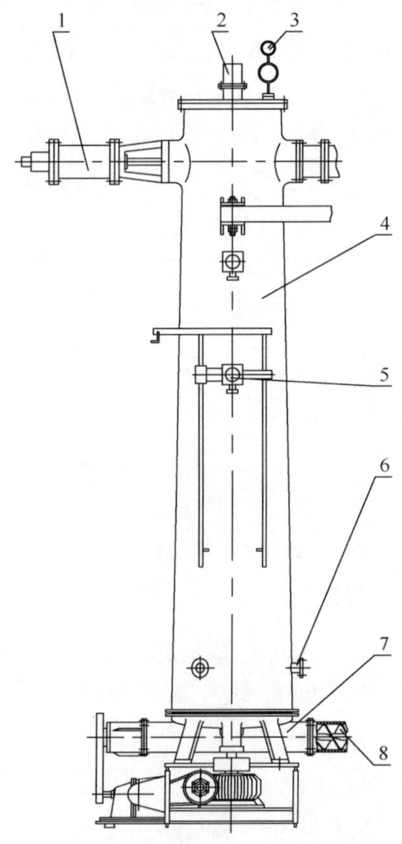

图 9-8　预热蒸煮装置的结构

1. 止回阀；2、6. 蒸气管；3. 压力表；4. 蒸煮罐；5. 料位控制器；7. 排料机构；8. 出料螺旋

由进料装置输送的木片等物料进入蒸煮罐 4 后，会在罐内堆积一定的高度，料位高度的高低由料位控制器 5 进行检测和控制。罐内的木片是由高温饱和蒸汽进行蒸煮软化的，蒸汽由蒸汽管 2 和 6 通入罐体内，蒸汽温度一般为 150~180℃，对应的蒸汽压力为 0.6~0.8MPa，蒸煮时间根据原料材种的不同控制在 2~5min 以内。堆积的木片被蒸煮的同时，蒸煮罐底部排料机构 7 的出料螺旋 8 又将部分已经蒸煮完成的木片排出蒸煮罐，送入热磨机的研磨装置。如此循环，蒸煮罐就实现了对木片的连续蒸煮。

9.3.2 预热蒸煮装置的结构

1）蒸煮罐与蒸汽管

蒸煮罐是预热蒸煮装置的主要部分，是高温、高压蒸汽对原料进行软化的场所。蒸煮罐的罐体是由不锈钢制成的受压容器，为了适应在高压蒸汽作用下有较合理的应力状态，罐体采用圆筒状结构，在转折处均用圆角过渡。蒸煮罐上共有四路蒸汽管通入蒸汽，蒸汽管 2 设置于蒸煮罐的顶部，另外三路蒸汽管 6 设置于靠近罐体底部同一水平面的圆周位置上，以互成 120° 角安装。这样有利于蒸汽穿透与渗入料堆内部，使物料软化更加均匀，亦可防止物料在罐中板结搭桥。为了调节蒸汽压力及其流量，汽路系统中装有减压阀、截止阀等，罐体上还配有压力表 3、安全阀等，以保证蒸煮罐的安全。

2）防反喷装置

防反喷装置安装在蒸煮罐的上部，与螺旋进料装置相对的一侧。防反喷装置也称止回阀，主要由气缸及气缸活塞杆伸出端所带的锥形塞组成，作用是当进料螺旋所形成的料塞较疏松时，靠气缸的气压作用使锥形塞封住内塞管的出料口，防止“反喷”现象的发生。同时，对于螺旋式进料装置，可以利用止回阀在其出料口侧施加一定阻力，保证形成密实的料塞，也有利于热磨机启动时初始料塞的形成。

图 9-9 为防反喷装置的结构，它主要由锥形塞 1、气缸 5 及支座 4 等组成，是利用螺旋进料装置驱动电机的负荷变化来实现控制的。工作时，若进料电机的电流值明显下降，说明进料负荷小，料塞不密实。通过控制装置使电磁阀 8 动作，压缩空气会作用在活塞 6 的右端，活塞杆 2 带动锥形塞作轴向运动，堵住内塞管的出料口并压紧料塞，防止蒸汽反喷。随着料塞紧密度的提高，进料负荷增加，电机的电流值上升到一定值后，控制装置使锥形塞自动打开。防反喷装置也可以通过手动方式进行操作。

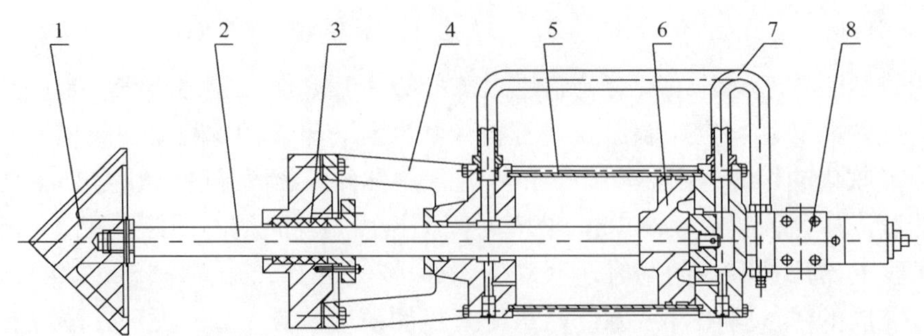

图 9-9 热磨机的防反喷装置

1. 锥形塞；2. 活塞杆；3. 盘根；4. 支座；5. 气缸；6. 活塞；7. 进气管；8. 电磁阀

另一种防反喷装置的控制方式是利用气压“浮动”的原理，它是在止回阀气缸的无杆腔始终保持有 0.2~0.3MPa 的压缩空气。当进料螺旋还没有形成料塞或料塞较松散时，锥形塞始终堵住内塞管的出料口，防止蒸汽反喷；当料塞形成并达到一定的紧密程度后，在进料螺旋的推动下，才能顶开锥形头进入蒸煮罐，同时锥形头在气压的作用下对排出的料塞还能起到一定的破碎作用，以更好地进行蒸煮软化。

3）料位控制装置

木片在蒸煮罐内蒸煮时间的长短对于纤维的分离是非常重要的，木片的蒸煮时间由罐内的料位高低来决定。在卸料器运输螺旋转速一定的条件下，料位越高，木片在蒸煮罐内停留的时间就越长。为了监测和控制罐内物料的堆积高度，实现对蒸煮时间的控制，故在蒸煮罐设置料位控制装置，目前广泛应用的是γ射线料位控制器。

γ射线料位控制器是利用原料对γ射线的衰减吸收作用，使从辐射源射出、到达接收器的γ射线的强度发生变化，从而使料位控制器输出的电流脉冲信号出现改变，再通过仪表发出信号和警报，或通过执行机构直接对进料螺旋驱动电机的转速进行自动调节。

如图 9-10 所示，蒸煮罐上γ射线料位控制器一般设置有两组，分为上限料位控制器 1 和工艺料位控制器 2。上限料位控制是一种安全保护措施，用来防止蒸煮罐内物料堆积过高。若蒸煮罐内的料位超过极限位置时，接收器产生的电流信号变化使控制系统工作，切断螺旋进料装置驱动电机的电路，即停止向蒸煮罐内供料。只有当罐内的物料下降到上限料位以下时，螺旋进料装置的电机才能重新启动，使其继续供料。

蒸煮罐内原料料位的高低，决定于由生产工艺确定的原料蒸煮时间，故下料位器（工艺料位控制）的位置应能根据生产需要进行调节。下料位控制器的位置

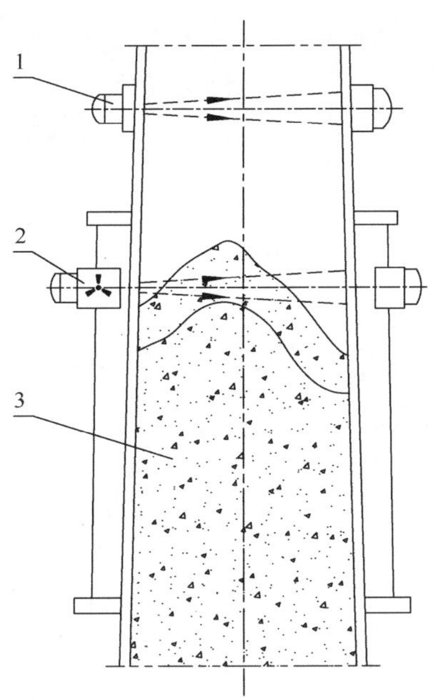

图 9-10 料位探测原理

1. 上限料位控制器；2. 工艺料位控制器；3. 物料

确定后，当物料的位置低于给定值时，接收器收到的射线强度增大，通过转换给出信号，加快螺旋进料装置驱动电机的转速，从而加速进料，直至料位高度高于给定的值。物料的位置高于给定值后，再恢复进料螺旋电机的转速。

热磨机下料位控制器的位置调整机构如图 9-11 所示。在蒸煮罐外壁两侧安装有相对应的两组导轨 1，γ射线料位器的放射源 3 和接收器（图中另一面，未示出）分别装在小车 2 上，小车由链条 7 牵引。转动手柄 4 时（也可由电机驱动），通过链条可带动小车的上升与下降，调整下料位控制器的位置。热磨机的料位控制器一般用 Cs137 或 C60 作为放射源，有放射性，因此在使用过程中应严格遵守操作规程，以确保安全生产。

4）卸料器与送料螺旋

卸料器与送料螺旋安装于蒸煮罐的底盘上，用于将蒸煮好的物料均匀、连续地供给热磨机的研磨装置。图 9-12 为热磨机蒸煮罐底盘上的卸料器与送料螺旋。卸料器在罐底内部的部分有拨料爪 2 及锥形帽 3，均用不锈钢材料制成，驱动电机 9 通过蜗轮蜗杆减速器 8 带动拨料爪的慢速转动，不断拨动物料防止木片在蒸煮罐内“搭桥”，并使物料逐步落入罐底缺口下面的送料螺旋 1 内，送入热磨机研磨。

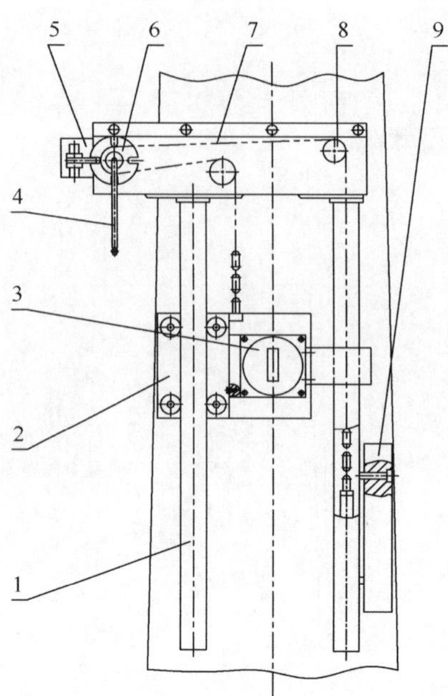

图 9-11 下料位控制器

1. 导轨；2. 小车；3. 放射源；4. 手柄；5. 定位卡；6. 圆盘；7. 链条；8.链轮；9. 配重

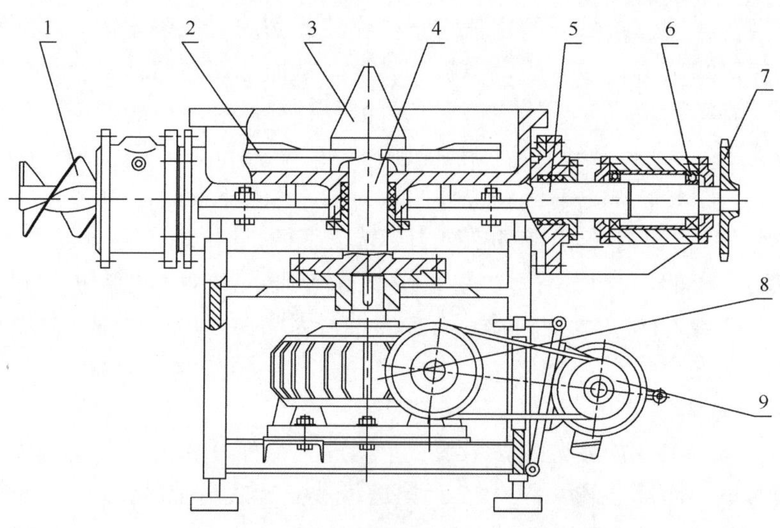

图 9-12 热磨机的卸料器与送料螺旋

1. 送料螺旋；2. 拨料爪；3. 锥形帽；4. 轴；5. 螺旋轴；6. 轴承；7. 链轮；8. 蜗轮蜗杆减速器；9. 电动机

工作中，送料螺旋的转速应与物料的蒸煮时间相匹配，并保证均匀、定量地供料。送料螺旋由一台直流电动机单独驱动，其转速根据工艺对产量、质量的不同要求进行调整。

9.4 热磨机的研磨装置

9.4.1 概述

热磨机的研磨装置是热磨机的主体，其作用是在研磨室的磨盘中对蒸煮软化后的木片进行研磨，使其受压缩、拉伸、剪切、扭转、冲击和摩擦等多种力的重复作用，最终使木片解离为纤维。纤维在磨盘中所受的各种力作用都不是独立进行的，而是混合交替的，纤维的分离也不是一次受力就能完成，而是千百次重复受力的结果。

在保证纤维质量的前提下，纤维分离时应缩短纤维分离时间、降低能耗，提高设备的生产效率。为此，热磨机的研磨装置应满足如下要求。

（1）能够施加较高的外力作用频率，用较短的时间与较低的能耗完成纤维分离，并保证纤维质量。

（2）纤维分离的单位压力可以根据物料的不同进行调整。

（3）磨盘的间隙应能精确的控制，因为它直接关系到纤维分离的形态。

（4）研磨装置应有良好的密封及冷却性能。

（5）保证主轴与磨盘的运动精度。

热磨机研磨装置的组成参见图 9-1，它主要由研磨机构 5、排料管 6、传动与控制机构 7 及动力装置（主电机 8）构成。

9.4.2 研磨机构

热磨机的研磨机构主要由研磨室、固定磨盘、转动磨盘、磨片及密封与冷却装置等组成。

1）研磨室

根据结构形式的不同，热磨机的研磨室可分为（上下）剖分式（图 9-13）和侧开式（图 9-14）两种。

如图 9-13 所示，剖分式研磨室由磨室体 1 和磨室体上盖 4 两部分组成，其整体构成一个密封的腔体，热磨机的固定磨盘 5 就安装在腔体中。打开上盖可进行磨片的安装、维修及更换。磨室体下部分左侧为进料端，进料端的轴向孔口嵌入套管 2，作为研磨室的进料口。蒸煮罐的排料螺旋将物料通过套管送入研磨室中磨盘的中心区。磨室体右侧的轴向孔口用于装配连接转动磨盘 8 的主轴 13，主轴通过轴套 12 与密封冷却装置相配合。壳体侧旁的孔口（图中未示出）与排料管相连接，底部还开有排污口 15，用于排出冷凝水及其他沉积杂物。根据工作条件与

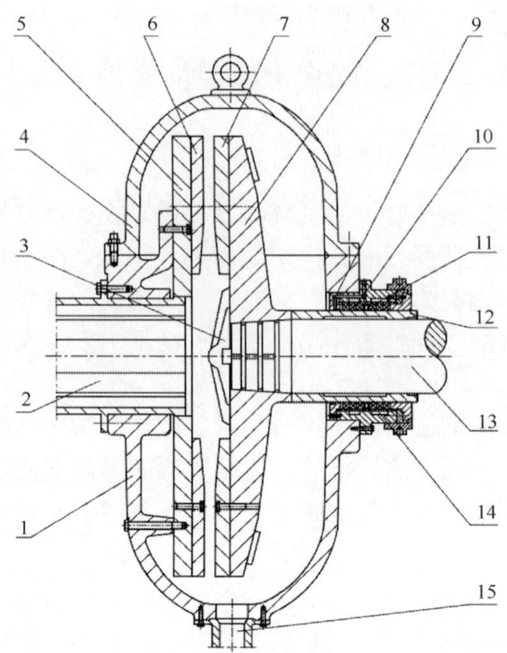

图 9-13 剖分式磨室体热磨机的研磨机构

1. 磨室体；2. 套管；3. 进料翼轮；4. 磨室体上盖；5. 固定磨盘；6. 固定磨片；7. 转动磨片；8. 转动磨盘；9. 前高压密封环；10. 盘根；11. 后高压密封环；12. 轴套；13. 主轴；14. 冷却水环；15. 排污口

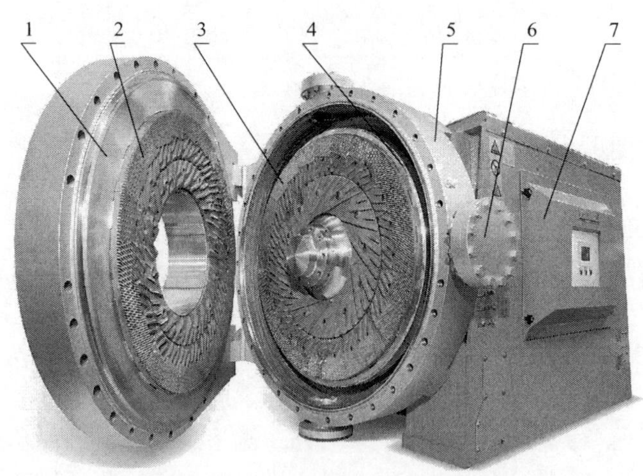

图 9-14 侧开式研磨室热磨机的研磨机构

1. 磨室体侧盖；2. 固定磨片；3. 转动磨片；4. 动磨盘；5. 磨室体；6. 排料管（接口）；7. 传动与控制装置

应力状态，研磨室壳体一般采用扁球体结构，壳体的过渡曲面采用较大的曲率半径，以改善其应力状态、避免积料。

剖分式研磨室的主要缺点是更换磨片时，其操作空间狭小，特别是当磨盘直径较大时，这一缺点更为突出。为此，有些热磨机制造厂商将剖分式研磨室改进为侧开式结构。

如图 9-14 所示，侧开式研磨室由磨室体 5 及其侧盖 1 构成，两者在磨室壳体外部用销轴铰接，侧盖可绕销轴摆动，相当于是一扇门，同时作为安装固定磨片 2 的定磨盘。主轴（图中未示出）、动磨盘 4 及转动磨片 3 安装于磨室体一侧，当磨片安装完成后，通过壳体边缘的螺栓孔、用螺栓将侧盖和磨室体连结起来，构成一个封闭腔体。相比于剖分式的研磨室，侧开式研磨室在磨片的更换及设备维修方面更为方便，也有利于保证磨片的安装精度。

2）磨盘

如图 9-13 所示，热磨机的磨盘包括固定磨盘 5 和转动磨盘 8。固定磨盘通过基准面用螺栓紧固于研磨室内，其中心孔是物料的进口。转动磨盘通过锥面配合（或键连接）的方式安装于主轴 13 的轴端，工作中随主轴一起作旋转运动对物料进行研磨。转动磨盘还可随主轴一起作轴向移动，用来调整固定磨片 6 和转动磨片 7 之间的间隙。在转动磨盘的中心装有供料用的翼轮（也称拨料轮）3，用于将物料均匀地分送至磨片的间隙中。

3）磨片

磨片是直接起到研磨作用的工作零件，用螺栓固定在磨盘的端面上。当前的热磨机均采用组合式磨片，即整副磨片分为转动磨片和固定磨片两套，每套磨片由 8 片或者更多的扇形单片磨片构成，磨片的尺寸根据磨盘直径的不同而异。由于转动磨盘是高速旋转的部件，要求有较高的动平衡精度，因此安装于转动磨盘的转动磨片出厂时必须经过动平衡校验，并做出标记，装配时应按编号顺序排列，并保证磨片之间的缝隙相等，所用的紧固螺钉也应称重。静盘磨片不需要动平衡检验，但通常也标记编号，安装时按序号安装。

热磨机工作过程中，磨片之间的间隙需要精确调整，以保证磨片间的平行度及间隙均匀一致。若间隙不均匀，会对纤维的质量产生很大的影响。为此，磨片的安装表面和工作表面（磨齿表面）都需要在出厂前整体研磨。

磨片磨齿的截面为梯形，也称齿条，条齿形磨片可获得较好的帚化纤维。根据齿条的排列形式，磨片可分为三种基本形式：径向放射式、切向放射式和人字式。磨片的工作表面通常被划分为几个区域，按区域形状的不同，分为扇块分区磨片和圆环分区磨片。磨片不同区域的磨齿数量和功能也是不同的，由此又可将磨片工作表面分为破碎区（进料区）、粗磨区和精磨区（统称为研磨区）。图 9-15（a）所示是一种采用切向放射式齿条、圆环分区磨片的功能区划分示意图，其中的齿条延长线均与一个和磨片扇形中心同心的圆（图中以虚线表示）相切；图 9-15（b）所示是一种扇块分区磨片的外形。

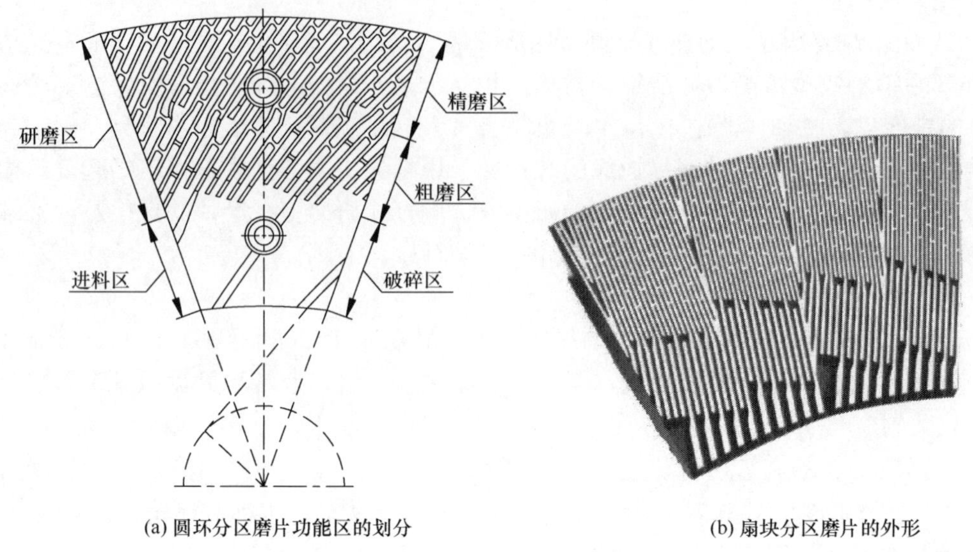

(a) 圆环分区磨片功能区的划分　　(b) 扇块分区磨片的外形

图 9-15　磨片功能区的划分及其外形

由于磨片研磨分离纤维的质量与能耗受到原料种类、工艺设置、热磨机性能等多种因素的影响，为提高磨片对上述生产条件的适应性，生产中使用的、不同齿形结构的磨片很多，种类可达数百种。此外，由于纤维分离过程会产生强烈的摩擦，因此磨片材料必须耐磨、耐腐蚀。目前，磨片多采用 9Cr18、4Cr18Ni14、3Cr17NiMo、9Cr18Mo 等材料铸造，有些磨片在制造中还采用了铸渗、熔铸和热喷焊等新工艺，提高了磨片寿命，节约了合金元素用量。

4）密封与冷却装置

热磨机主轴的一端穿过研磨室壳体进入研磨室内，用于装配转动磨盘（参见图 9-13）；为了防止研磨室内的蒸气连同纤维一起沿配合面挤出而造成泄漏，在磨室体与主轴配合处设置有密封装置。以往热磨机磨室体与主轴间隙之间的密封通常采用高压水密封（图 9-13 中 9、11、14）和盘根密封（图 9-13 中 10）两种方式组合。但这种方式寿命短、能耗大，而且会造成大量的水渗入研磨室与纤维浆料混合，从而增加了纤维干燥阶段的热耗。因此，现今热磨机磨室体与主轴的密封大多改进为机械密封。

图 9-16 为热磨机磨室体与主轴之间的机械密封装置结构，其主要由弹簧 7、弹簧座 8、静环 9、动环 13 等组成。机械密封的原理是依靠弹性元件（弹簧）压紧动环和静环的两端面，并利用密封介质（高压水）的压力在动、静环端面上产

生适当的压紧力，从而实现密封功能。结构上，动环13嵌套在套轴3的销15上，由紧定螺钉10定位固定，当主轴2旋转时，动环随之旋转。动环左、右两侧的静环9处于浮动状态，利用弹簧7、弹簧座8压紧在动环端面。经净化的高压水从进水口12通入密封腔14，当动环与静环相对转动时，相接触的端面间会形成一层水膜，形成对泄露间隙的动密封。机械密封装置中的静密封位置采用的是密封圈或者填料密封，如与研磨室壳体5之间利用盘根6加以密封。唇形密封圈用来防止研磨室内的蒸汽和纤维渗入机械密封的密封腔，其上方通入的高压水可对渗入的纤维进行冲洗、排除，并对主轴进行冷却。

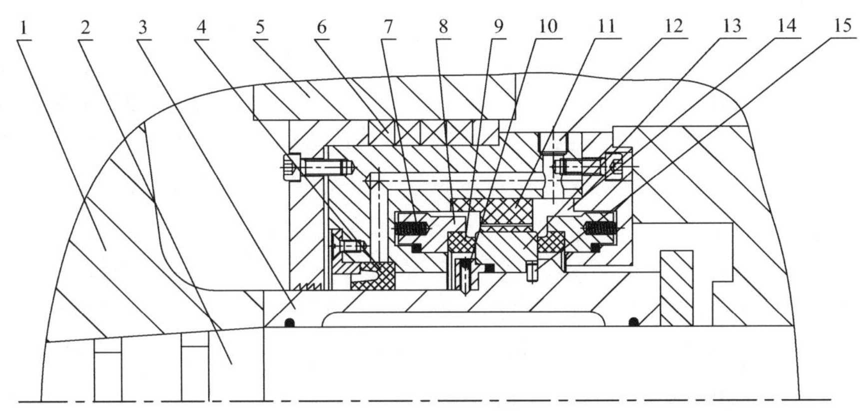

图9-16 机械密封装置结构

1. 转动磨盘；2. 主轴；3. 套轴；4. 唇形密封圈；5. 研磨室壳体；6. 盘根；7. 弹簧；8. 弹簧座；9. 静环；10. 紧定螺钉；11. 隔离环；12. 进水口；13. 动环；14. 密封腔；15. 销

由于工作中动环与静环之间会形成摩擦，因此动环、静环材料应软、硬搭配。静环属于软环，现在一般采用碳石墨、硅化石墨、碳—碳复合材料等；动环属于硬环，一般采用碳化硅、碳化铬，并采用物理或化学沉积法在硬环的摩擦表面沉积耐磨层。

与高压水密封和填料密封相比，机械密封的可靠性高，可以降低能耗，减少泄漏量，延长密封装置的寿命，大大减少了设备的维修时间和成本。但机械密封结构较复杂，而且也不能完全避免密封水渗入研磨室，但渗水量会大大减少，对纤维干燥段能耗的影响不大。

9.4.3 研磨动力、传动与控制部分

1. 研磨动力

当前热磨机的磨盘尺寸都比较大，国内普遍在42英寸①以上，以48~54英寸

① 英寸：非法定计量单位，1英寸=25.4mm。

的居多，因此热磨机驱动电机的装机功率也比较大。通常 42 英寸热磨机的电机功率在 2000kW 左右，48~54 英寸热磨机的电机功率可达 3000~5000kW。为了减小电机体积，热磨机驱动电机均采用高压（6000~10000V）供电，而且需要用冷却其绕组才能保证其正常工作。

热磨机的驱动电机通常安装在混凝土基础上，电动机与主轴之间采用齿轮联轴器相连接，这种联轴器允许主轴与电机轴有微小的不对中，且能满足主轴做轴向移动的需求。

2. 主轴与轴承组

热磨机的主轴在传递扭矩的同时，还要承受研磨工作中所产生的轴向力，且主轴的结构及其装配是否合理，对设备的性能影响很大。因此，对主轴必须有严格的技术要求。热磨机的主轴除了应满足刚度和强度这一基本要求外，还必须具有较高的运转精度，其径向与轴向振摆应在允许的范围内。

为了满足上述各项要求，主轴在设计中通常需要考虑以下几方面问题：①合理确定主轴的材料及其热处理；②根据计算结果，适当确定轴的结构尺寸，并尽可能采用标准直径；③在允许范围内尽量缩短主轴长度，特别是悬伸端的长度，或尽可能将传动件靠近轴承处；④主轴的加工与装配质量必须得以保证；⑤合理选择轴承的结构类型，提高轴承的工作精度。

根据磨盘加压装置与主轴轴向移动驱动装置类型的不同，热磨机的主轴结构可分为两种；一种是采用液压装置加压，驱动主轴移动的；另一种是采用机械装置驱动主轴移动的。这两种主轴结构分别见图 9-17 和图 9-18。

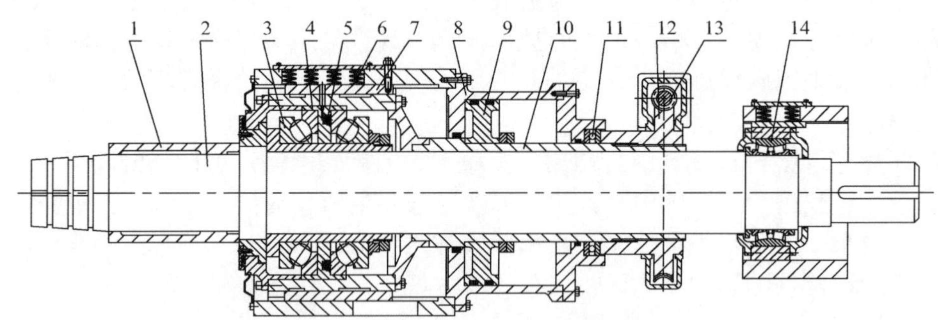

图 9-17　液压驱动的热磨机主轴结构

1、10. 轴套；2. 主轴；3. 推力向心球面辊子轴承；4. 轴承壳体；5、6. 弹簧；7. 导向键；8. 加压油缸；9. 活塞；11. 推力轴承；12. 蜗轮；13. 蜗杆；14. 双列向心球面轴承

1）液压驱动的主轴及轴承组结构

图 9-17 中，主轴由前、后两组轴承支承。前轴承组采用一对推力向心球面辊

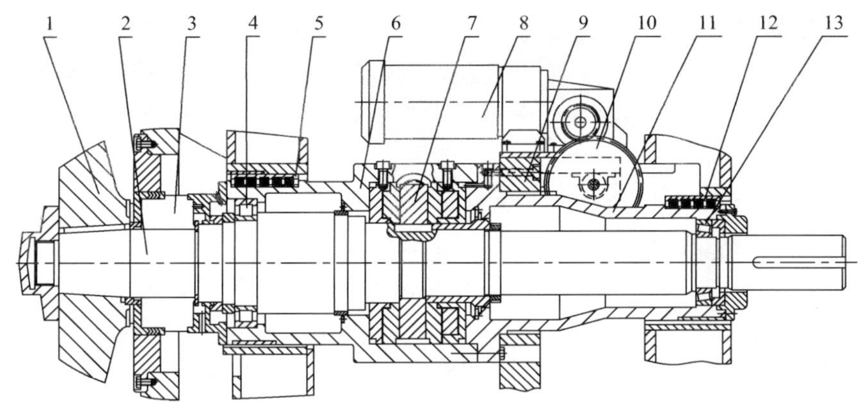

图 9-18 机械驱动的热磨机主轴结构

1. 磨盘；2. 主轴；3. 机械密封装置；4. 圆柱辊子轴承；5、12. 导向键；6、11. 主轴壳体；7. 液压推力轴承；8. 主轴驱动装置；9. 推板；10. 齿轮副；13. 球面调心辊子轴承

子轴承 3，用以承受工作中主轴所受的大部分轴向力和径向力。为了消除轴承的径向余隙，提高主轴的运动精度，在两只轴承之间设置了弹簧 5。后轴承组采用一只双列向心球面辊子轴承 14，该轴承主要用于承受径向力，也用于调整主轴的安装误差和形位误差，保证主轴能正常工作。根据工作要求，热磨机的主轴需要做轴向移动，故在前后轴承组壳体 4 与轴承座之间设有导向键 7，并采用弹簧 6 将其压紧在轴承壳体上。前轴承采用油液循环润滑。后轴承采用油脂润滑。前轴承组的壳体还做成夹层式，可通入冷却水对其进行冷却。

2）机械驱动的主轴及轴承组结构

图 9-18 中，主轴 2 上共安装了三组轴承，分别用于承受主轴的径向力和轴向力。其中，前轴承采用圆柱辊子轴承 4，用于承受主轴所受的大部分径向力。主轴中部设置的液压推力轴承 7 用于承受全部的轴向力。液压推力轴承原理上属于滑动轴承，其承载能力一般大于辊动轴承。主轴后轴承采用球面调心辊子轴承 13，该轴承用于承受部分径向力，调整主轴的误差，保证主轴正常工作。主轴壳体 6 和 11 包覆在主轴外侧，也用作安装轴承的轴承座。壳体使整个主轴结构成为一体，当主轴需要轴向移动时，其整体都会在前、后导向键 5 和 12 的导向下移动。相比于液压加压主轴结构，机械驱动主轴结构缩短了主轴的长度，提高了主轴的刚度，使主轴能够被整体拆装，但主轴的结构复杂性也较高。

3. 磨盘加压与间隙调整装置

物料在研磨室中受到磨盘的研磨时，磨盘会受到因物料被压缩产生的反作用力；同时，研磨室内的高压蒸汽对磨盘也会产生一定的作用力，二者总称为研磨压力。研磨压力随原料的种类、磨片间隙、进料量、蒸气压力、预热时间等因素变化。为了保证磨盘正常、稳定的工作，必须采用加压装置通过主轴给磨盘施加压力，以平衡研磨压力。另外，热磨机磨片间隙的大小直接影响到纤维的形态、质量及研磨功率，因此精确调整磨片间隙也是热磨机操作中最重要的环节之一。热磨机磨片间隙的调整是通过微调主轴的轴向移动量实现的。

1）*液压驱动热磨机的磨盘加压与间隙调整*

采用液压驱动装置的热磨机，其加压装置主要由加压油缸（如图 9-17 中 8 所示）及其液压传动系统组成。加压油缸安装在前轴承组 3 的后端，活塞 9 用圆螺母固定在空心活塞杆（轴套）10 上，空心活塞杆与前轴承组壳体 4 相连。当来自油泵的压力油作用在油缸的后腔时，产生的推力通过活塞 9、主轴 2（相当于加压油缸的活塞杆）传递至转动磨盘，平衡研磨压力。磨盘加压系统的油液压力由溢流阀调节，使油缸产生的作用力达到与研磨压力相平衡，并使磨盘加压时处于“浮动”状态。若液压系统的换向阀切换通路，使压力油通入油缸的前腔，就可使主轴后退，转动磨盘与固定磨盘分离，用于检修和更换磨片。这种加压装置驱动转动磨盘的最大轴向移动距离一般为 80~100mm。

热磨机的间隙微调机构（如图 9-17 中 12）安装于加压油缸之后，由装在蜗杆轴上的手轮（或者伺服电机）带动蜗杆 13、驱动蜗轮 12 转动。蜗轮的侧面通过推力轴承 11 与油缸 8 的端盖相连，使蜗轮不能产生轴向移动。蜗轮的内孔加工成内螺纹，与空心活塞杆伸出端的外螺纹相配合。当蜗轮转动时，通过丝杆螺母机构使活塞杆作轴向运动，带动前轴承组、主轴及转动磨盘一起移动，从而调节转动磨盘与固定磨盘之间的间隙。该装置因为采用了大传动比的蜗轮蜗杆机构，使蜗杆每转动一周主轴仅产生很小的轴向移动量，因此能精确地控制磨盘间隙的大小。

2）*机械驱动热磨机的磨盘加压与间隙调整*

采用机械装置驱动主轴轴向移动、调整磨片间隙的机构是结合齿轮传动、蜗轮蜗杆传动与丝杠螺母机构实现的，其传动系统如图 9-19 所示。

该驱动装置主要由伺服电机 11、齿轮副 10、蜗轮蜗杆副 9 及丝杠螺母副 7 等组成。两根传动丝杠分别安装在与主轴壳体 5 连接的推板 8 的两侧，丝杠末端与蜗轮蜗杆副 9 中的蜗轮连接。当伺服电机 11 驱动两套减速齿轮副 10 转动时，齿轮轴又带动蜗杆、蜗轮及丝杠旋转，通过丝杠螺母机构的传动，使推板、主轴壳体及主轴 3 产生轴向移动。因伺服电机具有转角控制的功能，所以丝杠的转角也就可控的，从而可以控制转动磨盘 2 的轴向位移量，并予以精确调整，达到控制磨片间隙的目的。当前，有些热磨机在这种驱动装置上安装了位移检测传感器，检测主轴位移量并反馈给控制端控制伺服电机的转角，由此形成闭环主轴位移控制系统，从而可以更精确地控制主轴位移与磨盘间隙。

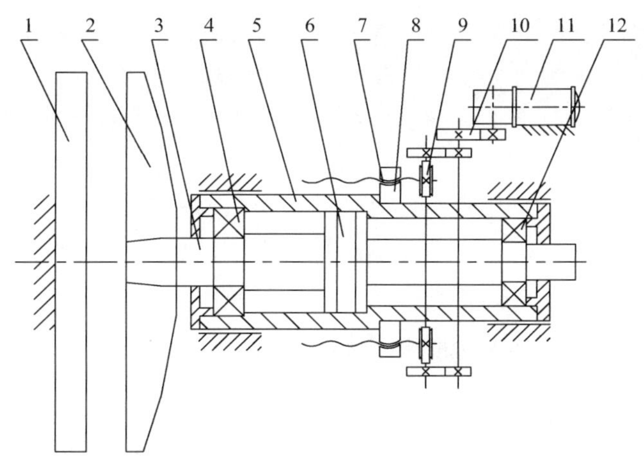

图 9-19 伺服电机驱动的磨盘间隙调整机构原理图

1. 固定磨盘；2. 转动磨盘；3. 主轴；4. 前轴承；5. 主轴壳体；6. 液压推力轴承；7. 丝杠螺母副；8. 推板；9. 蜗轮蜗杆副；10. 齿轮副；11. 伺服电机；12. 后轴承

另外，该装置不具备磨盘加压功能，即其不能输出轴向力来平衡研磨压力。磨片研磨物料过程中，磨盘产生的研磨压力首先通过主轴传递至液压推力轴承6，再通过主轴壳体5传递给推板8上安装的螺母。由于丝杠螺母机构在此种情况下会“自锁”，因而主轴及转动磨盘不会产生位移，即锁定在调整好的位置上。

9.5 热磨机的排料装置

热磨机研磨分离的纤维是通过排料装置排出研磨室的，为了适应连续生产的需要，纤维在排出过程中应满足下述基本要求：①必须使研磨室内的蒸气连同纤维按一定的速度、相对稳定地排出，以使研磨室内的蒸气压力能够基本保持稳定，保证连续生产及纤维质量不受影响；②排料装置应具有良好的密封性，不泄漏蒸气和损失纤维；③排料量能够调整，排料能力与热磨机的生产能力相适应。

根据工作方式不同，热磨机的排料装置可分为周期式排料装置和连续式排料装置。现在热磨机大都采用板式孔阀连续排料装置，该装置是利用研磨室的内、外压差及小孔通流时产生一定压力降低的原理来实现连续排料的。

9.5.1 板式孔阀连续式排料装置

图9-20为板式孔阀连续排料装置的结构图。它由阀瓣1和阀口衬套2构成了

可调节开度的排料阀口。阀口衬套安装于排料阀阀体 6 的前端口，阀瓣则固定在转轴 3 的端部，它与阀口紧贴。工作时，由蜗轮蜗杆机构 4 控制阀瓣与衬套的相对位置，来实现排料口大小的调节。有的热磨机采用气动装置来控制排料阀口的大小，以实现自动控制。在阀体的出口端面上有指针 5 及刻度盘来指示阀门全开、全闭及 1/2 开度的位置。排料口开度的大小视热磨机产量、纤维质量及主电机电流值而定。阀口衬套采用合金材料制成，以提高耐磨性，当其磨损到一定程度时需要进行更换。这种排料装置具有结构简单，操作、维修方便，产量高、功能强和动力消耗小等优点，所以获得了广泛的应用。

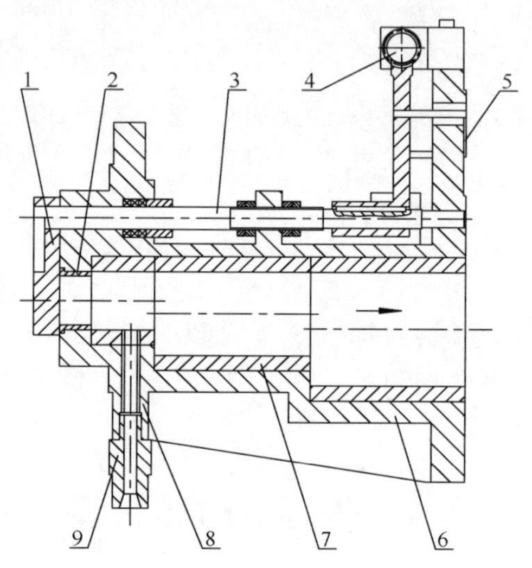

图 9-20 板式孔阀连续排料装置

1. 阀瓣；2. 阀口衬套；3. 转轴；4. 蜗轮蜗杆机构；5. 刻度指针；6. 阀体；7. 耐磨套；8. 冷却水套管；9. 喷嘴

9.5.2 转换阀

热磨机在启动时，磨出的纤维即“软”又带有很多的水分（称为湿料），在纤维板生产中不符合使用要求，只有通过一段时间的调整后，磨出的纤维才能投入下一道工序进行干燥。因此，在热磨机排料阀的出口处设置了转换阀。

如图 9-21 所示，转换阀由阀体、阀芯及气动装置等构成。阀体 4 上有一个进料口 1 和两个出料口 7、8，故也称三通阀。它的进料口是与排料阀的出口相连的，两个出料口分别接往纤维干燥管道和废纤维料仓。阀芯 3 是一个中空的部件，一端为球形接头 2，另一端为弧形滑块 5，与弧形滑道 6 相配合。阀芯通过气缸 10 的控制，可以在一定角度内摆动，使进料口与两个出料口中的某一个相通，以达到变换出口的目的。即当纤维不合格时，排入废纤维料仓；纤维合格时再排往纤维干燥管道。

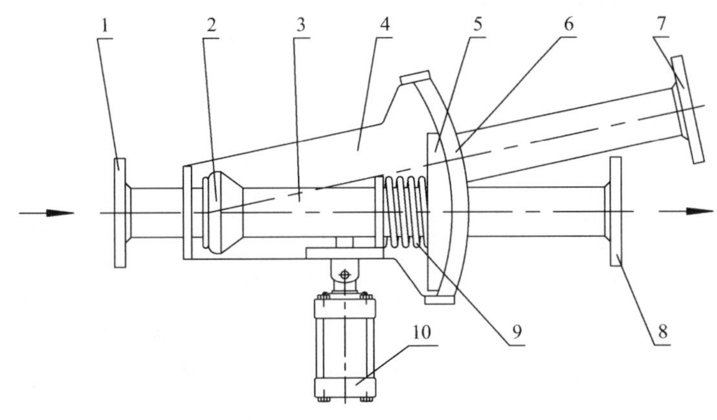

图 9-21　转换阀

1. 进料口；2. 球形接头；3. 阀芯；4. 阀体；5. 弧形滑块；6. 弧形滑道；7、8. 出料口；9. 弹簧；10. 气缸

复习题及作业题

1. 简述热磨机的组成与工作过程？

2. 螺旋式进料装置由哪几部分构成，其工作原理是怎样的？

3. 螺旋式进料装置中，进料螺旋、螺旋管与物料之间需要保持怎样的摩擦关系？

4. 预热蒸煮装置由哪几部分构成，其工作过程是怎样的？

5. 预热蒸煮装置是如何对物料的蒸煮时间进行控制的？

6. 热磨机的研磨装置由哪几部分构成，其工作原理是怎样的？

7. 液压驱动式主轴的结构及其调整与控制磨片间隙的原理是怎样的？

8. 机械驱动式主轴的结构及其调整与控制磨片间隙的原理是怎样的？

第 10 章 人造板压机

10.1 概 述

人造板生产中，热压工序是最主要的工序之一，是人造板生产线的关键阶段。因此，热压工序的执行机械——热压机，也就备受重视。人造板压机是决定人造板制品质量和产量的决定性因素，在人造板生产中处于最重要的位置。

人造板压机主要用来生产胶合板、纤维板、刨花板等各种人造板材，以及在人造板基材上进行二次加工的装饰贴面板等；在家具制造中也常用于压制成型零件及弯曲木的加工。压机的生产能力直接制约企业的生产规模，其技术性能直接影响产品质量的优劣，因此必须十分重视人造板压机的设计或选用。

由于压机的用途不同、结构多样、特点各异、种类较多，因此有不同的分类方法。

根据压机的工作方式，可分为周期式压机和连续式压机。在刨花板和纤维板连续化生产中，后者应用较多，如连续式辊压机和连续带式压机等。

根据压制产品的形状，可分为普通平压机和成型压机。在家具制造企业中后者应用较多。

根据压制产品的种类，可分为胶合板压机、纤维板压机、刨花板压机、装饰板（塑料贴面板、覆贴板等）压机等。

根据加工工艺的不同，分为预压机、冷压机、热压机等。

根据压机层数的多少，分为单层压机和多层压机。

根据压机机架结构形式，可分为柱式、框式和箱式压机。

根据压机热压板板面单位压力的大小，可分为低压、中压和高压压机。低压压机的板面压力为 1~2MPa，如普通胶合板压机、二次加工用的覆贴板压机等。中压压机的板面压力为 2~8MPa，如刨花板压机（2.5~3.5MPa）、干法中密度纤维板压机（2.5~5.5MPa）、干法硬质纤维板压机（6~8MPa）。高压压机的板面压力在 8MPa 以上，如木质层积材压机的单位压力可达 15~16MPa。

对于压机来说，热压板的幅面和总压力是主要的两个参数。热压板幅面的大小决定着加工产品的最大尺寸规格，并且关系到压机的生产能力和设备的总体结构尺寸。所以，各种人造板压机均以其板面尺寸作为主参数。总压力是压机所能产生的最大作用力，它反映压机的主要工作能力，并关系到压机的工艺用途和结构形式，是压机的另一个主要技术参数。

10.2　多层压机

10.2.1　多层压机的结构

热压机的种类很多，具体结构也存在差异。但对人造板多层热压机而言，其整机基本结构均由压机主机以及附属的装板机和卸板机三部分组成（图 10-1）。其中，压机主机用于各类人造板的热压；装板机用于将板坯送入热压机的主机；卸板机用于将压制完成的人造板从主机中卸下，并送入下一工序。

图 10-1　人造板多层压机的整机外观

图 10-2 为多层热压机的主机结构图。该压机为周期式普通平压的框式压机，由机架 1、上顶板（上横梁）2、热介质管路 3、热压板 4、同时闭合机构 5、下顶板（活动横梁）6、液压缸 7 及平衡机构等部件组成。

机架 1 用于安装、支承热压板 4、液压缸 7 等部件，并在板坯压制时承受工作中的总压力。机架下部通过缸架板竖直并列安装着六个柱塞式液压缸。压机工作时液压缸的柱塞上升，通过下顶板 6 将压力传递到被压制的板坯上，从而使压力能转变为被压工件的变形能。机架上安装有上顶板 2，上、下顶板的相对表面各固定有一块热压板 4。热压板与顶板间垫有一层隔热板，以降低热能损失和防止机架受热变形。两顶板之间的空间等间距水平安装着其余各块热压板，每块热压板内部都有热介质流动的孔道。热介质通过管路分别供给各块压板，将热量传给被压制的板坯，促使板坯中的胶液固化。

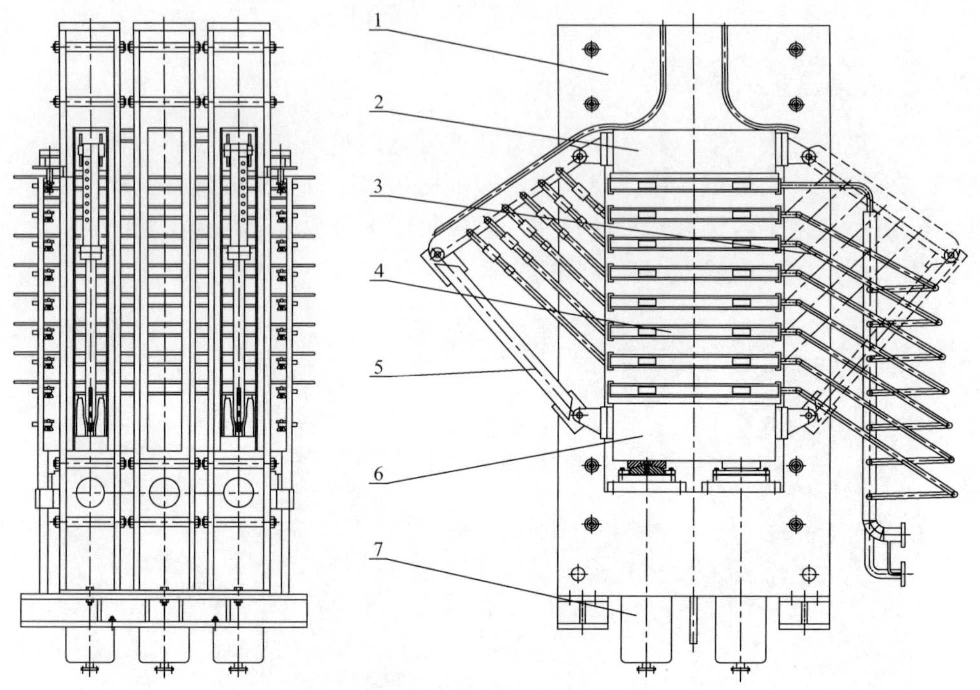

图 10-2　多层热压机的主机结构

1. 机架；2. 上顶板；3. 热介质管路；4. 热压板；5. 同时闭合机构；6. 下顶板；7. 液压缸

早期的热压机多采用蒸汽作为热介质，热蒸汽将热量传递给板坯后会冷凝成水，因而与热压板相连的蒸汽支管均为直管曲臂肘拐式结构（图 10-2）。通过蒸汽总、支管的合理布置，使冷凝水和残留蒸汽能够顺畅排除。为了克服蒸汽热容量低、易使热压板锈蚀等不利影响，当前热压机大多采用导热油作为热介质，供热介质流通的管道也改为软管。

同时闭合机构 5 能随时保持各热压板之间相等的间隔，使得各层板坯均在某特定位置上和上层热压板相接触，以满足工艺要求，提高制板的产量和质量。为了保持压机的热压板等可动部件能够平衡协调地升降，热压机通常还设置齿轮齿条式平衡机构。

10.2.2　多层压机的机架

机架是热压机的主要部件，为保证压机在额定压力和一定温度下长期正常地工作，对机架的基本要求如下：①有足够的强度和刚度，以保证压机受力时的变形量在许可范围内，即保证成品板厚的尺寸精度；应避免机架的局部应力集中，防止疲劳损坏。②机架的结构应简单合理，具有良好的工艺性，易于加工；应尽可能节省钢材，降低制造成本。③机架的加工和安装精度必须满足整机装配的技术要求和加工制品的工艺要求；便于运输、安装、操作与维修。④机架要有较长的使用寿命，保证在交变载荷和湿热环境中长期的工作；应使机架在工作中受到的热作用小而均衡，减小热变形量；应有妥善的防腐蚀措施。

压机的机架有框式、柱式和箱式三种类型，目前各类压机普遍采用的是框式机架。框式机架的主要优点是用钢板加工或焊接成机架的框片，因而易于加工、安装，制造费用也比较低。框式机架根据其结构和连接方式又可分为可拆框片组式、永久式和工字梁式等三种。

可拆框片组式机架如图 10-3（b）所示。机架整体是由厚度为 25~50mm 的钢板框片 1［图 10-3（a）］和型钢制成的连接件 2 以螺栓 3 连接而成。

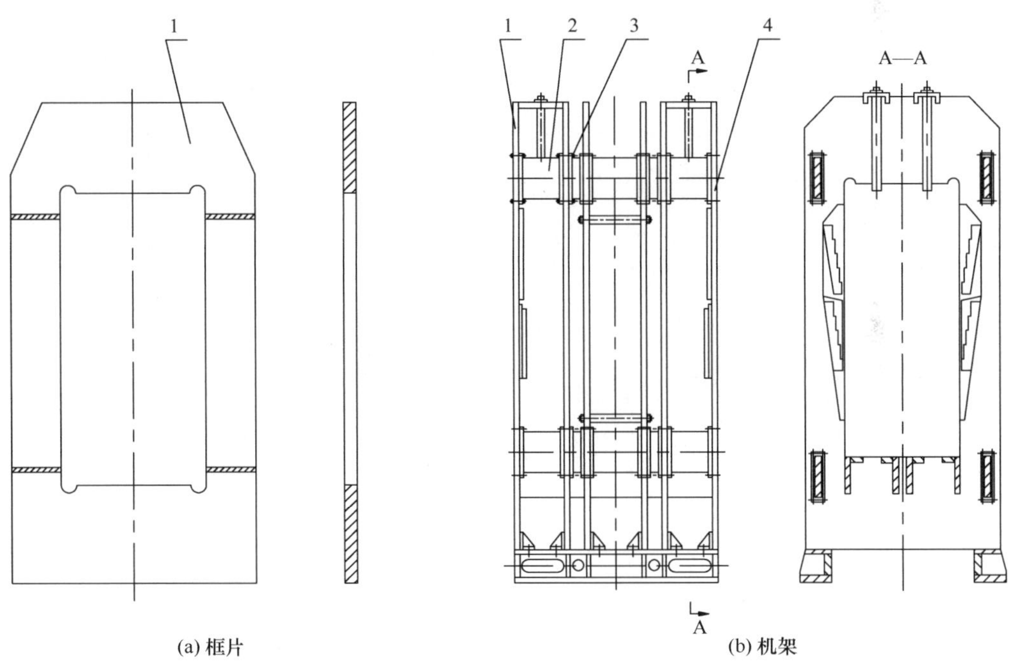

图 10-3　可拆框片组式机架

1. 框片；2. 连接件；3. 螺栓；4. 框片组

小型机架的框片可用整块钢板切去中间部分制成；大型机架的框片则由上梁部分、下梁部分和两个侧支柱四件拼焊而成［图 10-3（a）］。考虑受力情况，框片内框四角处的弯矩较大。为了减少应力集中，四角处应加工成圆弧过渡曲面。框片的外框角最好也圆化或倒棱，焊缝也要离开拐角一定距离。上、下横梁两对应表面的间距应保证一定的尺寸精度，且保证两平面有适宜的平行度和粗糙度。上、下两平面对框片的纵轴线还应保证足够的垂直度。为了减少机架各框片之间的加工误差，提高机架整体的装配精度，避免各框片受力不均，进而保证产品质量，可将同一机架的全部框片迭合在一起，同时对框片的内表面进行加工。

为便于拆装和运输，重型压机的机架可先由数块钢板框片焊接成 2 个、3 个或 4 个框片组，而后将各框片组再用连接件和螺栓连接成整体机架。图 10-4（a）所示为永久式框式机架，它是用焊接方法将两块框片通过横腹板连接成一个整体，这种结构具有更大的刚性。图 10-4（b）所示为工字梁式框式机架，该种机架采用焊接而成的工字梁形断面的架柱，并改进了上顶板结构，具有较好的横向刚度（加压时所产生的水平力和在此方向上的变形量之比），且大大节省了钢材。

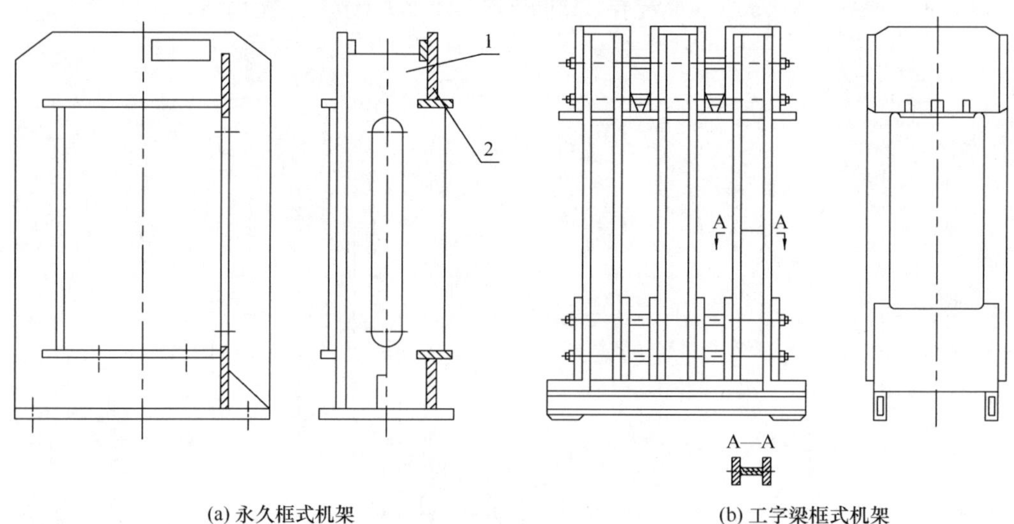

(a) 永久框式机架　　(b) 工字梁框式机架

图 10-4　永久框式机架和工字梁框式机架

1. 横腹板；2. 框片

10.2.3　多层压机的热压板

热压板是热压机的关键部件。由于多层压机是通过热压板对板坯进行加热、加压，获得制品的，所以热压板的传热性能、加热的均匀性、压板的热容量、压板本身的机械强度和刚度以及板面的平面度和粗糙度等对于制品的质量和产量均有很大的影响。

为了保证热压板的物理机械性能，并满足人造板生产工艺的需求，在设计和制造热压板时应满足以下技术要求。

（1）必须具有足够的强度和刚度，并能承受因高温变化而引起的热应力。

（2）在传热方面，热压板应升温快，温度均匀，热耗低且加热稳定。

（3）在制造加工时，应保证热压板的平面度和上下表面有足够的平行度。

（4）热介质的进出口要尽量少，最好只有一个进口和一个出口。通往热压板内的热介质管接头越少，发生泄漏的可能就越小。

（5）板内的孔道应能保证热介质流动畅通、阻力小，特别是以液体作热介质时，这一点尤为重要。

（6）热介质的进出口最好设在压机的背侧，在操作者一侧最好不设任何管接头或回水总管，以保证操作者的安全。

1）热压板的结构

热压板的结构如图 10-5 所示。它一般是由整块轧制钢板加工而成，材料采用普通的 Q235 钢板。在板面尺寸很大时，由几块钢板焊接起来，焊后必须进行热处理，消除内应力。热压板内需按要求加工热介质流通孔道 2，并借助塞堵 1、堵头 3 经封焊后形成各种回路，用于通入热介质（饱和蒸汽、热水或热油）对热压板进行加热，进而供给板坯热量。热介质孔道一般用多轴深孔钻加工，孔道直径约 ϕ20~30mm，相邻孔道的间距按制品要求确定。

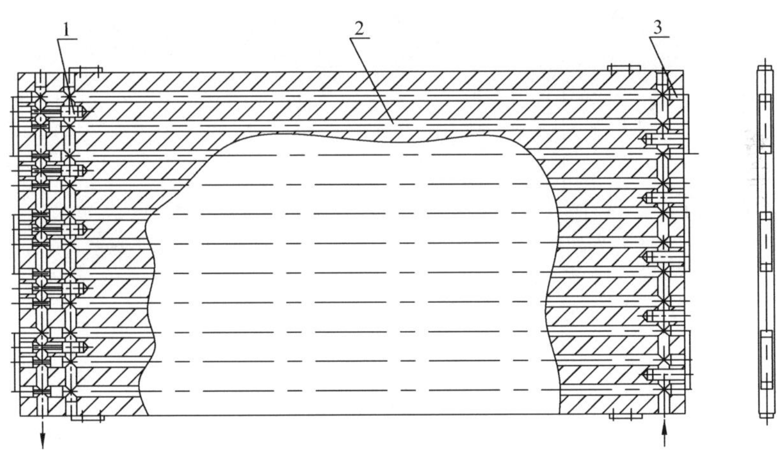

图 10-5　热压板的结构

1. 塞堵；2. 孔道；3. 堵头

热压板整个幅面内各处的温差，多层热压机不应超过 2~3℃，单层热压机不应超过 5℃。若温差过大，制品的强度和外观质量均会受到影响。温度过高会产生炭化痕迹；温度过低，则不能保证在一定压力下使胶料固化，会降低制品的强度。

热压板的厚度与板面所受的单位压力、幅面大小及被加工产品的种类等因素有关。压板的厚度关系着压板的强度和刚度，并影响到加热孔道和热容量的大小。一般胶合板压机的热压板厚度为40~50mm，刨花板和纤维板压机的热压板厚度为80~120mm。

2）热压板的典型回路

正确地设计热压板加热孔道的回路形式，对于提高制品质量和缩短热压周期都具有重要意义。热介质回路结构合理，板面温差和板间温差就小，所得制品的质量就好。否则，若板面和板间温差大，使制品含水率不均，制品就易翘曲或需延长热压时间。

热压板加热孔道的回路形式多样，其典型回路如图10-6所示。

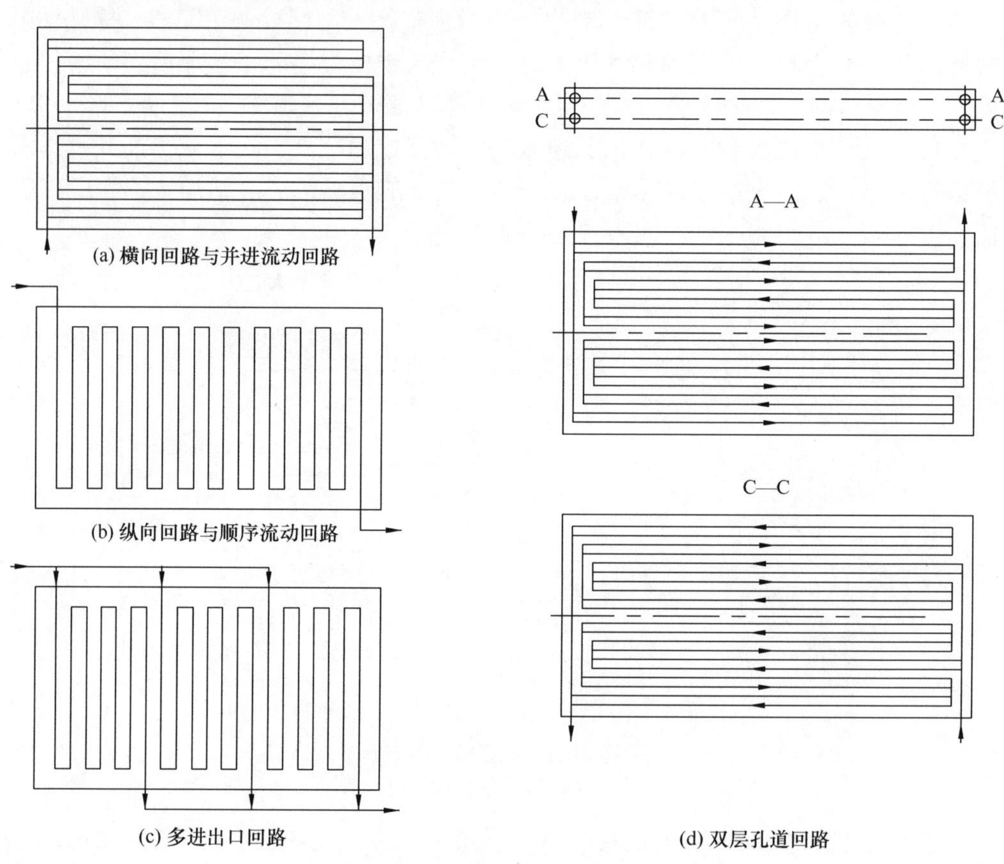

(a) 横向回路与并进流动回路

(b) 纵向回路与顺序流动回路

(c) 多进出口回路

(d) 双层孔道回路

图10-6　热压板的典型回路

根据孔道的排列方向，可分为横向回路［图 10-6（a）］和纵向回路［图 10-6（b）］。后者弯头少，流体阻力小，加热能力强，易于均匀加热整块热压板；压板的纵向侧边上无孔眼，密封堵头很少，便于安装热压板的导向块、搁角和厚度规等零件，避免了泄漏的危险；压板具有较高的强度和刚度。因此，一般纵向回路在热介质的流动阻力、热压板的传热性能和力学性能等方面均优于横向回路，但长孔的加工较为困难。

根据热介质的流动方式，可分为并进流动回路［图 10-6（a）］和顺序流动回路［图 10-6（b）］。前者热介质从一端进入压板后便分成上下两路，同时加热整块热压板，最后汇合从另一端排出；其优点是热压板升温快，板面温差小，适于大幅面热压板，但加工复杂。后者热介质从一端进入压板后，沿一条孔道依次通过整块热压板，最后从另一端排出；该回路会造成热压板前、后两半部分存在较大温差，影响制品质量，仅适用于小幅面的热压板。

根据孔口的数量，可分为单进出口回路［图 10-6（a）、（b）］和多进出口回路［图 10-6（c）］。对于大幅面压机，其热压板的长宽比值比较大，纵向长孔很难加工，只能横向钻孔，使孔道分段组成单位回路，再与外接管道并联连接。多进出口回路利于大幅面热压板整个板面温度均匀，在大幅面的单层热压机热压板中多采用这种形式的回路。

根据孔道的层数，又可为单层孔道回路［图 10-6（a）、（b）、（c）］和双层孔道回路［图 10-6（d）］。厚度很大的热压板，可在板内开出上下两层孔道，并使上下两层回路中的介质流动方向相反，即上层的进口与下层的出口相对应，这就使整块热压板的温度更趋均匀。

热压板在安装时，相邻两块热压板的热介质进出口应相反配置，即某一层热压板的热介质若为左进右出，其相邻上下两层热压板的热介质应为右进左出。这样所有热压板的高、低温区都可相互补偿，有利于板坯的均匀受热。

3）板厚控制装置

多层或单层压机压制纤维板或刨花板时，多采用厚度规控制成品板材的板厚。厚度规可以和压机的同时闭合机构相配合，限定热压板闭合时的最终位置，从而控制板坯压制的最终厚度。厚度规的外形为钢质条形垫块，安装在每块热压板的两侧，可根据不同的板厚要求更换，其设计上要求便于安装、更换和清理。采用厚度规控制成品板厚，方法简单，但须设置清扫装置。

厚度规在压板上的固定一般采用分段加槽的方法，卡在固定螺钉或销钉上，边部装有挡块。图 10-7 为用于生产中密度纤维板的热压板装配的厚度规，其宽度为 40mm，每块长度为 1270mm，用两个销钉固定在热压板的两侧，其中一个为长孔，以适应加热后的膨胀量。

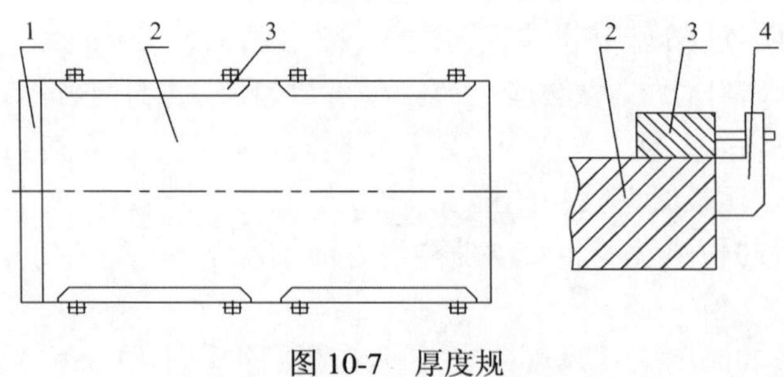

图 10-7　厚度规

1. 导向板；2. 热压板；3. 厚度规；4. 支架

10.2.4　多层压机的加热系统

热压机的加热方式可分为接触式加热和非接触式加热两大类。其中，非接触式加热（高频加热）早期曾用于胶合板生产，但因其电能利用率低、对设备要求高已被淘汰。当前，使用热压板的热压机均采用接触式加热。多层压机中，常用饱和热蒸汽或导热油作为加热介质加热热压板，再通过热压板对板坯进行加热。

1）加热系统的组成

加热系统一般由热力源、控温装置、传热管路等组成。现代化的人造板生产中，通常以热能工厂作为生产中所需的、所有种类热力的生成系统（热力源），其热介质普遍采用导热油。以纤维板生产为例，热能工厂不仅能提供加热热压板所需的热油，还提供用于物料（木片）蒸煮所需的热蒸汽，以及用于纤维干燥所需的热空气。

热能工厂生产的热油经过控温后（控温是指将输出的热油温度按生产工艺要求调整到一定温度范围内。控温的方法通常是将加热后的导热油与散热回流的油液混合，使其温度达到所要求的范围），再经传热管路将其输送到热压板（执行机构）的孔道中，使热压板加热。

加热系统的示意图如图 10-8 所示。系统中，热压机的两侧分别布置着进油总管 1 和回油总管 6（根据热压板内加热孔道的结构不同，进、回油总管也可布置在一侧），相邻两块热压板 4 的进、回油口相互交错，热压板与进、回油总管之间采用专用的导热油进油软管 3 和回油软管 5 连接。这种方式可使热压板的加热温度趋于均匀。

2）热压板与外部管道的连接

多层热压机的热压板在工作时，除最上面的一块外，其余各层热压板均作上下运动。热压板与固定不动的进、回油总管之间通过不同形式的管道相连接，以便将热油或其他热介质输入或排出热压板，形成循环回路。与热压板相连的管路也必须随之作相应的运动，保证在热压板启闭时能正常供热，并能长期保持良好

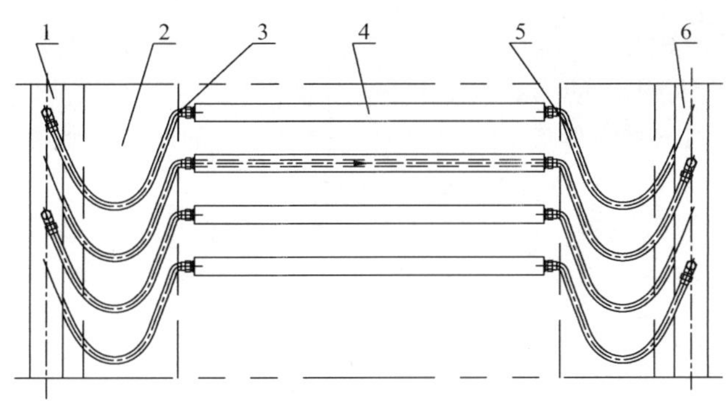

图 10-8　加热系统的示意图

1. 进油总管；2. 压机机架；3. 进油软管；4. 热压板；5. 回油软管；6. 回油总管

密封性能。另外，目前的加热方法中，热介质均有一定的压力，且要提高加热温度，管道承受的压力也要提高。因此，热压板与外部管道的连接必须满足耐热、耐压、耐磨、防腐、易于维修、密封性能好、易更换等一系列要求。

采用饱和热蒸气作为热介质时，热压板与外部管道的连接方式曾经采用过金属管道，管道结构主要有伸缩管式、曲臂式、半挠性管式等。当前，采用热油为热介质加热热压板已成为主流，管道连接方式也以软管式连接为主。

软管式连接可分为橡胶软管和金属软管两种形式。橡胶软管连接一般耐压性差，不适用于热介质压力较高的压机，长期使用容易龟裂老化。相比而言，金属软管更适用于热压机使用，它能将管接头的数量大大减少，无需活动接头，因此密封性能好、结构也紧凑。

管道与热压板之间的连接形式也会影响制品的质量。由于该处承受弯曲力矩，长期使用可能导致密封状况恶化而产生漏油或漏气现象，因此接头处必须有良好的密封性。

10.2.5　多层压机的液压系统

1. 压机的液压缸

液压缸是热压机液压系统的执行机构，绝大多数多层热压机和单层热压机采用的是柱塞式液压缸。多层热压机的柱塞缸通常安装在机架的下部，柱塞、下顶板、热压板等的上升和压机的加压依靠缸体内液体压力能转换的动能，而上述部件的下降则依靠自重。单层热压机的柱塞缸通常安装在机架的上部，其柱塞和活动横梁的下降和加压靠液体的压力，而上升则需另设回程缸（提升缸）。

一种多层热压机中应用的柱塞式液压缸结构图如图 10-9 所示。缸体 7 为铸钢件，柱塞 6 表面镀铬，以提高耐磨性及耐腐蚀性。缸体上端侧面设有排气塞 5，用于定期排泄缸内积存的气体，缸体法兰 4 用于柱塞缸的安装。缸体内壁上部装有导向套 2，作为柱塞运动的导向机构。油管接头 8 用于液压油的进出，密封圈 3 用于缸体内腔加以密封。柱塞式油缸大都采用 V 形或 U 形密封圈密封，密封环的数量视工作液压力而定，一般在 3~7 个之间选取。

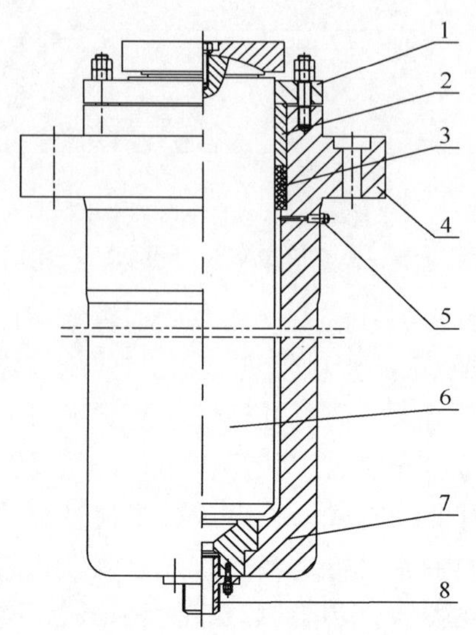

图 10-9　压机用柱塞式液压缸的结构

1. 压板；2. 导向套；3. 密封圈；4. 缸体法兰；5. 排气塞；6. 柱塞；7. 缸体；8. 油管接头

2. 液压缸的安装方式

液压缸的安装方式可分为法兰支承、缸底支承和缸与梁铸成一体三种形式，如图 10-10 所示。

法兰支承式［图 10-10（a）］为最常用形式，液体压力的反作用力通过缸体法兰作用在机架上，其缺点是法兰过渡区应力集中较大，易产生疲劳损坏。缸底支承式［图 10-10（b）］是直接将缸底固定在机架的横梁上，消除了法兰安装的应力集中问题，但增大了压机的高度，且缸底与横梁的接触情况不易测定。缸梁一体式［图 10-10（c）］可大幅度减小横梁尺寸，扩大柱塞面积。柱式机架压机常用缸梁一体式安装液压油缸。

热压机液压缸的数量有单缸、双缸和多缸之分，其数量的多少取决于压机的总压力、工艺要求、机架结构形式及制造条件等诸多因素。人造板热压机的工作面一般较大，为使施压均匀、结构布置合理，大都采用多缸结构形式。此外。当热压机总压力一定时，采用多缸结构可减小柱塞直径，便于制造安装，但会增大

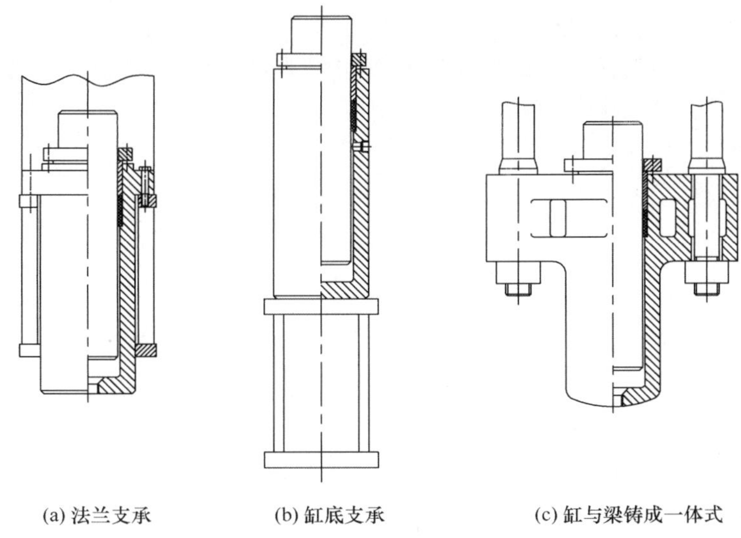

(a) 法兰支承　(b) 缸底支承　(c) 缸与梁铸成一体式

图 10-10　液压缸的安装方式

液压缸的布局面积，增加维修工作量。单缸或双缸结构的压机使用和维修较便利，油路也比较简单，但油缸及柱塞的直径较大，加工和安装困难。

3. 压机的液压系统

人造板压机液压系统的工作介质大多采用液压油，有些大型热压机也有采用乳化液作为工作介质的。多层热压机几乎都是上压式的，即液压缸布置在下横梁上，柱塞向上运动。热压机的工作循环大致可分为快进、高压闭合、降压、保压与卸压开启等五个过程，对制品的施压主要是在高压闭合至保压期间实现的。

按照工艺要求，热压机的动作具有如下特点：①空行程较大，要求较快的闭合速度；②工作行程小且速度低，有时要分段加压；③应有一定的保压时间，时间长短随制品的不同而不同；④必须缓慢卸压；⑤回程一般依靠自重下降，无需另设回程缸。以上要求中，空行程闭合速度的快速性和保压的稳定性是评定压机性能的重要指标。

为满足热压机上述运动和工艺需要，对其液压系统有如下要求：①需要提供大流量的工作介质来保证热压板快速闭合；②升压过程速度小，需要工作介质的流量不大，但需要较高的压力；③保压过程时间较长，要求系统具有良好的密封性。④为了缓慢卸压，系统在回油时需设置可控的慢速卸压阀。实际压机的液压系统广泛采用低、高压泵组合或低、高压泵与蓄能罐组合两种方式来实现其功能要求。

1）低、高压泵组合液压系统

低、高压泵组合液压系统的原理简图如图 10-11 所示。系统中，低压泵 3 用于提供大流量低压油液（实际系统中通常是多台泵并联实现大流量输出），使柱塞缸 5 高速运动，推动热压板快速闭合。小流量高压泵 8 主要用于对板坯的压制过程。

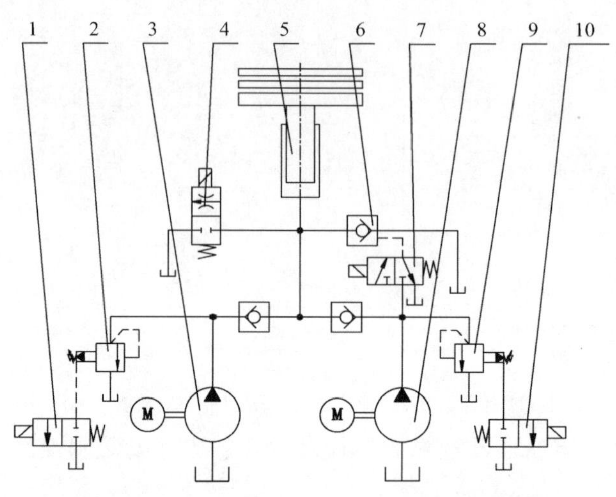

图 10-11　低、高压泵组合液压系统原理简图

1、4、7、10. 换向阀；2、9. 溢流阀；3. 低压泵；5. 柱塞缸；6. 液控单向阀；8. 高压泵

压机启动时，由低压泵 3 给柱塞缸 5 充液，使其快速上升。当系统中的压力达到一定值时（此时开始压制板坯），通过压力继电器（或其他压力传感器）给出信号，使换向阀 1 换向，低压泵通过溢流阀 2 卸荷。同时，高压泵 8 开始工作，输出高压油推动柱塞缸继续上升，直至热压板闭合，并对板坯进行加压压制。保压功能通常也由高压泵实现，此时高压泵与柱塞缸间形成开泵保压回路。板坯压制结束进入卸压段时，将换向阀 10 和 4 换向，使高压泵通过溢流阀 9 卸荷，柱塞缸的回油油液通过换向阀 4 回流至油箱。由于油液通过阀 4 需要一定的压力，因而热压板只能缓慢开启，避免压制好的板材因内部压力快速释放而鼓泡。卸压结束后，再将换向阀 7 和 10 换向，高压泵的油液通过换向阀 7 打开液控单向阀 6，使柱塞缸中的油液快速回流至油箱，油缸退回原位，完成一次工作循环。

2）低、高压泵与蓄能罐组合液压系统

低、高压泵与蓄能罐组合液压系统的原理简图如图 10-12 所示。该回路的基本原理与低、高压泵组合液压系统相似，加入蓄能罐 13 的作用是进一步加快柱塞缸 6 的闭合速度，缩短热压周期。此外，增加蓄能罐后的系统可在一定程度上降低低压泵 3 的功率。

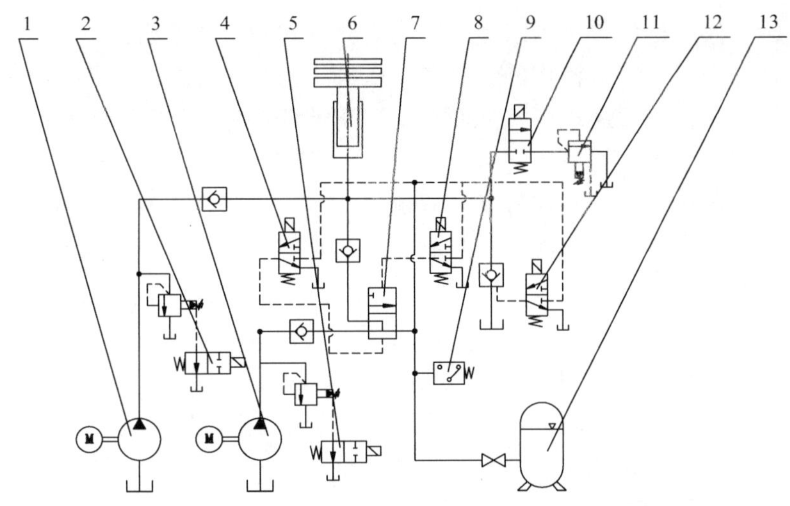

图 10-12　低、高压泵与蓄能罐组合液压系统原理简图

1. 高压泵；2、4、5、7、8、10、12. 换向阀；3. 低压泵；6. 柱塞缸；9. 压力继电器；11. 顺序阀；13. 蓄能罐

柱塞缸上升时，高压泵 1 和低压泵 3 均开启，换向阀 4 换向，从低压泵输出的控制油液使液控换向阀 7 处于下位，接通低压泵、蓄能罐及柱塞缸。此时，高、低压泵与蓄能罐均对柱塞缸充液，使其快速上升至热压板工作闭合阶段，开始压制板坯。此时，关闭换向阀 4、打开换向阀 8，控制油液使液控换向阀 7 处于上位，低压泵开始对蓄能罐进行充液。当充液压力达到压力继电器 9 限定的压力时，说明蓄能罐充液完成，压力继电器发出信号使低压泵卸荷。蓄能罐充液时，仅使高压泵开启，进行后续的板坯加压与保压工作。板坯压制结束后，再分别使换向阀 10 和 12 间隔开启，完成卸压和柱塞缸退回等工作步骤。

10.2.6　多层热压机的同时闭合机构

热压机上设置同时闭合机构的作用体现在以下几方面。

（1）使所有热压板启闭的相对速度降低，且同时合拢与分开，缩短压机总的启闭时间。

（2）制品受到相同的加热、加压条件，即热压板与各层的制品同时接触或者脱离。

（3）各层热压板均受一个向上的拉力，可以平衡热压板的重量，消除了上层热压板和制品重量对下层制品质量的影响，使各层制品的密度和厚度均匀。

（4）机构中设有补偿装置，保护机构不会产生附加力，防止因过载而损坏。

1. 杠杆式同时闭合机构的结构

热压机的同时闭合机构有铰式、塔轮式和杠杆式三种基本类型，前两种现已被杠杆式所取代，目前热压机广泛采用的为杠杆式同时闭合机构。

采用杠杆式同时闭合机构的一种多层压机结构简图如图 10-13 所示。杠杆式同时闭合机构对称地安装在压机的四角上，每套都分别由顶杆 1，摆杆 2 和拉杆 3 等组成。顶杆的上下端通过铰链 6、10 分别与摆杆及压机的下顶板相连。拉杆 3 的上下端也通过铰链分别与摆杆及热压板 5 相连。当液压缸柱塞推动下顶板上升时，通过顶杆使摆杆绕其上端铰链 7 转动，各层热压板便同时被拉杆拉起。当顶杆使摆杆转至一定角度时，全部热压板同时合拢，并继续在柱塞缸油压力的作用下对板坯进行加压。热压周期完毕后，液压系统卸荷，压机和同时闭合机构恢复原位。为了补偿热压板各间隔中被压制板坯厚度不均和同时闭合机构、压板及厚度规等的误差，在各拉杆的上部均设有专门的补偿装置 8。为使各热压板处于正确位置，拉杆长度可通过调节装置 9 加以调整。

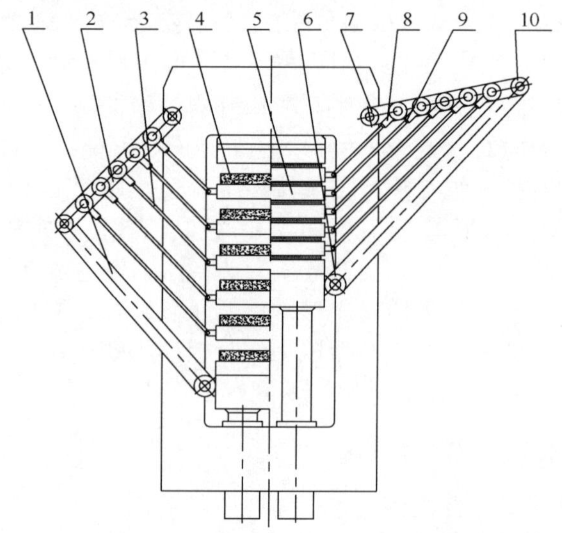

图 10-13 杠杆式同时闭合机构结构简图

1. 顶杆；2. 摆杆；3. 拉杆；4. 板坯；5. 热压板；6、7、10. 铰链；8. 补偿装置；9. 调节装置

2. 同时闭合机构的补偿装置

补偿装置的作用是使拉杆具有一定的“伸缩”功能，并且具有刚柔兼备的特性。当热压板升起时，同时闭合装置带着所有热压板一起提升，这时补偿装置需要有“刚性”；而在闭合并压制时，考虑到上述的各种误差，必须使各热压板上的拉杆具有一定的可“伸缩”性，以防止拉杆过载而损坏。根据补偿装置的结构形式，可分为液压缸式补偿装置和弹簧式补偿装置两种。

1）液压缸式补偿装置

液压缸式补偿装置按其液压缸进油方式可分为单向进油和双向进油的两种。单向进油液压缸式补偿装置的结构如图 10-14（a）所示，它由缸体 1，空心活塞 2 和拉杆 4 等组成。拉杆下端与压板相连，上端插入空心活塞。缸体上端与摆杆铰接，缸体下部有进油口 3 与油管相接。工作时，通入缸内的压力油对活塞的总压力以稍大于压板、板坯及拉杆等的总重量为宜。这种补偿装置只能使部分热压板及板坯的质量被补偿（即被拉杆平衡）。双向进油液压缸式补偿装置如图 10-14（b）所示，其下部结构与单向进油的相同，但缸体上盖增加一个进油口 3，且空心活塞 2 的顶部增设另一活塞 5。当压机处于开启状态时，油腔 *e* 和 *f* 油压相同，通过适当选定活塞 2 和 5 的承压面积使其处于图示位置，此时拉杆 4 的拉力也应略大于压板等的重量。闭合时，油腔 *e* 卸荷，而油腔 *f* 油压保持不变。加压结束后，油腔 *e* 通入压力油，实现压机同步开启。这种补偿装置能使各层热压板及板坯的质量全部被补偿。

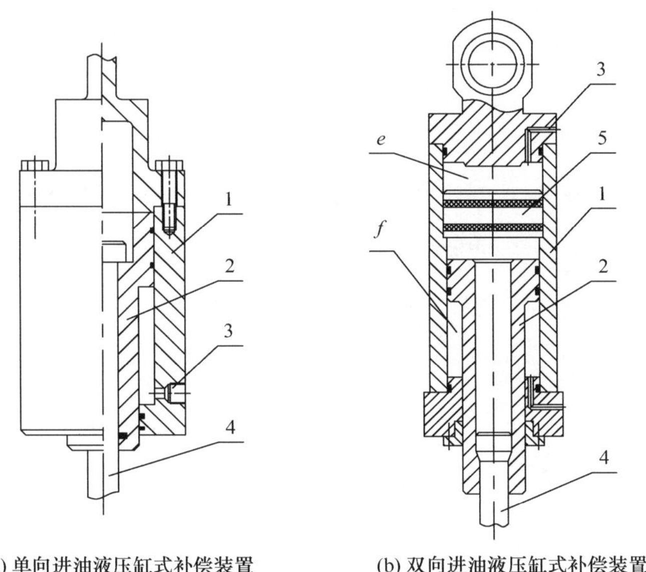

(a) 单向进油液压缸式补偿装置　(b) 双向进油液压缸式补偿装置

图 10-14　液压缸式补偿装置

1. 缸体；2. 空心活塞；3. 进油口；4. 拉杆；5. 活塞；*e*、*f*. 油腔

2）弹簧式补偿装置

弹簧式补偿装置如图 10-15 所示。这是最简单的一种机械式补偿装置，不需要液压设备及不存在漏油污染问题。起补偿作用的弹簧，通过螺母的调节被适当压缩在拉杆顶部。每个拉杆均可单独调节，理论上弹簧的作用力应调节到与拉杆

及其所拉升的总重量相平衡（不计摩擦力）。热压板的正常负荷变化不会使预先压缩的弹簧发生较大变形，即热压板保持在比较确定的位置上。当加压板坯的厚度等发生变化时，利用弹性伸缩，使拉杆的伸出量得以相应改变，从而实现拉杆长度的补偿作用。

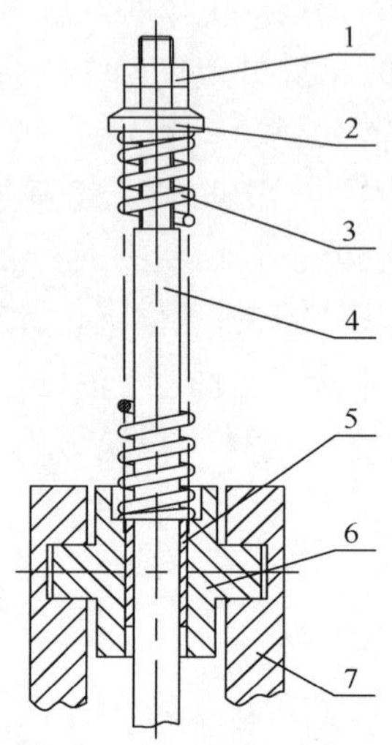

图 10-15　弹簧式补偿装置

1. 螺母；2. 垫圈；3. 弹簧；4. 拉杆；5. 导套；6. 支座；7. 摆杆

10.2.7　多层热压机的装卸板机

装板机和卸板机是多层热压机重要的辅助设备，其作用是在人造板生产中形成有节奏的连续生产，提高生产效率，减轻劳动强度，保证产品质量和安全生产。

多层热压机的装板机和卸板机分别设置于压机主机的左右两侧（图 10-1），按照装、卸料的方式，可分为有垫板式的装卸板机和无垫板式的装卸板机。由于有垫板式装卸板机必须附设一套垫板回送装置，占地面积较大，装卸板坯的流程也较无垫板式装卸板机复杂一些，因此，无垫板式装卸板机的应用更广泛。

1）无垫板式装板机

无垫板式装板机的结构和原理如图 10-16 所示。它由机架 1、吊笼 3 和装载小车 5 等部件构成。吊笼是由型钢焊成的框架，在两侧液压缸 2 的驱动下，可沿机架上的垂直导轨作升降运动。装载小车可沿吊笼两侧底梁上的水平导轨 4 作前后运动。装载小车上设有与压机层数相同的搁板 8，每层搁板都装有微型电机 6 驱动的悬伸式皮带送料装置 7。各层皮带送料装置的最前端都安装有一个铲头 9，作为铲推式卸板装置。

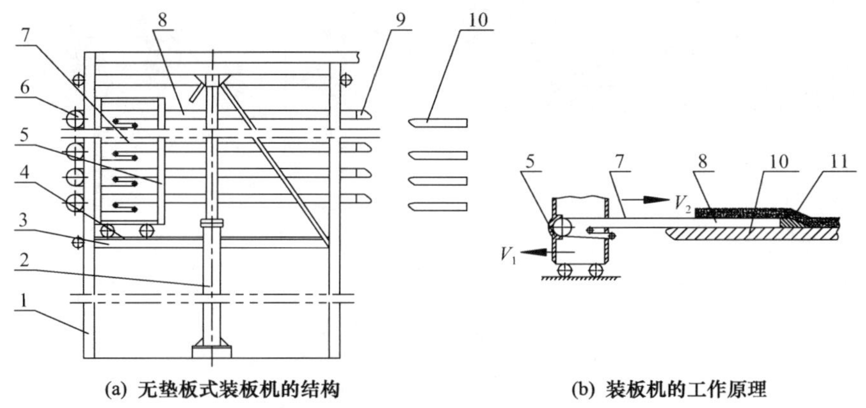

(a) 无垫板式装板机的结构　(b) 装板机的工作原理

图 10-16　无垫板式装板机的结构和原理

1. 机架；2. 液压缸；3. 吊笼；4. 水平导轨；5. 装载小车；6. 电动机；7. 皮带送料装置；8. 搁板；9. 铲头；10. 热压板；11. 板坯

装板机之前设有板坯预装机，用来将板坯 11 逐块地预先装到装载小车的每层送料皮带上。当需要对压机装入板坯时，由专用电动机通过变速装置驱动小车向压机方向运动，使悬伸的皮带送料装置连同板坯一起插入各层热压板 10 的间隔中。同时，小车借其搁板前端的铲头先将热压板上已压制完成的制品推到卸板机吊笼的搁架上。当装载小车抵达适当位置时，电动机便反向运转，使小车后退，同时各层送料皮带在各自电动机驱动下作与小车后退方向相反的反向运动［图 10-16（b）］。由于小车后退速度 V_1 与平皮带反向运动速度 V_2 相等，使板坯与热压板之间的相对速度为零，故可将板坯落在热压板的适当位置上。装载小车后退复位后，各层送料皮带上已无板坯，吊笼随即下降至最低位置，再进行下一个工作循环。

2）无垫板式卸板机

无垫板式卸板机的结构（图 10-17）和装板机的结构相似，也是由吊笼 1、机架 3 及液压缸 5 等组成，卸板机下方还设有皮带运输机 4，用于将压制完成的人造板运走。卸板机吊笼的两侧焊接有用型钢制成的搁架 2，搁架的层数与压机热压板的层数相同。吊笼完全升起时，每层搁架恰好和各层热压板对齐。

工作开始时，卸板机的吊笼完全升起，装板机的铲头在装板时先将压制好的人造板推入卸板机吊笼的各层搁架之上，然后吊笼在液压缸的驱动下逐步下降。吊笼下方的皮带运输机上设置有行程开关，当吊笼中最下层搁架上的板材压下行程开关的触头时，行程开关发出信号，使液压缸停止下降，皮带运输机启动，将该层人造板运走。随后行程开关的触头重新复位，液压缸又开始下降，皮带运输机停止运转，直至倒数第二层人造板又一次压下行程开关的触头，使液压缸再次停止，皮带运输机再次启动。如此往复，最终将搁架上的所有板材运送出去。板材输送结束后，液压缸再将吊笼完全升起，进行下一次工作循环。

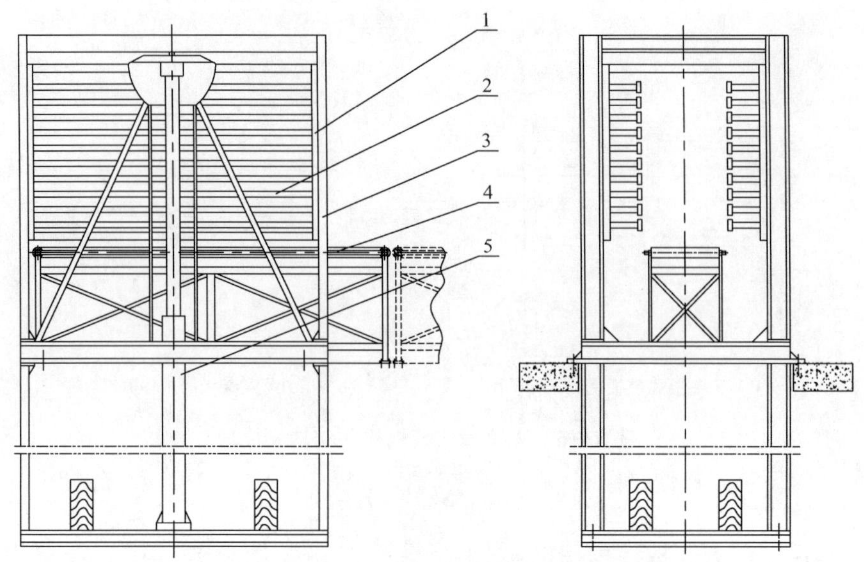

图 10-17　无垫板式卸板机的结构

1. 吊笼；2. 搁架；3. 机架；4. 皮带运输机；5. 液压缸

10.3　单层热压机

与多层压机相比，单层热压机不需要复杂的装卸板机等配套设备，总体设施较为简单，维修工作量较少。尤其是其热压板的幅面大，产品厚度误差小，板边条的裁边损失小，原材料消耗比较低。另外，单层热压机只有上、下两层热压板，热压板的开档（指两块热压板的间距）小，闭合速度快，因而可以减少生产辅助时间，提高生产效率。

单层热压机的结构与多层压机相似，只是因其仅有上、下两层热压板，因此不需要设置复杂的同时闭合机构。单层热压机的组成与热压系统结构如图 10-18 所示，它主要由机架 1、加压油缸 2、热压板 3、上顶板（活动横梁）4、加热管道 6、提升缸 7 及厚度规等部件组成。

如图 10-18（a）所示，机架 1 是采用厚钢板焊接的框式结构，由两个框片构成一组框架，八组框架之间用特制的双头长螺柱相互连接构成一个空间刚体，每组框架上各安装两个加压油缸（柱塞缸）2。因单层压机通常采用“下压式”结构，即加压油缸安装于热压板的上端，压制板坯时柱塞缸的柱塞向下运动，所以柱塞不能在重力作用下自动退回。为此，每组框架之间又设置了一个提升缸 7，用以在板坯压制结束后将（上）热压板 3 及上顶板 4 提升到初始位置［图 10-18（b）］。提升缸的上端用耳环安装于吊架 8 的底端，吊架与机架间采用螺栓连接。另外，又因单层压机的热压板尺寸较大，仅用提升缸提升热压板会使压板的边角出现变形，所以又设置了同步机构 9。同步机构是一套连杆装置，其吊杆与上顶板（活动横梁）的边角连接。当提升缸提升热压板与上顶板时，同步机构的各连杆同时运动，使上顶板与热压板的边角同时提升，保证了热压板面的平直。

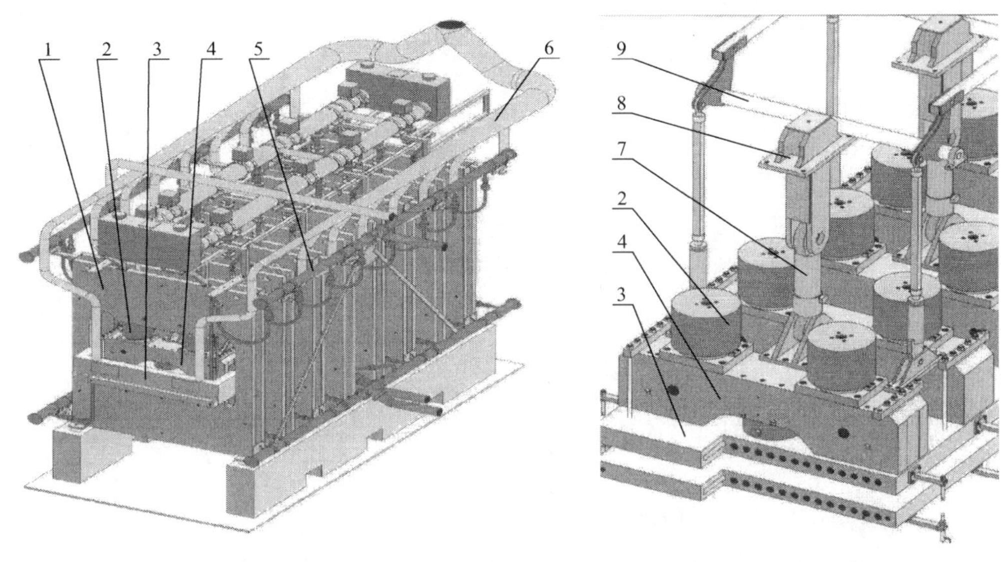

(a) 单层热压机的组成　(b) 单层热压机的热压系统结构

图 10-18　单层热压机的组成与热压系统结构

1. 机架；2. 加压油缸；3. 热压板；4. 上顶板；5. 液压油路；6. 加热管道；7. 提升缸；8. 吊架；9. 同步机构

单层热压机压制人造板时，板坯通常采用网带输送至压机的下热压板之上，随后液压系统通过液压油路 5 向加压油缸供油，使其柱塞推动上顶板与上热压板对板坯加压、加热，并由厚度规限定压制板材的厚度。板材热压结束后，液压系统又向提升缸供油，通过提升缸和同步机构提起上热压板，压制好的板材则用网带输送出压机的热压板。单层压机热压板的幅面一般相当于多层压机热压板幅面的 6~8 倍，甚至更大，因此其生产能力与多层压机相当。单层压机的热压板通常采用热油加热，液压系统可用石油基液压油或乳化液作为工作介质。

10.4　连续式带压机

10.4.1　连续式热压机概述

多层压机和单层热压机均属周期式压机，在生产过程中为间歇式加工，这使人造板生产线上流水式的生产突然中断，造成了生产节拍的失衡。另外，多层压机和单层热压机还存在着压制的板材厚度不均、原材料消耗量大等缺点。连续式热压机则采用不间断的通过式加压方式，克服了多层压机和单层压机存在的缺点，从生产线的自动化、连续化，设备的生产效率和工艺性，以及产品的产量和质量来讲，连续式热压机是一种更为理想的设备，因而它在国内外的人造板生产中越来越受到青睐。

相比于周期式压机，连续式热压机具有以下几个特点。

（1）简化了生产辅助设备，使生产连续化，生产效率高。

采用连续式热压机的人造板生产线不需要装卸板机及部分运输设备，整个生产线实现了流水式的连续化生产；改变板材的厚度无须停机，可以在线调节，短时间即可转换不同厚度的板材生产；板坯热压过程中，不存在压机闭合、开启、装板和卸板等辅助时间，生产效率大幅度提高（大约为同幅面单层热压机的 1.5 倍，多层热压机的 2.3 倍）。

（2）原材料消耗量小，产品质量好。

由于受热与受压同步，板材预固化层极薄，因而可以不砂光或少砂光，且无横向裁边损失；生产的板材表面平整、质地细密，断面密度梯度分布合理，强度高。

（3）生产的板材规格多，厚度精确。

连续式热压机压制的板材幅面大，宽度可达 3000mm 以上，长度几乎不限；板材厚度一般为 3~40mm；连续式热压机不仅在纵向各区段可自动调节压力，而且沿热压板横向压力也可自动精密微调，因而板材厚度尺寸精确，一般厚度公差不大于±0.1mm。

（4）节电、省热，综合效益好。

整个热压过程中，连续式热压机的钢带始终接触板坯，加压系统无空载与峰值压力的大幅度波动，系统压力近乎恒定；热压板不同区段的压力、温度和热量按热压曲线高低不同的区段设计（周期式压机是按最高压力、最高温度和最大供热量设计），因而节电、省热，直接耗电量仅为周期式热压机的 50%，热耗降低 10%~15%。

（5）设计、制造难度大，材料品种多、要求高，金属热处理工艺复杂。

连续式热压机的零件、部件制造精度及安装精度都要求很高，保养、维修也比较困难，且压机结构重量大、价格昂贵。

连续式压机可分为连续式带压机、辊压机和挤压机三种。其中，连续式挤压机生产中应用很少；连续式辊压机只适于生产薄板，应用也不太广泛；连续式带压机早期因为技术不成熟，应用也不多。近二十年来，随着材料技术、控制技术以及机械加工技术的进步，连续式带压机取得了很大的进展，并逐步走向成熟。除了制造精度、自动化程度得到提高外，整机性能和可靠性也有很大提高。至今，连续式带压机的技术优势已得到充分的体现，新建的人造板生产线（纤维板和刨花板）也多以连续式带压机作为主机。

早期的连续式带压机主要用于刨花板生产，现今则多为中密度纤维板和定向刨花板生产线配套，其单机年产量一般为 5×10^4~$30\times10^4 m^3$，以 10×10^4~$20\times10^4 m^3$ 居多。产量最高的连续式带压机其年产量达到 $70\times10^4 m^3$（定向刨花板）。

根据连续式带压机的发展历史，曾出现过钢带油膜型和钢带辊子链型两种形式，目前生产中应用的几乎均为钢带辊子链型压机。此外，连续式带压机也称连续式平压热压机。

10.4.2　连续式带压机的工作原理与热压曲线

1）连续式带压机的工作原理

钢带辊子链型连续式热压机的工作原理简图如图 10-19 所示。板坯 1 由运输带送至连续式带压机带有角度的可调进料口后，由在张紧辊筒 2 和驱动辊筒 7 上运行的环形钢带 3 带动，进入压机受热加压，板坯在运行过程中完成热压工序。板坯加热的热量来自于上、下热压板 4，加压压力来自于机架上的油缸 6，通过辊子链 5 和钢带 3 将热量和压力传递给板坯。连续式带压机钢带的运行速度一般可在 1.3~40m/min 的范围内调节，以适应生产多种厚度规格板材的要求。压机产量的高低主要通过热压板长度的增减来调节。

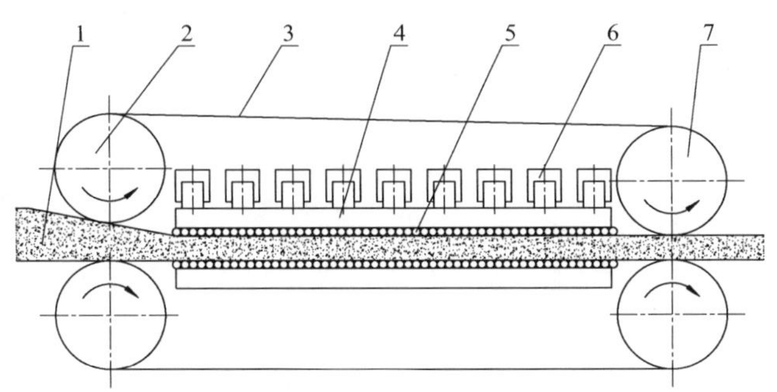

图 10-19　连续式带压机的工作原理

1. 板坯；2. 张紧辊筒；3. 钢带；4. 热压板；5. 辊子链；6. 油缸；7. 驱动辊筒

压机进料口的角度可大范围调节，改变进料口的角度与钢带的运行速度，可以改变板材密度梯度的分布。进料口角度大，钢带速度高，对板坯压缩快，板材密度梯度就大；反之，板材的密度梯度就小。

2）板坯加压与加热曲线

由于连续式带压机中热压板的分段方式及各段的压力与温度必须按照板坯加压、加热曲线进行设计，所以需对加压、加热工艺曲线加以介绍。图 10-20 为纤维板生产的加压和加热曲线（曲线为简化工艺曲线，另外刨花板生产的工艺曲线与此类似）。其中，加压曲线可分为升压段、高压段、保压段、中压段（回升段）及卸压段等五段；加热曲线则由升温段和降温段组成。另外，由于生产不同种类、密度及厚度的板材所采用的工艺参数有所不同，即板坯加压压力与加热温度有所不同，所以，在加压曲线中以 P 表示板坯所受的单位压力，加热曲线中的 T 表示热压板的温度，t 表示板坯的温度。热压板与板坯之间存在温差是由于热压板的热量需通过辊子链、钢带等传递给板坯而产生的。

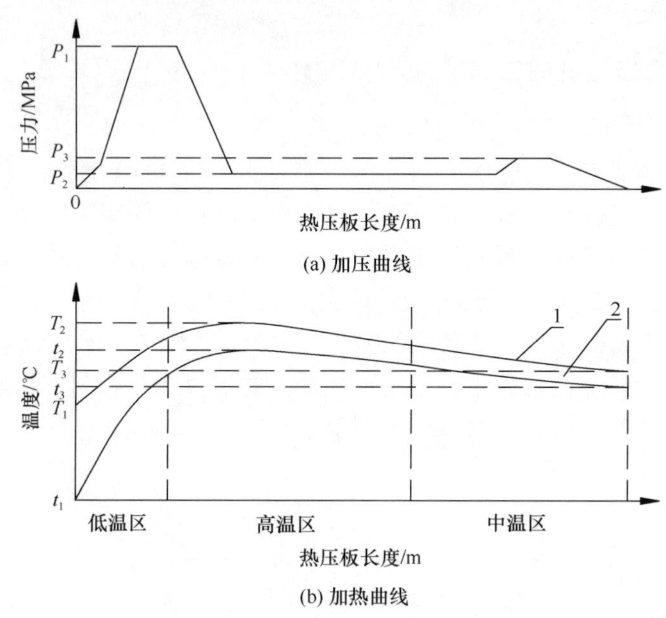

图 10-20　纤维板生产的加压与加热曲线

1. 热压板温度变化曲线；2. 板坯温度变化曲线

在升压段，板坯进入压机进料端，由于其弹性较大，且被急剧压缩，压力会急剧升高，当板坯进入进料口的终点时，压力达到峰值 P_1。这一阶段，热压板的温度应处于低温区 T_1，以防止板坯表层胶液迅速固化，形成预固化层；板坯则在热压板的加热下，温度由 t_1 开始快速上升。板坯温度 t_1 一般为生产场所的环境温度，如果压机采用了蒸汽喷蒸等板坯预热方法，t_1 所表示的温度会更高。

进入高压段后（P_1 的下沿），由于板坯的温度已达到胶液的固化温度，因而其弹性会逐渐下降，加压压力也就随之下降，直至达到 P_2。这一阶段，由于板坯的含水率较高，热压板的温度应取高温 T_2，以利于热量快速传递到板坯的芯层。此外，高温区 T_2 应维持较长的时间，从而使板坯的芯层快速升温，达到与表层的温度均一。至板坯温度达到峰值 t_2 时（此时压力大致处于高压段的最下沿），热压板的温度才能缓慢下降。

保压段是压力曲线中最长的一段。此时，板坯的温度已经完全处于胶液固化的温度范围内，即板坯进入固化期。此时，板坯的弹性力很小，加压压力也保持在最低值 P_2。这一阶段内，由于不需要再对板坯升温，热压板的温度进入下降阶段（中温区 T_3），但温度不宜下降的过快，应使其缓慢下降，直至热压过程结束（板坯温度降至 t_3）。

中压段提高加压压力是为了精确校准板材的厚度。此时，通过调整压机使其上、下钢带的间距达到规定的板厚，因而板坯又一次被压缩，所以压力升至 P_3。中压段结束后，随即进入卸压段。卸压段要求加压压力缓慢下降，以防止压制完成的板材出现“鼓泡”现象。卸压结束后，压制的板材脱离热压机，进入下一加工工序。此阶段内，板坯温度一直处于缓慢下降的趋势。

10.4.3　连续式带压机的结构

由于连续式带压机的设计、制造技术难度大，对材料的要求的高，因而目前有能力制造连续式带压机的企业并不多。国外的制造企业主要包括辛北尔康普集团（Siempelkamp Group）和迪芬巴赫公司（Dieffenbacher Company）；国内的制造企业主要有亚联机械制造有限公司和原上海板机厂（现为迪芬巴赫的合资子公司）。图 10-21 为亚联机械生产的 DBP 系列连续平压热压机的外观。

图 10-21　DBP 系列连续平压热压机的外观

1）连续式带压机的总体结构

连续式带压机主要由机架、钢带驱动装置、热压装置、辊子链、液压系统、供热系统及控制系统等组成。其中，钢带驱动装置主要包括上、下两条环形的钢带，以及带动钢带运转的驱动辊筒和张紧辊筒；热压装置主要包括加压油缸，上、下热压板。迪芬巴赫公司生产的CPS型连续式带压机的结构如图10-22所示，其他厂商生产的同类压机在结构上与其类似，只在某些具体结构形式有所不同。因为压机的结构、液压系统和供热系统均需按各热压区段不同的参数进行设计，各区段必需设计成不同压力、不同温度和热容量的独立系统，所以各厂商的设计结果也就不尽相同。

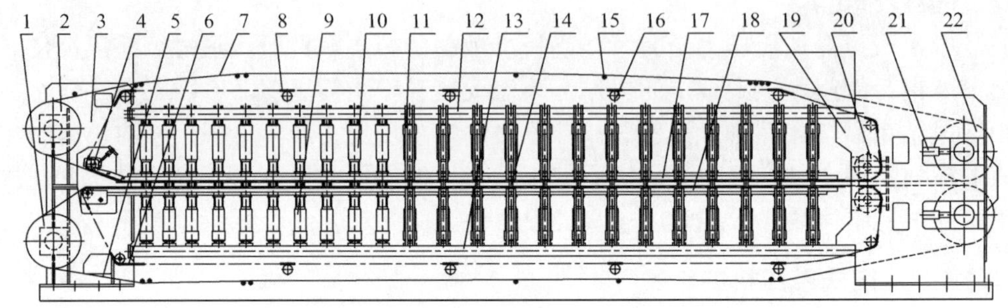

图10-22　CPS型连续式带压机的结构

1. 下驱动辊筒；2. 上驱动辊筒；3. 驱动辊筒框架；4. 柔性进料口；5. 下钢带；6. 下辊子链；7. 上钢带；8. 辊子链托辊；9. 下加压油缸；10. 上加压油缸；11. 机架；12. 顶梁；13. 底梁；14. 提升油缸；15. 钢带托辊（调偏辊）；16. 上辊子链；17. 上热压板；18. 下热压板；19. 张紧辊筒框架；20. 辊子链驱动辊筒；21. 张紧油缸；22. 张紧辊筒

连续式带压机中，根据加压油缸的布置方式，可分为“上压式”和“下压式”两种，但CPS型压机采用了较为独特的“混合式”布局。该压机在上热压板17的两侧各布置了一个上加压油缸10，在下热压板18的底部又布置了多个下加压油缸9（下加压油缸的数量根据压机的宽度确定），板坯压制时，上、下加压油缸共同施压。

加压油缸通常采用柱塞缸，用吊杆安装在机架上。上、下加压油缸的柱塞分别与上、下热压板的背侧相连接，连接面之间加垫隔热板。由于连续式带压机的长度较大，通常为30~70m，因而机架的数量一般有几十个，加压油缸的数量则多达上百个、甚至几百个。压机的长度通常是其产量的标志。因其长度越大，钢带的运行速度越快，单位时间内的产量也就越大，但产量会受到生产板材厚度的影响。生产薄板时板坯升温快，钢带运行速度可以提高，产量随之增大；生产厚板时板坯升温慢，应降低钢带的运行速度，产量也就随之降低。

CPS型压机的前辊筒（包括上驱动辊筒②和下驱动辊筒①）为主动辊筒，后辊筒为张紧辊筒22，它们分别驱动上钢带7和下钢带5做回转运动。前、后辊筒的框架3和19必须固定于牢固的基础之上，以承受工作中钢带的张紧力。两辊筒框架之间为压机的主体，即其热压区段。热压区段主要包括用于板坯加热与加压的热压板和加压油缸，以及用于安装它们的机架11。连续式带压机的钢带辊筒框架与机架分属两个独立的受力系统，机架只承受板坯热压过程中的反力，辊筒框架仅承受钢带的张力，两者互不干扰。

该机的上、下钢带和辊子链 16 与 6 穿过上、下热压板间的间隔后，分别绕过机架的上、下两侧循环运行，这种循环方式称为“大循环”（辊子链在机架内部循环的称为“小循环”）。采用大循环的压机，其钢带和辊子链在机架外侧的部分必须用托辊、压辊（包括辊子链托辊 8 和钢带托辊 15）加以支撑，某几个钢带托辊还需起到对钢带调偏的作用，也称调偏辊。一般辊子链的循环运行需设置驱动辊筒，如图 10-22 中的辊子链驱动辊筒 20。

某些连续式带压机还在热压区段后增设了冷却区段，冷却段的长度大约占压机总长的三分之一，其结构与热压段基本相同，只是热压板和辊子链均需单独配置。在冷却段内，板材的热量被回传给热压板。设置冷却段主要是使压机更好地适应热压工艺要求，对提高板材质量、产量，降低压机的总热耗方面有一定的优势。

2）柔性进料口

连续式带压机压制板坯时，在压机进料端很短的一段距离内就要将板坯压缩至接近成品板材的厚度，而板坯的厚度一般可达成品板材厚度的 6~8 倍（板坯与板材的厚度比与生产板材的种类、铺装密度、板坯预压程度及规定的板厚等因素有关），压制板材的厚度越大，板坯的变形量也越大。因此，板坯在进料阶段会产生很大的反弹力，这就要求压机的进料端既要有很大的刚度和强度，又要有一定的“柔性”，能够根据板坯压制的需求加以调整。

当前，连续式带压机通常都设计有柔性的进料口，其结构见图 10-23。柔性进料端上部的热压板 3 和 4 的长度较短，它们与热压板 2 之间采用间隙配合面首尾连接，能够根据板坯的厚度偏转一定的角度。当板坯 8 进入进料口段的钢带 7 之间时，通过控制油缸 5 活塞杆的伸缩，可将压板角度调整装置 6 调节到合适的位置，使钢带 7、辊子链与热压板 3 和 4 张开一定的角度，以适应板坯厚度和反弹力的需求。图 10-23（a）和（b）分别示出了压制厚板和薄板时进料口不同的调整状态。

3）机架

机架是连续式带压机承受压力的主要部件，用于支承油缸、热压板、辊子链及隔热板等各部件，并在工作时承受上万吨的总压力。连续式带压机的机架制造方法与多层压机类似，只是不同厂商生产的压机采用的机架形式各有特点，但都是为适应压机的加压曲线［参见图 10-20（a）］而设计的。

由压机的加压曲线可见，板坯在热压的不同阶段所受到的压力是不同的，各段压力相差还很悬殊，这也就说明沿压机长度方向，不同位置的机架受力大小也

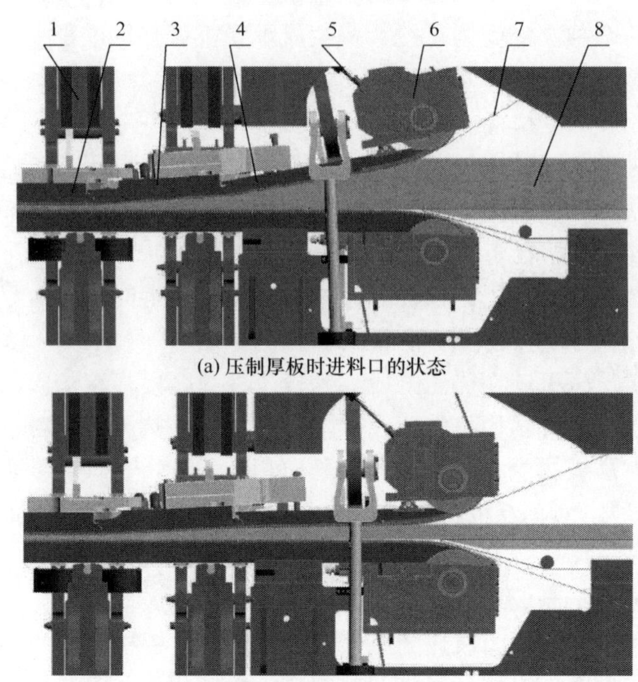

(a) 压制厚板时进料口的状态

(b) 压制薄板时进料口的状态

图 10-23　柔性进料口结构

1. 机架；2、3、4. 热压板；5. 油缸；6. 压板角度调整装置；7. 钢带；8. 板坯

不相同。再综合考虑设备安装、维修、更换等问题，机架结构总体上有两种形式：一种是各个机架单元等间距布置，另一种是不等间距布置。等间距布置的机架在受力大的区段机架板需要加厚，受力小的区段机架板则应减薄；不等间距布置的机架是在受力大的区段减小机架单元的间距，在受力小的区段增大机架单元的间距。两者对比来说，后者虽然在制造、安装的工作量上有所增加，但能更好地适应加压曲线的要求，且机架单元规格统一、制造工艺也较为简单，因而多数压机的机架采用的是不等间距布置的形式。

连续式带压机的机架单元结构有框式、板式和柱式三种形式，其中前两种应用较多。框式机架的结构与多层压机框式机架的结构相同，只是尺寸上有差异；板式机架是指仅利用若干框片构成的机架，这种机架在制造成本上最低，加工与安装方面也更为简单。图 10-22 所示的 CPS 型压机采用了不等间距布置的框式机架；而辛北尔康普集团生产的 ContiRoll 型连续式带压机采用了不等间距布置的板式机架，其在受力大的区段增大了框片的厚度；国内亚联机械生产的 DBP 系列压机则采用框式与板式混合的机架形式，其在受力大的区段采用的是框式机架，受力小的区段采用的是板式机架。

在机架单元结构上，CPS 型压机采用了一种独特的活动韧性机架，不但解决了压机侧面空间的敞开问题，还解决了上热压板需要变形时上横梁的位移问题。图 10-24 示出该机架单元的结构。图中 1 为主油缸，2 为上横梁，两片机架拉板 6 的上、下两端分别与主油缸和下横梁 5 铰接，由此组成一个活动的机架受力单元。松开下部销柱 7，拉板即可向上掀起，上横梁则由复位油缸 8 支撑，整个压机侧面全部敞开。下横梁上的下加压油缸 3 以及辊子链等都可由此抽出更换，这给压机的维修和保养工作带来了极大的方便。

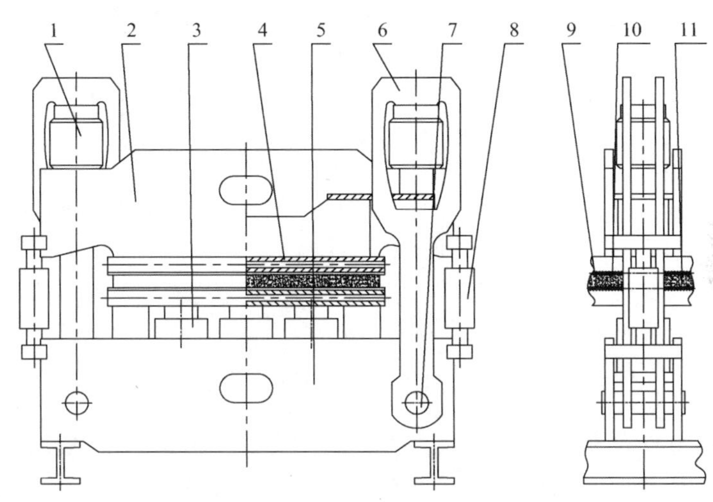

图 10-24　CPS 型压机的机架单元结构

1. 主油缸；2. 上横梁；3. 下加压油缸；4. 热压板；5. 下横梁；6. 拉板；7.销柱；8. 复位油缸；9. 钢带；10. 辊子链；11. 板坯

连续式带压机的机架一般由 20~50 个受力单元组成，机架要求的加工精度、安装精度都很高。机架下横梁两侧需有经加工的支承面作为安装基准，一般下横梁坐落在紧固于基础的工字梁上。板式机架由于横向刚度差，在机架上横梁的两侧均用通长的重型工字钢紧固连结，以提高机架整体刚度。

4）热压板

连续式带压机的热压板与周期式热压机的热压板在功能上虽然相同，但由于其工作原理有所不同，加之连续式带压机的幅面较大，因此对热压板的结构、供热、材质和制造等都有许多特殊的要求。连续式带压机的热压板除了应具有一定的刚度、强度与表面加工质量等方面的要求外，通常还具有以下几项要求。

（1）热压板表面要有良好的耐磨性。因板坯压制过程中，辊子链需在热压板表面滚动运转，难免会产生摩擦和磨损，因而要求热压板表面要有好的耐磨性。

（2）热压板在板坯反力范围内应具有一定的弹性。因连续式带压机不能像周期式压机一样，通过间歇开启热压板来排除板坯内部的蒸气，而只能通过热压板的挠曲变形排除蒸气，因而要求其必须具有一定的弹性。

（3）热压板应有多个独立的加热区段。因在加热的不同时期，要求热压板输送给板坯的热量不同［参见图 10-20（b）板坯的加热曲线］，因而连续式带压机的热压板均为分段式的，每段的温度及热容量也有所不同。

连续式带压机热压板的分段与各区段不同的热耗如图 10-25 所示，此分段方法适用于热压板总长大于 35m 的压机。该热压板在长度方向上共分为 6 个独立的加热区段。由于加热工艺（曲线）要求在压机前端板坯需要快速升温，因而该分段中前三段的热耗就占到了总热耗的 60%以上，而这三段的总长却仅占热压板长度的 37%。其后的三段占热压板总长的 63%，但其热耗还不到总热耗的 40%。

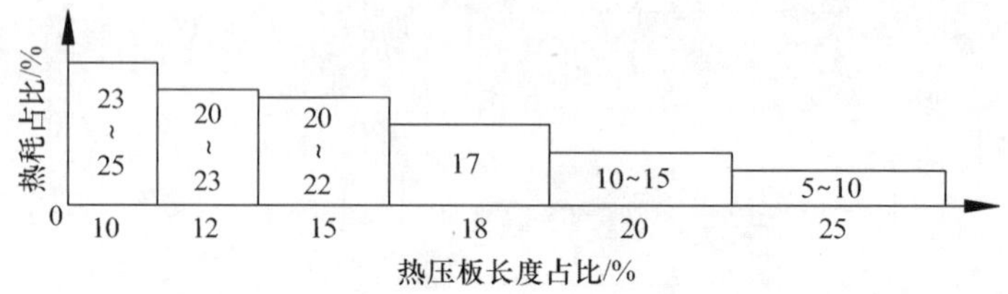

图 10-25 热压板的分段与各区段的热耗

由于连续式带压机沿热压板长度方向必须分为不同的加热区段，且生产不同密度、厚度的板材时，对温度的高低和热容量的大小要求不一，因此每段热压板一般是独立设计热介质流通的回路，以满足不同的加热曲线要求。且由于每块热压板的长度较大，纵向钻孔困难，只能横向钻孔，所以其热介质回路结构通常采用图 10-6（b）或（c）的形式。另外，连续式带压机对热压板各区段温度和热量的控制、设定都是依靠计算机来实现的。

5）钢带

钢带也是连续式带压机的关键零件之一，其作用是将热压板的压力和热量传至板坯，并带动板坯与之同步运行实现连续热压。有的钢带还要带动无动力装置的辊子链运行。

钢带是由薄钢板焊接而成的无端环形带，长度通常为热压板长度的 2.6~3 倍，常用厚度为 2mm，钢带材质通常选用经高预应力处理的专用高强度合金钢。压机安装时，钢带套装在压机的前、后辊筒上，通常前辊筒为驱动辊筒，后辊筒为张紧辊筒，各辊筒均安装在独立基础的辊筒框架上。驱动辊筒由配有减速器的直流电机驱动，由电气装置控制上、下驱动辊筒同步运转，从而使上、下钢带的运行速度一致，以免板坯沿水平方向错位或撕裂。钢带的张紧是由液压张紧装置实现的，以保证钢带中张紧力的恒定且具有一定的柔性，这对钢带获得稳定的牵引力以及防止其他部件过载具有重要的作用。

上下钢带穿过热压板、绕过后辊筒后，分别从压机的顶部和底部做大循环返回至压机的进料端；返回段是松边，由托辊和压辊支承其正常运行。钢带在运行方向上的调整是通过在松边配置的调偏辊实现的。改变调偏辊左、右两端的高、低位置，即可调整钢带在运行中出现的偏移量。跑偏信号来自于钢带两侧的电气装置，而调偏辊的升降由气缸控制。

6）辊子链

辊子链位于热压板与钢带之间，绕过热压板的前、后两端首尾相接，并覆盖在热压板的表面形成一条辊子链毯。辊子链的作用是减小钢带与热压板的磨损，并将热压板的压力与热量通过钢带传给板坯。连续式带压机使用的辊子链有短轴多排型和通轴单排型两种形式。

图 10-26 为原 Küsters 公司生产的压机采用的短轴多排型辊子链毯。该链毯由若干条单幅环形辊子链并列而成，单幅环形辊子链则由若干等长的辊子链单元连接组成。

(a) 短轴多排辊子链毯外形

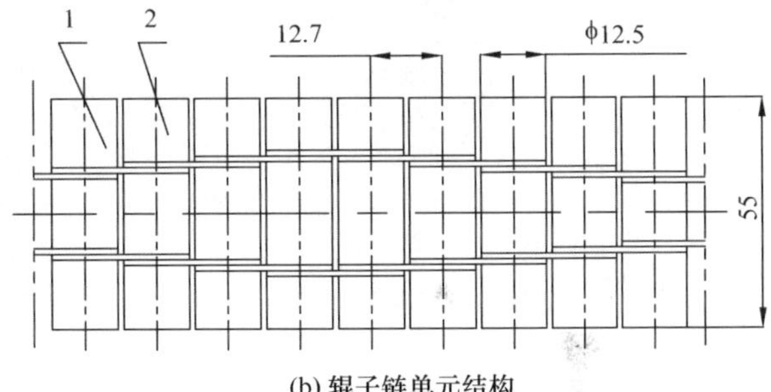

(b) 辊子链单元结构

图 10-26　短轴多排辊子链

1. 辊子；2. 链板

一个辊子链单元由八种不同长度的辊子 1 和相同的芯轴、链板 2 及垫圈等组成。辊子由无缝厚壁钢管制成，直径 ϕ 12.5mm，链板厚 1.6mm，辊子链节距为 12.7mm，装配后单元宽度为 55mm，辊子表面需经耐磨处理。辊子链采用不等长度的辊子组合成相同宽度的单元，是为了解决链板联结部位的传热不良问题。

短轴多排辊子链毯自身无动力，靠钢带的摩擦力牵引，与钢带同向运动，但运动速度只有钢带速度的一半。同时，辊子还绕其芯轴做旋转运动。辊子链毯脱离热压板后，通过托辊、压辊和调偏装置等，做大循环返回到热压板的入口处。

短轴小直径辊子链有许多优点：辊子链运行无须专用的动力装置，简化了压机结构，减轻了整机重量；辊子直径小而短、制造容易；单幅链重量较轻，安装、更换方便。辊子密度大、外径小，钢带与热压板的间距小，因而传热效率高、热损失小（热压板与钢带温度差不大于 10℃）。另外，短轴辊子的摩擦系数也较小，有利于减轻磨损。短轴辊子链的不足之处是加工、装配的工作量很大。

通轴单排辊子链（图 10-27）的辊杆长度与热压板的宽度相同，为使返回段悬空的辊杆具有足够的刚度，辊子直径做得较大，一般为 18~22mm。由于辊子为通轴，加之重量较大，辊子链需由专用驱动辊筒驱动。

图 10-27　通轴单排辊子链及其驱动辊筒

单排辊子链由于辊子直径及间隙大，造成热压板与钢带的间隔也较大，因而热传导效率差。辊子间距大还造成钢带受压后挠度增大，其自身重量大也使安装、维修困难。这些都是其不足之处。但是，由于其加工、装配工作量小，精度要求也较低，在实际应用中比短轴多排辊子链广泛。

连续式带压机无论采用哪种辊子链，都要在压机进料端设置辊子链自动稀油润滑装置；通轴单排辊子链在进入热压板前还应进行预热，从而防止其对板坯的温升速度产生影响。

10.4.4　连续式带压机的板厚控制

纤维板或刨花板生产中，控制板材的厚度精度都是十分重要的指标。相比于周期式热压机，连续式热压机对板材厚度的控制要精确很多，它可以将幅面为 3000mm×30000mm、厚度为 25mm 的板材厚度精确地控制在±0.1mm 的范围内。

目前，连续式带压机在板厚控制上通常具有位置控制与压力控制两种模式。控制系统已经可以实现在线分析产品的厚度，根据检测数据自动调整压机参数，根据产品参数灵活设定主导机架的位置，自动执行压力和位置校正等功能。以上措施最终实现了对产品厚度的精确控制。

1）板材厚度控制原理

图 10-28 为在压力控制模式下，压机一个机架受力单元的板材厚度控制原理图。其基本原理是利用液压系统输出的油压力与负载力（包括重力负载和板坯产生的弹性负载）相平衡实现控制板厚的。图中 5 为控制板，其之上有隔热板、辊子链、热压板和钢带等部件，设以上部件的总重量（负载）为 G；3 为控制阀体 4 的盖板，盖板和阀体配合形成油腔 M；2 为用于设定板材厚度的计量轴，6 为板坯加压用的柱塞缸，其进油压力为 P。

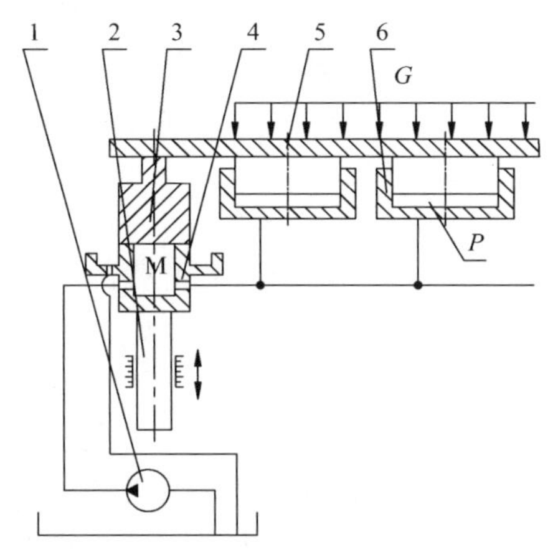

(a) 无压力输出时的状态

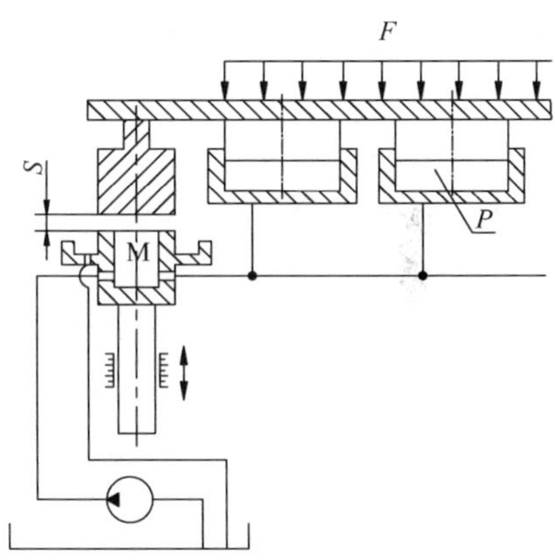

(b) 有压力输出时的压力控制

图 10-28　板材厚度控制原理

1. 油泵；2. 计量轴；3. 盖板；4. 阀体；5. 控制板；6. 柱塞缸

压机处于非工作状态时，由于油泵 1 尚未启动，控制板在负载 G 的作用下下移，柱塞缸的柱塞退回至初始位置，阀体和盖板接触，油腔 M 处于封闭状态[图 10-28（a）]。当板坯被送入钢带之间进行压制时，由于板坯被压缩产生反弹力，所以柱塞缸所受的负载力 F 进一步增大，为重力负载与弹性力负载之和。

板厚控制系统工作时，需先调节计量轴，设定上、下热压板的间距。该间距直接关系到板材的厚度，因此可以认为计量轴的位置决定了板材厚度。板材厚度设定完成后，启动油泵，液压油先经阀体油腔 M 进入柱塞缸，柱塞缸的柱塞在油压力 P 的作用下推动控制板向上移动。此时，盖板也随之向上移动并与阀体脱离，脱离后两者之间的间隙为 S，部分液压油又经该间隙回流至油箱［图 10-28（b）有压力输出时的状态］。由于间隙 S 的大小控制着油泵输出压力 P 的大小，其作用相当于是溢流阀。若柱塞缸所受的负载 F 保持恒定，此时油缸的输出力也恒定、且等于负载力 F，从而使控制板及其上的热压板、辊子链、钢带等都保持在某个特定的位置上。由于这一位置限定了上、下钢带的间距，因而板坯被压制成板材时的厚度也就被限定了。生产过程中如欲改变板厚，只需重新调整计量轴的位置即可。计量轴要求的调节精度很高，一般为 0.04mm，该精度足以满足板厚公差为±0.1mm 的要求。

但因板坯被压缩时的反弹力不可能一直保持恒定（如板坯密度出现不一致时就会造成反弹力的变化），所以板材厚度会受其影响。此时，系统的调节过程为：若某段板坯密度较大使反弹力增大（负载增加），该力会使活塞、控制板及盖板下移，间隙 S 因而减小。间隙 S 的减小又会导致油泵输出压力 P 增大，即柱塞所受的油压力增大，柱塞因而再次推动控制板等上移，直至恢复盖板与阀体原有的间隙 S，也就是恢复到原来的调定位置上。若负载力减小，其控制过程与负载力增大的过程相反。

2）板材的横向厚度控制

前述连续式带压机的板材厚度精度控制方法是指在压机的整个纵向加压区段内的，而对板材横向（即压机的宽度方向）的厚度精度控制与纵向是同等重要的。连续式带压机对板材横向厚度精度的控制方法与纵向控制基本一致，但在了解其控制方式之前，需先了解压机的加压油缸设置方式。

图 10-29 为原 Küsters 公司生产的连续式带压机油缸设置方式简图。图中，油缸按左、右对称排列，每一排油缸对应一幅机架（机架未示出）。计量轴 1、油泵 4 和两幅机架的油缸连接，两幅机架的油缸由两个 L 形管路联为一组。一个计量轴控制着同一排的三个差动油缸和三个柱塞缸，以及下一排的一个差动油缸。

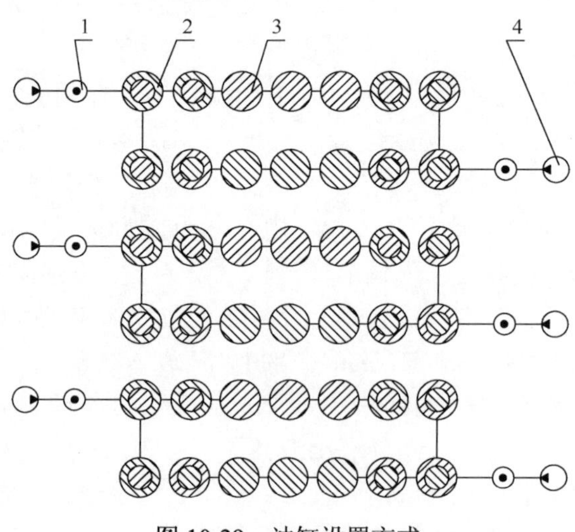

图 10-29　油缸设置方式

1. 计量轴；2. 差动油缸；3. 柱塞缸；4. 油泵

如果板坯横向铺装厚度不均，例如板坯左侧较右侧为薄，当板坯进入热压机后，左侧就会产生小于右侧的反弹力（参考图 10-28），左侧的柱塞缸就会推动左侧的控制板上移，这就增大了左侧盖板与阀体的间隙 S（右侧的间隙保持不变）。此时，图 10-29 中左侧油泵的输出压力 P 就会降低，于是左侧的控制板及其上的热压板等部件又会下移至原来的位置，从而使整块控制板重新恢复平整，使上下热压板的间距在横向保持平行，即保证板材的横向厚度均匀一致。

板材的横向厚度不仅受到如铺装密度、厚度不均的影响，还会受到蒸气压力的影响。板材内部蒸汽的产生源于人造板板坯都具有一定的含水率，水分在板坯热压过程中会汽化为水蒸气，产生一定的压力。在热压板两侧的边缘区域，由于蒸汽便于释放，所以该区域的蒸气压力就与大气压基本一致；但在热压板的中部，由于蒸汽难以释放而会产生蒸汽聚集，该区域的蒸气压力就会高于热压板的边缘。假如板坯在宽度上铺装均匀，热压时的反弹力也均匀，但蒸气压力与板坯反弹力叠加，将会形成如图 10-30 所示的（负载）力分布状态。

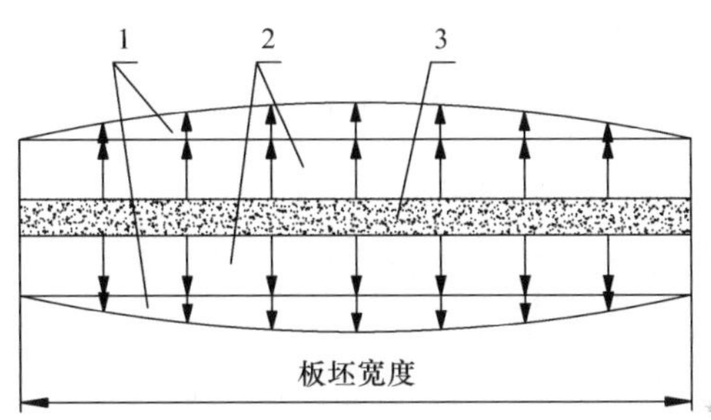

图 10-30　板坯负载力的分布状态

1. 蒸气压力；2. 板坯反弹力；3. 板坯

由图 10-30 可知，板坯热压过程中，其在横向的负载力分布并非是均匀的，而是呈现为纺锤形。这种情况下，若设置同一机架上各加压油缸的进油压力为相等，则热压板中部的油缸与边缘的油缸将会承受不同的负载力，中部油缸承受的负载力大于边缘油缸承受的负载力，其结果是压制的板材中部厚度大、边部厚度小，即板材的横断面也呈纺锤形、厚度不一致［图 10-31（a)］。实际生产中，该纺锤形曲线曲率的大小与板坯厚度、宽度、含水率、压力、热压温度和升温速度等因素都有关。因此，在同一机架上的油缸压力不能按等值设计。

图 10-31（b）所示为正确的油缸压力设置方式，其中，虚线框表示加压油缸的横向压力设定与分布情况。当横向各油缸的压力设置为相等时［图 10-31（a)］，压制的板材沿横向呈现为前述的纺锤形；当中部三个油缸的压力设置大于两侧的四个油缸，且压力超出的部分恰好可以补偿蒸气压力时［图 10-31（b)］，才能保

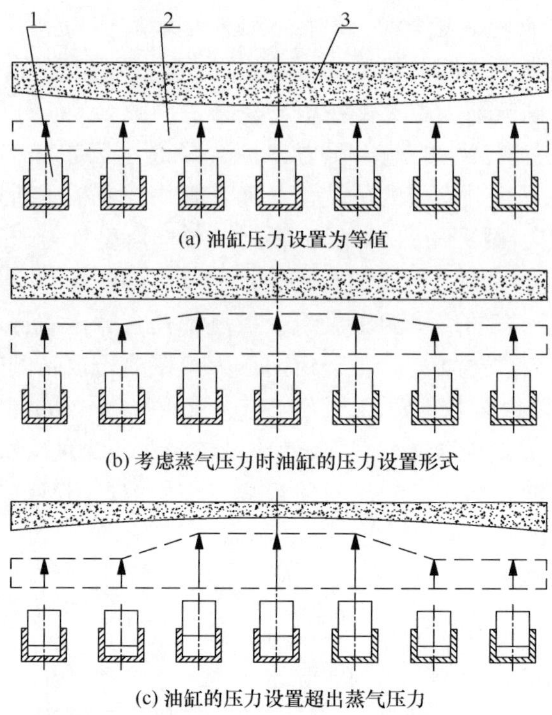

图 10-31　压力设置方式对板材横向厚度的影响

1. 加压油缸；2. 油缸的横向压力分布；3. 板材(厚度)形状

证热压板是平整的，压制的板材厚度才能保持一致；若中部三个油缸的压力设定值超出了蒸气压力的大小［图 10-31（c）］，又会造成板材的中部向内凹陷，也不能保证板材的厚度是均匀的。

对于连续式带压机，不同的工艺条件，就需要不同的横向压力曲线。要获得厚度均匀的板材，应设计与板坯压力曲线一致的油缸压力曲线，以保证加压油缸的输出力与板坯的反力相平衡。图 10-29 中，通过分别设定三个柱塞缸和四个差动油缸的输出力即可以实现上述要求，达到油缸的输出力与板坯的反力相平衡的效果，其压力曲线是通过恰当设计差动油缸的结构实现的。

差动油缸的结构如图 10-32 所示。差动油缸的缸体与空心柱塞被设计成互不相通的内、外两个油腔，内油腔容积占总容积的 34%、外油腔占 66%。通过两个油腔的接通、切换，其输出力与中部的柱塞缸输出力相比，可以获得 0%、34%、66%或 100%的四种压力输出。差动油缸不同的输出力正是根据板坯反力在压机横向的分布规律而设计的，因而能平衡生产不同厚度、密度板材时板坯的反力，从而获得厚度精确的板材。

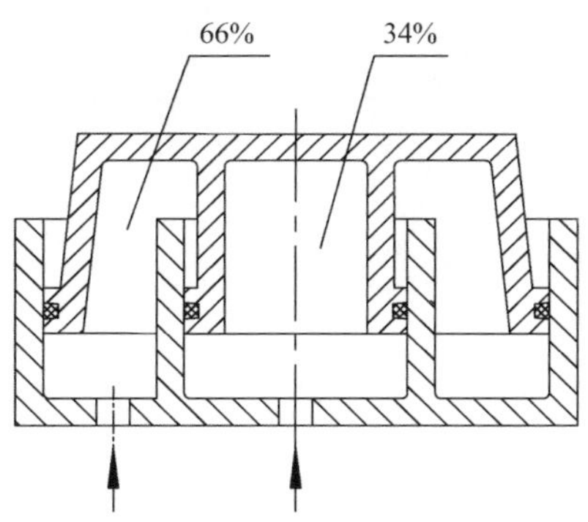

图 10-32　差动油缸的结构

当前，连续式带压机的液压系统已经较为广泛地采用了液压比例控制技术，在压力控制上能够连续、按比例地对系统压力进行调整，进而使每个加压油缸的输出力得到更为精准的控制，从而提高了输出压力的稳定性及控制精度，使得压机在整个热压区段内的压力分布更加吻合热压工艺（参数）的要求，进一步提高了板厚精度与板材质量。

10.5　连续式辊压机

连续式辊压机是另外一种应用较为广泛的连续式压机，主要用于压制薄型刨花板和纤维板。与连续式带压机相比，连续式辊压机的结构简单、投资少、占地面积小、安装及维修保养费用低，并可在压制板坯的同时直接对制品进行二次贴面处理。

1）辊式连续辊压机

原比松（Bison）公司生产的 AUMA 连续式辊压机热压生产线如图 10-33 所示，用于生产厚度为 2~10mm，宽度 1300~2600mm 的中密度纤维板。该生产线主要由成型机 2、预压机 3、纵向裁边锯 4、磁选装置 5、高频预热装置 7、辊式连续辊压机及板材输送装置 6 等部分组成。成型机将纤维均匀地铺装在板坯输送带 8 上形成板坯带，经预压、裁边、预热后输送至辊压机，由辊压机将板坯热压成连续的板材带，再经后续的横截锯（图中未示出）锯截成规格板材。磁选装置用于清除板坯内的铁质杂质，以防损伤压机。

辊式连续辊压机采用多个辊筒对板坯进行热压，其结构由一个大直径的主热压辊 10、两个加压辊 14 和 17、两个导向辊 11 和 18、一个张紧辊 15，以及机架 12、加压钢带 13 和清扫辊等部分组成。钢带环绕在导向辊、主热压辊及张紧辊上，

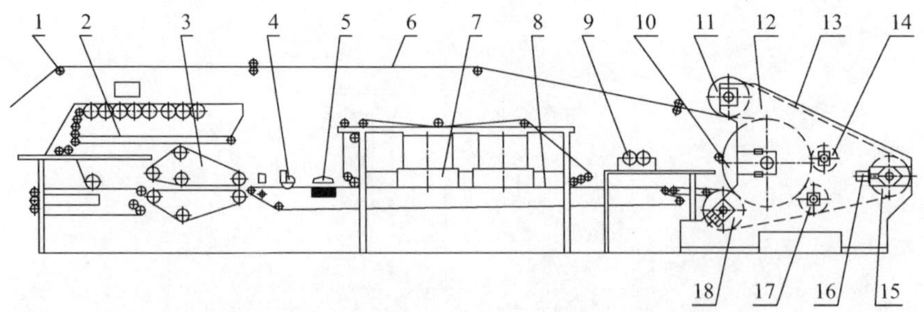

图 10-33　AUMA 连续式辊压机热压生产线

1. 板材托辊；2. 成型机；3. 预压机；4. 纵向裁边锯；5. 磁选装置；6. 板材输送装置；7. 高频预热装置；8. 板坯输送带；9. 放纸辊；10. 主热压辊；11、18.导向辊；12. 机架；13. 钢带；14、17. 加压辊；15. 张紧辊；16. 张紧液压缸

张紧液压缸 16 通过调整张紧辊的位置使钢带保持一定的张紧力。工作时，钢带由导向辊 11 驱动，拖动主热压辊等一起运转，板坯输送带 8 上的板坯从导向辊 18 与主热压辊之间的入口进入钢带与主热压辊之间，并随同钢带与主热压辊一起运转。

主热压辊、加压辊及导向辊的筒壁内钻有加热孔道、或者辊筒内壁焊接有加热管道，在孔道或管道内通有加热介质（通常是热油）对板坯进行加热。另外，在热压区域内的各辊之间还设有辅助加热装置，以保持加压区钢带温度的稳定，使板坯两侧受热均匀。压制完成的板材从主热压辊上部导向辊 11 的出口处引出，由板材输送装置 6、托辊 1 经成型机顶部输送到纵、横截锯处进行锯截。

AUMA 连续式辊压机在其前端还设有放纸辊 9，可在生产薄板的同时对板材表面进行二次贴面，使制板和贴面工序一次完成。

连续式辊压机压制板材的最大厚度与主热压辊的直径有关，主热压辊的直径越大，制品的最大厚度也可以越大。主热压辊对板材表面质量也起着决定性的影响，因此要求其不仅要有一定的强度、刚度，还应具有一定的圆柱度、表面加工精度及均匀的表面温度。主热压辊的端面一般包覆有绝热材料，以降低热量损耗。

连续式辊压机的加压钢带由高强度不锈钢制成，表面经研磨处理以提高制品的表面质量。钢带应始终保持在主热压辊和导向辊中间运行，需设置跑偏监测装置对钢带边缘进行监测。一旦跑偏，压机尾部的张紧辊在垂直平面内会自动进行调整纠偏。

辊式连续辊压机的主要缺点在于其采用圆形辊筒压制板坯，生产出的板材有一定的弧度，且板材厚度越大，该弧度越不易矫正。这也是该种压机只适宜生产薄板的主要原因。此外，由于采用辊筒加压，压力只能断续作用于板坯，不符合热压工艺曲线要求，给板材的质量及密度分布也带来一些不利的影响。

2）辊毯式连续辊压机

亚联机械制造有限公司借鉴连续式带压机的结构，将原辊压机中的两个加压辊筒用辊毯加以替代，生产出了辊毯式连续辊压机。辊毯式连续辊压机的结构见图10-34。

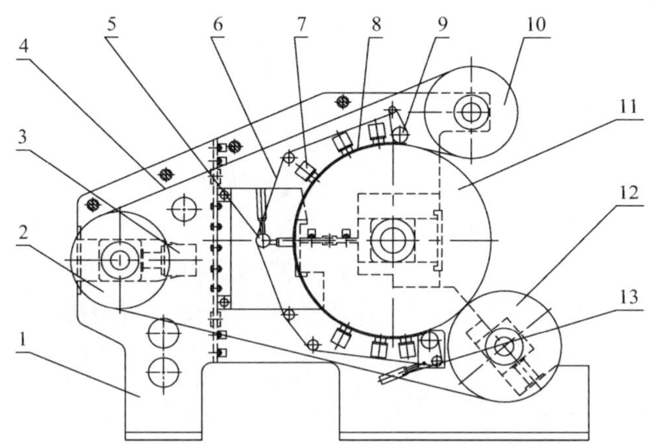

图10-34　辊毯式连续辊压机的结构

1. 机架；2. 张紧辊；3. 张紧油缸；4. 钢带；5. 辊毯张紧装置；6. 辊毯；7.加压油缸；8. 弧形热压板；9. 支承辊筒；10、12. 导向辊筒；11. 主热压辊筒；13. 报夹油缸

如图10-34所示，辊毯式连续辊压机的主要结构与普通辊压机相似，也是由机架1、钢带4、导向辊筒10和12及主热压辊筒11等组成。所不同的是原有的两个加压辊筒由辊毯6、弧形热压板8、加压油缸7及链毯张紧装置5、支承辊筒9等替代了。其中，弧形热压板由多块压板拼合而成，并包覆在主热压辊筒的外侧。压机工作时，由弧形热压板外侧的六个加压油缸对板坯持续施压，且压力分布可以按照热压曲线的要求进行设置，从而克服了辊式压机的固有缺陷。

弧形热压板与主热压辊之间是辊子链毯和钢带，辊子链毯起到在钢带运行过程中减少磨损的作用，并用张紧装置和支承辊筒加以张紧和支承。报夹油缸13的作用是调整压机进料口的角度，它与导向辊12配合，通过调整自身的位置适应生产不同厚度板材时的板坯厚度。

与辊式连续辊压机相比，采用辊毯对板坯加压增大了板坯的受压面积，使板坯压制可以按照热压曲线的要求进行，因而改善了成品板材的密度分布，提高了板材的内结合强度与板厚精度。

复习题及作业题

1. 人造板压机的分类方式有哪几种，各种分类方式下压机的名称有何变化？

2. 多层压机由哪几部分构成，单层压机与其相比在结构上的差异是什么？

3. 多层压机的机架结构有哪几种，对其机架的结构有哪些要求？

4. 多层压机的热压板有哪些要求；与之相比，连续压机的热压板有哪些特殊要求，为什么？

5. 多层压机的液压系统主要有哪几种类型，每种类型的工作原理是怎样的？

6. 同时闭合机构及其补偿装置的作用是什么？

7. 无垫板式装板机的结构与工作原理是怎样的？

8. 连续式压机的特点有哪些，其种类包含哪几种？

9. 连续式带压机的工作原理以及板坯的热压曲线形式是怎样的？

10. 连续式带压机的结构组成包含哪几部分，其机架结构有哪几种？

11. 为什么连续式带压机要采用具有柔性的进料口？

12. 连续式带压机的辊子链结构有哪几种，各自有何种优缺点？

13. 连续式带压机的板厚控制装置及其控制原理是怎样的？

14. 影响板材横向厚度的因素有哪些；为此，连续式带压机应如何设置加压油缸的排列形式？

15. 连续式辊压机的结构组成包含哪几部分；辊毯式连续辊压机在结构上是怎样改进的，有何益处？

参 考 文 献

顾炼百. 2011. 木材加工工艺学. 第二版[M]. 北京: 中国林业出版社.
花军, 陈光伟. 2016. 木工机床结构与设计[M]. 哈尔滨: 东北林业大学出版社.
花军, 胡万义, 等. 2007. 人造板机械[M]. 哈尔滨: 东北林业大学出版社.
花军. 2010. 数控木工机床[M]. 哈尔滨: 东北林业大学出版社.
李志仁, 张兆好. 2015. 浅谈我国现代木工机械产品的开发思路[J]. 木工机床, (1): 1-8.
欧阳琳. 1997. 连续式平压热压机(之二)[J]. 木材工业, 11(3): 37-40.
欧阳琳. 1997. 连续式平压热压机(之四)[J]. 木材工业, 11(5): 36-39.
欧阳琳. 1998. 连续式平压热压机(之六)[J]. 木材工业, 12(1): 42-44.
庞庆海. 1997. 人造板机械设备[M]. 哈尔滨: 东北林业大学出版社.
沈彦武. 2014. 无卡轴旋切机和特种旋切机概述[J]. 中国人造板, (6): 17-20.
石如庚. 1996. 数控木工铣床的运动分配和加工中心简介[J]. 木工机床, (1): 1-11.
王瑞灿. 2001. 丝杆驱动式无卡轴旋切机智能数控技术研究[J]. 林业科技通讯, (5): 17-18.
吴新泉, 罗裕明, 齐盛田. 1985. 人造板多层热压机[M]. 北京: 中国林业出版社.
于志明, 李黎. 2005. 木材加工装备: 人造板机械[M]. 北京: 中国林业出版社.
于志明, 李黎. 2010. 木材加工装备: 木工机械[M]. 北京: 中国林业出版社.
张瑞芳, 张士勇. 2011. 54 英寸侧开门热磨机主机结构设计简介[J]. 木材加工机械, (5): 4-6, 30.
周定国. 2011. 人造板工艺学. 第二版[M]. 北京: 中国林业出版社.